CULTOS

CULTOS

AMANDA MONTELL

Traducción de Lidia Rosa González

TENDENCIAS

Argentina – Chile – Colombia – España
Estados Unidos – México – Perú – Uruguay

Título original: *Cultish. The Lenguage of Fanaticism*
Editor original: Riverhead Books
Traductor: Lidia Rosa González

1.ª edición: marzo 2022

ISBN: 978-84-92917-02-0
E-ISBN: 978-84-19029-38-6
Depósito legal: B-1.237-2022

Fotocomposición: Ediciones Urano, S.A.U.
Impreso por: Rodesa, S.A. – Polígono Industrial San Miguel
Parcelas E7-E8 – 31132 Villatuerta (Navarra)

Impreso en España – *Printed in Spain*

Para mi padre, el optimista.

Contenido

Nota de la autora

Se han cambiado algunos nombres y detalles identificativos con la finalidad de proteger la privacidad de las fuentes.

PARTE 1
REPITE CONMIGO...

I

Todo empezó con una oración.

Tasha Samar tenía trece años la primera vez que oyó el rumor hechizante de sus voces. Lo primero que le llamó la atención fueron sus conjuntos blancos con turbante y malas de meditación, pero fue su forma de hablar lo que la atrajo a la puerta principal. Los escuchó a través de la ventana abierta de un estudio de yoga kundalini en Cambridge, Massachusetts.

—Las oraciones eran tan extrañas, todas en otro idioma —me cuenta Tasha, que ahora tiene veintinueve años, mientras toma un café con leche de macadamia en una cafetería de West Hollywood.

Estamos a pocos kilómetros del epicentro de la siniestra vida que llevó hasta hace tan solo tres años. A juzgar por su impecable camisa abotonada de color crema y su peinado satinado, uno nunca adivinaría que una vez pudo anudarse un turbante con la misma naturalidad con la que cualquier otra joven de este patio puede recogerse el pelo en un moño.

—Sí, aún podría hacerlo ahora, si fuera necesario —me asegura, con sus cuidadas uñas acrílicas repiqueteando contra su taza de porcelana.

A Tasha, una judía rusa-americana de primera generación que experimentó a un nivel agonizante el no saber cuál era su sitio durante toda su infancia, le llamó la atención el sentido de cercanía de este grupo de yoga, así que asomó la cabeza en el vestíbulo y preguntó a la recepcionista quiénes eran.

—La recepcionista empezó a explicarme lo básico; la frase «la ciencia de la mente» se usaba mucho —reflexiona Tasha—. No sabía qué significaba, solo recuerdo que pensé: *Vaya, pues sí que quiero probarlo.* Tasha se enteró de cuándo iba a ser la próxima clase de yoga, y sus padres la dejaron asistir. No era necesario ser miembro permanente del grupo para concurrir a una clase; el único requisito era tener el «corazón abierto». Aprender y recitar sus oraciones extranjeras, todas dirigidas a un hombre con una larga barba entrecana cuya fotografía estaba pegada en el estudio poco iluminado, hechizó a la preadolescente Tasha.

—Me sentí antigua, como si formara parte de algo sagrado —dice.

¿Qué era este grupo de personas vestidas de blanco? La Healthy, Happy, Holy Organization, o 3HO abreviado, una «religión alternativa» derivada de los sijes y fundada en los años setenta, que imparte clases de kundalini yoga por todo Estados Unidos. ¿El tipo de la barba? Su cautivador y bien relacionado líder, Harbhajan Singh Khalsa (o Yogi Bhajan), que se proclamó —con mucha competencia— jefe religioso y administrativo oficial de todos los sijes occidentales y que llegó a valer cientos de millones de dólares cuando murió en 1993 [1]. ¿El idioma? El gurmují, el sistema de escritura del punyabí moderno y de las escrituras sijes. ¿La ideología? Obedecer las estrictas enseñanzas de la nueva era de Yogi Bhajan, las cuales incluían abstenerse de la carne y del alcohol*, someterse a sus matrimonios concertados, levantarse a

---

* El alcohol era una herejía 3HO, así que, en lugar de asistir a la *hora feliz,* todos engullían litros de té. En concreto, los miembros bebían té Yogi, una marca multimillonaria que se puede encontrar en casi todas las tiendas de comestibles estadounidenses. Esto no fue una casualidad, pues Yogi Tea fue creado y es propiedad de Yogi Bhajan. No es la única empresa que pertenece a 3HO; entre las muchas compañías del grupo se encuentra Akal Security, de 500 millones de dólares; tiene contratos con todo el mundo, desde la NASA hasta los centros de detención de inmigrantes. (¿Cómo se dice «capitalismo tardío» en gurmují?).

las cuatro y media cada mañana para leer las escrituras, y asistir a las clases de yoga y no relacionarse con nadie que no fuera un seguidor... o que no fuera a serlo pronto.

En cuanto cumplió los dieciocho años, Tasha se trasladó a Los Ángeles, una de las bases de 3HO, y durante ocho años dedicó su vida —todo su tiempo y su dinero— al grupo. Tras una serie de exhaustivos cursos de formación, se convirtió en instructora de kundalini yoga a tiempo completo y, en pocos meses, atrajo a sus clases de Malibú a famosos con curiosidad espiritual, como Demi Moore, Russell Brand, Owen Wilson y Adrien Brody. Si bien es cierto que no se convirtieron en seguidores a tiempo completo, que asistieran supuso una buena publicidad para 3HO. Los swamis (profesores) de Tasha la elogiaron por haber conseguido los dólares y la lealtad de los ricos, famosos y aspirantes espirituales. En la cafetería, Tasha desenfunda su móvil de un bolso de mano negro como la tinta para mostrarme viejas fotos de ella y Demi Moore, ambas vestidas con pantalones cortos y turbantes de un color blanco fantasmal y dando vueltas en un lugar de retiro situado en el desierto con los árboles de Josué como telón de fondo. Tasha parpadea despacio, agitando sus extensiones de pestañas, mientras se le dibuja una sonrisa desconcertada en el rostro, como si dijera: «Sí, yo tampoco puedo creer que haya hecho esta mierda».

La obediencia, como la que practicaba Tasha, prometía otorgar grandes recompensas. Solo tienes que aprender las palabras adecuadas y serán tuyas.

—Había un mantra para atraer a tu alma gemela, otro para conseguir mucho dinero, otro para tener mejor aspecto que nunca, otro para dar a luz a una generación de niños más evolucionada y de mayor vibración —revela Tasha. ¿Y si desobedeces? Volverás en la siguiente vida con una vibración más baja.

Dominar los mantras secretos y las palabras claves de 3HO hizo que Tasha se sintiera separada del resto de las personas que conocía. Elegida. En una *vibración más alta*. Esta solidaridad se intensificó cuando a cada integrante del grupo se le asignó un nuevo nombre. Yogi Bhajan designó a alguien encargado de dar los nombres, que utilizó algo llamado «numerología tántrica» como algoritmo para determinar los apodos especiales 3HO de los seguidores; se los asignaban a cambio de una cuota. Todas las mujeres recibieron el mismo segundo nombre, Kaur, mientras que los hombres fueron bautizados como Singh. Todos compartían el apellido Khalsa. Como una gran familia.

—Conseguir tu nuevo nombre era lo más importante —dice Tasha—. La mayoría de la gente se cambiaba el nombre que aparecía en el carné de conducir. —Hasta el año pasado, el carné de California de Tasha Samar decía «Daya Kaur Khalsa».

Puede que no fuera del todo evidente, conforme a las pacíficas clases de yoga y a los seguidores de alto nivel, pero había un trasfondo peligroso en 3HO: abusos psicológicos y sexuales por parte de Yogi Bhajan, ayunos forzados y privación del sueño, amenazas de violencia hacia cualquiera que intentara abandonar el grupo, suicidios e incluso un asesinato sin resolver. Una vez que los seguidores adoptaron plenamente la jerga del grupo, los altos mandos pudieron convertirla en un arma. Las amenazas se estructuraron en expresiones como «conciencia piscis», «mente negativa», «cerebro de lagarto». Como le des un bocado a la hamburguesa de un amigo o no asistas a la clase de yoga, sonará *cerebro de lagarto, cerebro de lagarto, cerebro de lagarto* en bucle en tu cabeza. A menudo, términos ingleses conocidos que antes tenían un significado positivo se transformaban en algo amenazante. Como *old soul*, según Tasha. Para un angloparlante medio, *old soul* denota a alguien que tiene una sabiduría superior a su edad. Es un cumplido. Sin embargo, en 3HO incitaba al temor.

—Significaba que alguien había regresado vida tras vida, encarnación tras encarnación, y que no podía hacer lo correcto —explica. Incluso tres años después de haber escapado de 3HO, Tasha sigue estremeciéndose cada vez que oye esa expresión.

En 2009, poco después de que Tasha llegara al sur de California para entregar su vida a 3HO, otra joven de dieciocho años se trasladó a Los Ángeles para empezar una nueva vida. Se llamaba Alyssa Clarke y había llegado a la costa desde Oregón para comenzar la universidad. Temerosa de engordar los siete kilos que dicen que se ganan durante el primer año, Alyssa decidió apuntarse a un gimnasio. Siempre había tenido problemas con su imagen corporal y se sentía intimidada por el tremendo mundo del *fitness* de Los Ángeles. Así que, durante las vacaciones, cuando se reunió con un familiar que había iniciado un nuevo programa de ejercicios, que había perdido una tonelada de peso y que relucía con el brillo de la luna de miel propio de un nuevo tono muscular, Alyssa pensó: *Dios, tengo que probarlo.*

El nuevo programa de entrenamiento se llamaba *crossfit*, y había un local cerca de la residencia de Alyssa. Al volver de las vacaciones, ella y su novio se apuntaron a un taller para principiantes. Los instructores, sudorosos y esculturales, rezumaban entusiasmo masculino mientras introducían a Alyssa en un mundo nuevo de terminología que nunca había oído. El gimnasio no se llamaba así, era un *box*. Los instructores no eran profesores ni entrenadores, sino *coaches*. Sus entrenamientos consistían en «movimientos funcionales». Tenías tu *wod* (el entrenamiento que te toca ese día), que podía consistir en *snatches* o en *clean and jerks*. Tenías tus BP (*press* de banca), tus BS (sentadillas traseras con peso detrás de la nuca), tus C2B (pecho a la barra) y tu inevitable DOMS (dolor muscular de aparición retardada). ¿A quién no le gusta un acrónimo pegadizo? Alyssa estaba cautivada por cuán unidos parecían estar todos estos *crossfitters* —tenían tanta cultura—, y estaba decidida a dominar su jerga privada.

En la pared del *box* de Alyssa había un retrato del fundador de la marca CrossFit, Greg Glassman (conocido entonces por sus devotos como «the Wodfather» o simplemente como «coach»), junto a una de sus citas más famosas, un proverbio del *fitness* que pronto se grabaría en su cerebro: «Come carne y vegetales, frutos secos y semillas, algo de fruta, poco almidón y nada de azúcar. Mantén la ingesta a niveles que permitan el ejercicio, pero no la grasa corporal. Practica y entrena los principales levantamientos... domina los fundamentos de la gimnasia... monta en bicicleta, corre, nada, rema... con fuerza y rápido. Cinco o seis días a la semana». Alyssa quedó prendada de cómo el *crossfit* se centraba en formar la mentalidad de los miembros no solo dentro del *box*, sino en todas partes. Cuando impulsaban a los alumnos a trabajar más duro, los entrenadores gritaban ¡*Modo bestia!* (una frase motivadora que también resonaba en la mente de Alyssa en clase y en el trabajo). Para ayudar a interiorizar la filosofía de CrossFit, repetían «EIE», que significaba «Everything is everything»*.

Cuando Alyssa se dio cuenta de que todo el mundo en su *box* llevaba ropa de la marca Lululemon, gastó 400 dólares en artículos de entrenamiento de diseño. (Incluso Lululemon tenía su propio lenguaje distintivo. Estaba impresa en todas sus bolsas de la compra [2], de manera que los clientes salían de la tienda con mantras como «Hay poca diferencia entre los adictos y los atletas fanáticos», «Visualiza tu muerte final» y «Los amigos son más importantes que el dinero», todos ellos acuñados por el líder de su «tribu», el fundador de Lululemon, Chip Wilson, un hombre envejecido que parecía sacado de *G. I. Joe*, justo como Greg

---

* N. de la T.: Literalmente, «todo es todo».

Glassman, y cuyos acólitos eran igualmente devotos. ¿Quién iba a decir que el *fitness* podía inspirar tanta religiosidad?).

En cuanto Alyssa se enteró de que la mayoría de los *crossfitters* seguían una dieta paleo, eliminó el gluten y el azúcar. Si hacía planes para salir de la ciudad y sabía que no podía llegar a su hora de entrenamiento habitual, se apresuraba a avisar a alguien del *box* para que no la avergonzaran públicamente en su grupo de Facebook por no haberse presentado. Los entrenadores y los miembros se enrollaban los unos con los otros, así que, después de que Alyssa y su novio lo dejaran, empezó a salir con un entrenador llamado Flex (nombre real: Andy; se lo cambió después de entrar en el *box*).

Así que aquí está la gran pregunta: ¿qué tienen en común las historias de Alyssa y de Tasha?

La respuesta: ambas estaban bajo la influencia de un culto. Si eres escéptico a la hora de aplicar la misma etiqueta cargada de «culto» tanto a 3HO como a CrossFit, bien. Deberías serlo. Por ahora, vamos a estar de acuerdo en esto, y es que, aunque una de nuestras protagonistas acabó sin dinero, sin amigos y con un trastorno de estrés postraumático, y la otra terminó con el tendón de la corva lastimado, un amigo con derecho a roce codependiente y demasiados pares de *leggings* caros, lo que Tasha Samar y Alyssa Clarke comparten de forma irrefutable es que un día se despertaron en lados diferentes de Los Ángeles y se dieron cuenta de que estaban tan metidas que ya ni siquiera hablaban un inglés reconocible. Si bien es cierto que lo que estaba en juego y las consecuencias de sus respectivas afiliaciones diferían de manera considerable, los métodos utilizados para afirmar ese poder —crear comunidad y solidaridad, establecer un «nosotros» y un «ellos», alinear los valores colectivos, justificar comportamientos cuestionables, inculcar ideología e inspirar miedo— eran increíblemente similares. Y las técnicas más convincentes tenían poco que ver con las drogas, el sexo, las cabezas afeitadas, las comunas apartadas, los caftanes como cortinas o el Kool-Aid; en cambio, todo tenía que ver con el lenguaje

II

Los grupos de culto son una obsesión estadounidense. Una de las novelas debut más populares de la década de 2010 fue *Las chicas*, de Emma Cline, que relata la relación de una adolescente durante un verano con un culto similar al de Manson a finales de la década de 1960. El documental sobre la cienciología de HBO de 2015, *Going Clear: Cienciología y la prisión de la fe*, fue considerado por la crítica como «imposible de ignorar». Devorada con las mismas ganas fue la serie documental de Netflix de 2018 *Wild Wild Country*, que hablaba del controvertido gurú Osho (Bhagwan Shree Rajneesh) y su comunidad Rajneeshpuram. Así, adornada con una lista de reproducción irresistiblemente moderna e imágenes *vintage* de sus apóstoles vestidos de rojo, esta serie ganó un Emmy y millones de transmisiones en línea. La semana en la que empecé a escribir este libro, mis amigos no hacían más que hablar de la película de terror folclórico *Midsommar*, estrenada en 2019, que trataba sobre un culto dionisíaco ficticio caracterizado por rituales sexuales y sacrificios humanos alimentados por la psicodelia. Y de lo único que se habla ahora mientras edito este libro en 2020 es de *The Vow* y *Seduced*, dos series documentales sobre NXIVM, la estafa de autoayuda convertida en red de tráfico sexual. El pozo del arte y de la intriga inspirado en los cultos no tiene fondo. Cuando se trata de gurús y sus *groupies*, parece que no podemos apartar la vista.

Una vez escuché a un psicólogo explicar que el *rubbernecking** es el resultado de una respuesta fisiológica muy real[3], y es que, al ver un accidente de coche o cualquier desastre —o incluso solo las noticias sobre un desastre, como un titular—, la amígdala del cerebro que controla las emociones, la memoria y las tácticas de supervivencia empieza a enviar señales a la corteza frontal para intentar averiguar si el suceso supone un peligro directo para uno mismo. Entras en modo de lucha o de huida, incluso si solo estás ahí sentado. La razón por la que millones de personas hacen un maratón de documentales sobre cultos o se meten en la boca del lobo investigando sobre grupos desde Jonestown hasta QAnon no es que tengan a un retorcido *voyeur* dentro de ellas que se siente inexplicablemente atraído por la oscuridad. Todos hemos visto innumerables accidentes de coche y hemos leído suficientes informes sobre cultos; si todo lo que quisiéramos fuera una dosis de miedo, ya estaríamos aburridos. Pero no nos aburrimos, porque seguimos buscando una respuesta satisfactoria a la pregunta de qué hace que personas aparentemente «normales» se unan a —y, lo que es más importante, permanezcan en— grupos marginales fanáticos con ideologías extremas. Buscamos amenazas y nos preguntamos si todo el mundo es susceptible de ser influenciado por un culto. ¿Te puede pasar a ti? ¿Podría pasarme a mí? Y si fuera así, ¿cómo?

Nuestra cultura tiende a dar respuestas bastante endebles a las preguntas sobre la influencia de los cultos, las cuales tienen que ver en su mayoría con una vaga referencia al «lavado de cerebro». ¿Por qué murió toda esa gente en Jonestown? «¡Hicieron lo que les dijeron sin cuestionárselo!». ¿Por qué las esposas polígamas maltratadas no se largan en cuanto pueden? «¡Les controlan la mente!». Tan simple como eso.

---

* N. de la T.: Término inglés que hace referencia a cuando una persona gira la cabeza o estira el cuello para mirar algo, ya sea por curiosidad o por puro morbo.

No obstante, en realidad no es tan simple. De hecho, el lavado de cerebro es un concepto pseudocientífico que denuncia la mayoría de los psicólogos a los que entrevisté (más sobre esto en un momento). La respuesta a la pregunta sobre la influencia de los cultos solo puede ser cierta si se formulan las preguntas adecuadas: ¿qué técnicas utilizan los líderes carismáticos para explotar las necesidades fundamentales de las personas respecto de la comunidad y del significado? ¿Cómo cultivan ese tipo de poder?

La respuesta, según parece, no es una extraña magia mental que ocurre en una comuna remota donde todos se ponen coronas de flores y bailan bajo el sol. (Eso se llama Coachella... y uno podría argumentar que es su propia clase de «culto»). La verdadera respuesta se reduce a las palabras. La expresión oral. Desde la astuta redefinición de las palabras existentes (y la invención de otras nuevas) hasta los poderosos eufemismos, los códigos secretos, los renombramientos, las expresiones de moda, los cantos y mantras, el «hablar en lenguas desconocidas», el silencio forzado e incluso los *hashtags*, el lenguaje es el medio clave por el que se producen todos los grados de influencia de un culto. Los gurús espirituales explotadores lo saben, pero también lo saben los conspiradores piramidales, los políticos, los directores ejecutivos de empresas emergentes, los teóricos de la conspiración *online*, los entrenadores deportivos y hasta los *influencers* de las redes sociales. Tanto en los aspectos positivos como en los oscuros, el «lenguaje de los cultos» es, de hecho, algo que oímos y por lo que nos dejamos llevar todos los días. Nuestra forma de hablar en la vida cotidiana —en el trabajo, en la clase de *spinning*, en Instagram— es una prueba de nuestros diferentes grados de pertenencia a un «culto». Solo hay que saber qué escuchar. De hecho, mientras nos distraemos con los peculiares atuendos de la familia Manson* y otra llamativa iconografía propia de un «culto», lo que acabamos pasando por alto es el hecho de que uno de los mayores factores para llevar a la gente a un punto de devoción extrema y mantenerla allí es algo que no podemos ver.

Aunque el «lenguaje de los cultos» presenta distintas variedades, todos los líderes carismáticos —desde Jim Jones hasta Jeff Bezos o los entrenadores de SoulCycle— utilizan las mismas herramientas lingüísticas básicas. Este es un libro sobre el lenguaje del fanatismo en sus múltiples formas: un lenguaje al que llamo *cultish*** (al igual que otros idiomas que terminan en -*ish* en inglés, como *english*, *spanish* o *swedish*). La primera parte de este libro investigará el lenguaje que utilizamos para hablar de los grupos parecidos a los cultos y se romperán algunos mitos muy extendidos sobre el significado de la palabra «culto». A continuación, de la parte 2 a la 5 se desvelarán los elementos clave del lenguaje de los cultos y cómo han funcionado para convencer a los seguidores de grupos tan destructivos como Heaven's Gate y la cienciología, pero también cómo impregnan nuestro vocabulario cotidiano. En estas páginas, descubriremos qué motiva a la gente, a lo largo de la historia y en la actualidad, a

---

* La obsesión por la vestimenta de los cultos está muy arraigada. En 1997, treinta y nueve miembros de Heaven's Gate, una religión ovni marginal de la que hablaremos en la segunda parte, participaron en un suicidio colectivo, todos con unos pares de zapatillas Nike Decade del 93 a juego. Dos seguidores de Heaven's Gate que sobrevivieron sostienen que su líder eligió ese calzado solo porque encontró una buena oferta si lo compraba en grandes cantidades. Nike se apresuró a descatalogar el modelo después de la tragedia (nada como un suicidio en un culto para arruinar el buen nombre de tu producto), pero eso hizo que al instante las zapatillas se convirtieran en una pieza de coleccionista. En el momento en el que escribo esto, veintidós años después del suceso de Heaven's Gate, un par de Nike Decade de la talla 46 de 1993 se vendía por 6.600 dólares en eBay.

** N. de la T.: Originalmente, *cultish*. Es un término existente en inglés, aunque poco usado, que significa «similar a un culto». En este caso, la autora le ha dado una nueva acepción para hacer referencia al idioma hablado por los cultos.

convertirse en fanáticos, tanto para bien como para mal. Una vez que entiendas cómo suena el *cultish*, no podrás dejar de escucharlo. El lenguaje es el carisma de un líder. Es lo que le permite crear un miniuniverso —un sistema de valores y verdades— y luego obligar a sus seguidores a acatar sus reglas. En 1945, el filósofo francés Maurice Merleau-Ponty escribió que el lenguaje es el elemento de los seres humanos al igual que «el agua es el elemento de los peces». Así que no es que los mantras extranjeros de Tasha y los acrónimos de Alyssa hayan desempeñado un pequeño papel en el moldeado de sus experiencias relacionadas con los «cultos». Más bien, dado que las palabras son el medio a través del cual se fabrican, alimentan y refuerzan los sistemas de creencias, su fanatismo básicamente no podría existir sin ellas. «Sin el lenguaje, no hay creencias, ideología ni religión», me escribió desde Escocia John E. Joseph, profesor de Lingüística Aplicada en la Universidad de Edimburgo. «Estos conceptos requieren un lenguaje como condición de su existencia». Sin lenguaje, no hay «cultos».

Sea malvado o bienintencionado, el lenguaje es una forma de poner a los miembros de una comunidad en la misma página ideológica. Para ayudarlos a sentir que pertenecen a algo grande. «El lenguaje proporciona una cultura de entendimiento compartido», afirma Eileen Barker, socióloga que estudia los nuevos movimientos religiosos en la London School of Economics. Sin embargo, allí donde haya líderes adorados por el fanatismo y camarillas vinculadas a las creencias, hay algún nivel de presión psicológica en juego. Puede ser tan cotidiano como un caso normal de FOMO o tan traicionero como ser coaccionado para cometer delitos violentos.

—Francamente, el lenguaje lo es todo —me dijo un excienciólogo en voz baja durante una entrevista—. Es lo que te aísla. Te hace sentir especial, como si estuvieras al tanto, porque tienes este otro lenguaje con el que comunicarte.

Sin embargo, antes de adentrarnos en los entresijos del lenguaje de los cultos, debemos centrarnos en una definición clave, es decir, ¿qué significa exactamente la palabra «culto»? Resulta que llegar a una definición concluyente es, en el mejor de los casos, complicado. A lo largo de la investigación y la redacción de este libro, mi comprensión de la palabra se ha vuelto más confusa y fluida. No soy la única persona que está confundida ante cómo definir «culto». Hace poco realicé una pequeña encuesta en la calle, cerca de mi casa en Los Ángeles, en la que pregunté a un par de decenas de desconocidos qué creían que significaba esa palabra. Las respuestas iban desde «un pequeño grupo de creyentes dirigido por una figura engañosa con demasiado poder» hasta «cualquier grupo de personas que sienten pasión hacia algo», pasando por «bueno, un culto podría ser cualquier cosa, ¿no? Podría haber un culto del café o un culto del surf». Y ni una sola respuesta fue dada con convencimiento.

Existe una razón que explica esta confusión semántica. Tiene que ver con el hecho de que la fascinante etimología de «culto» (de la cual haré una crónica en breve) se corresponde precisamente con la relación siempre cambiante que hay entre nuestra sociedad y la espiritualidad, la comunidad, el significado y la identidad, una relación que se ha vuelto bastante... extraña. El cambio del lenguaje siempre refleja el cambio social, y a lo largo de las décadas, a medida que nuestras fuentes de conexión y propósito existencial han ido cambiando debido a fenómenos como las redes sociales, el aumento de la globalización y el abandono de la religión tradicional, hemos visto el surgimiento de más subgrupos alternativos, algunos peligrosos, otros no tanto. El término «culto» ha evolucionado para describirlos a todos.

Me he dado cuenta de que «culto» se ha convertido en uno de esos términos que pueden significar algo totalmente diferente según el contexto en el que tenga lugar la conversación y las actitudes del interlocutor. Puede ser invocado como una acusación condenatoria que implica muerte y destrucción, una metáfora burlona que sugiere no mucho más que algunos atuendos a juego y entusiasmo, y casi todo lo que hay en medio.

En el discurso moderno, alguien podría aplicar la palabra «culto» a una nueva religión, a un grupo de radicales *online*, a una nueva empresa y a una marca de maquillaje, todo al mismo tiempo. Hace unos años, cuando trabajaba en una revista de belleza, me di cuenta de que era sumamente común que las marcas de cosméticos invocaran «culto» como término de *marketing* con el fin de generar expectación ante el lanzamiento de nuevos productos. Una búsqueda superficial de la palabra en la bandeja de entrada de mi antiguo trabajo arrojó miles de resultados. «Echa un vistazo al próximo fenómeno de culto», dice un comunicado de prensa de una línea de maquillaje de moda, jurando que el nuevo polvo facial de su llamado Cult Lab «hará que las personas adictas a la belleza y fanáticas del maquillaje se vuelvan locas». Otro comunicado de una empresa de cuidado de la piel promete que su «set de favoritos digno de un culto», compuesto por elíxires enriquecidos con CBD de 150 dólares, «es más que un método de cuidado de la piel, es hacerse un regalo que no tiene precio, una oportunidad para descomprimirse y amarse a uno mismo para así poder hacer frente a cualquier cosa que la vida nos depare». ¿Una oportunidad que no tiene precio? ¿Para hacer frente a *todo*? Los beneficios que promete esta crema para los ojos no suenan muy diferentes de los que prometería un timador espiritual.

Por muy confuso que pueda parecer este despliegue de definiciones de «culto», parece que nos desenvolvemos bien. Los sociolingüistas han descubierto que, en general, los oyentes son bastante hábiles a la hora de hacer inferencias contextuales sobre el significado y los intereses implícitos cada vez que se utiliza una palabra conocida en una conversación. Por lo general, somos capaces de deducir que cuando hablamos del culto a Jonestown, nos referimos a algo diferente del culto al cuidado de la piel con CBD o a los fans de Taylor Swift. Por supuesto, hay espacio para las malas interpretaciones, como siempre ocurre con el lenguaje. Pero, en general, la mayoría de los conversadores experimentados entienden que cuando describimos a ciertos fanáticos del *fitness* como «seguidores de un culto», puede que nos refiramos a su intensa devoción, que parece incluso religiosa, pero lo más seguro es que no nos preocupe que acaben ahogándose en la ruina financiera o que dejen de hablarles a sus familias (al menos, no como condición para ser miembros). De forma similar a como se puede comparar la escuela o el trabajo con una «cárcel», en lo que respecta a los *swifties* o a los SoulCyclers, «culto» puede servir más bien como metáfora, como una manera de describir un entorno opresivo o a unos superiores severos sin generar ninguna inquietud con respecto a celdas literales. Cuando envié mi solicitud de entrevista inicial a Tanya Luhrmann, antropóloga psicológica de Stanford y conocida estudiosa de las religiones marginales, me respondió: «Querida Amanda, me encantaría hablar. Creo que SoulCycle es un culto :-)», pero, durante nuestra conversación posterior, aclaró que la afirmación era más bien una broma y algo que nunca diría formalmente. Lo cual, por supuesto, ya había entendido. Tendremos más noticias acerca de Tanya más adelante.

En el caso de grupos como SoulCycle, el término «culto» sirve para describir la feroz fidelidad de los miembros a una camarilla cultural que bien puede recordarnos algunos aspectos de un grupo peligroso del nivel de Manson —el compromiso monetario y de tiempo, el conformismo y el liderazgo exaltado (todo lo cual, desde luego, tiene el potencial de volverse tóxico)—, pero no el aislamiento total con respecto a las personas ajenas o las mentiras y el abuso que suponen una amenaza para la vida. Sabemos, sin necesidad de decirlo de manera explícita, que la posibilidad de morir o de no poder salir no está sobre la mesa.

No obstante, como todo en la vida, no hay un binario de culto bueno/malo, sino que el cultismo se sitúa en un espectro. Steven Hassan, consejero de salud mental, autor de *The Cult of Trump* y uno de los principales expertos en cultos del país, ha descrito un continuo de influencia que representa a los grupos desde los sanos y constructivos hasta los insanos y destructivos. Hassan afirma que los grupos que se sitúan en el extremo destructivo utilizan tres tipos de engaños: la omisión de lo que hay que saber, la distorsión para hacer más aceptable lo que dicen y las mentiras descaradas. Una de las principales diferencias entre los llamados «cultos éticos» (Hassan hace referencia a los aficionados al deporte y a la música) y los nocivos es que un grupo ético será sincero en cuanto a lo que cree, lo que quiere de ti y lo que espera al hacerte miembro. Y el hecho de abandonarlo conlleva pocas o ninguna consecuencia grave. «Si dices "he encontrado un grupo mejor" o "ya no me gusta el baloncesto", los demás no te amenazarán», aclara Hassan. «No temerás de manera irracional que te vuelvas loco o que te posean los demonios»*.

---

* Si bien es cierto que la «cultura fan» —campamentos de superfans *online* que adoran y defienden religiosamente a estrellas de la música como Taylor Swift, Lady Gaga y Beyoncé— se ha vuelto más incierta que el *fandom* de las celebridades de generaciones pasadas. En 2014, un estudio psiquiátrico descubrió que los fans de las celebridades tienden a luchar contra problemas psicosociales como la dismorfia corporal, la obsesión por la cirugía estética y la falta de juicio sobre los límites interpersonales, así como contra problemas de salud mental como la ansiedad y la disfunción social. El mismo estudio descubrió que los fans también pueden mostrar cualidades relacionadas con el narcisismo, un comportamiento de acoso y disociación. Hablaremos más sobre los altibajos de los «cultos de la cultura pop» en la parte 6.

O, en el caso de nuestra antigua integrante de 3HO, Tasha, convertirse en una cucaracha.

—Hasta la médula —respondió Tasha cuando le pregunté si de verdad creía en la promesa que había hecho el grupo acerca de que, si cometía una ofensa grave, como acostarse con su gurú o quitarse la vida, volvería a la vida como el insecto más despreciado del mundo. Tasha también creía en que, si morías en presencia de alguien sagrado, te reencarnarías en algo superior. Una vez vio una cucaracha en un baño público y se convenció de que era un swami que había hecho algo horrible en una vida pasada y que intentaba volver en una vibración más alta—. Pensé: «Dios mío, está intentando morir cerca de mí porque soy una maestra elevada». —Tasha se estremeció. Cuando la cucaracha se metió en el fregadero lleno, Tasha abrió el tapón para que no tuviera el honor de ahogarse cerca de ella—. Me asusté y salí corriendo del cuarto de baño —cuenta—. Ese fue probablemente el culmen de mi locura.

Por el contrario, nuestra *crossfitter* Alyssa Clarke me dijo que el resultado más aterrador para ella podría ser que la llamaran «vaga» en Facebook si se saltaba un entrenamiento. O que, si decidiese dejar el *box* y empezar a hacer *spinning* (Dios no lo quiera), sus antiguos amigos y compañeros podrían desaparecer de su vida poco a poco.

Para calificar esta amplia gama de comunidades parecidas a cultos hemos creado modificadores coloquiales como *cult-followed**, *culty*** y (en efecto) *cultish*.

---

* N. de la T.: Término que hace referencia a un grupo o comunidad cuyos seguidores actúan como los de un culto.

** N. de la T.: Término que significa «similar a un culto».

III

No es casualidad que los «cultos» estén pasando por un momento tan proverbial. El siglo XXI ha generado un clima de inquietud sociopolítica y de desconfianza hacia las instituciones establecidas desde hace tiempo, como la Iglesia, el gobierno y las grandes farmacéuticas y empresas. Es la receta social perfecta para hacer que grupos nuevos y poco convencionales —desde los *incels* de Reddit hasta los *influencers* del bienestar carentes de base científica—, los cuales prometen dar respuestas que lo tradicional no podría brindar, parezcan atractivos. Si a esto le añadimos el desarrollo de los medios de comunicación social y el descenso de la tasa de matrimonios, el sentimiento de aislamiento de toda la cultura alcanza su punto más alto. El compromiso cívico está en un mínimo histórico[4]. En 2019, la revista *Forbes* calificó la soledad como «epidemia»[5].

A los seres humanos se les da fatal la soledad. No estamos hechos para ella. Las personas se han sentido atraídas por tribus de individuos afines desde la época de los humanos prehistóricos, los cuales convivían en grupos muy unidos para poder sobrevivir[6]. Sin embargo, más allá de la ventaja evolutiva, la comunidad también nos hace sentir una cosa misteriosa llamada «felicidad». Los neurocientíficos han descubierto que nuestros cerebros liberan sustancias químicas[7] que nos hacen sentir bien, como la dopamina y la oxitocina, cuando participamos en rituales de unión trascendentales, como, por ejemplo, cantar y bailar en grupo [8]. Nuestros antepasados nómadas, cazadores y recolectores, solían llenar las plazas de sus pueblos para participar en danzas rituales, aunque no hubiera una necesidad práctica que los llevara a hacerlo [9]. Los ciudadanos modernos de países como Dinamarca y Canadá, cuyos gobiernos dan prioridad a la conexión con la comunidad (a través de un transporte público de alta calidad, cooperativas de vecinos, etcétera), manifiestan un mayor grado de satisfacción y realización. Todo tipo de investigaciones apuntan a la idea de que los seres humanos son sociales y espirituales por defecto. Nuestro comportamiento está impulsado por un deseo de pertenencia y propósito [10]. Tendemos a los cultos por naturaleza.

Esta ansia humana fundamental por la conexión es conmovedora, pero, cuando se orienta en la dirección equivocada, también puede hacer que una persona, en otras circunstancias sensata, haga cosas totalmente irracionales. Consideremos el siguiente estudio clásico. En 1951, Solomon Asch, psicólogo del Swarthmore College, reunió a media docena de estudiantes para realizar una sencilla «prueba de visión». Asch les mostró cuatro líneas verticales a los participantes, de los cuales todos menos uno eran cómplices del experimento, y les pidió que señalaran las dos que tenían la misma longitud. Había una respuesta claramente correcta para la que no se necesitaba ninguna otra habilidad que la vista, pero Asch descubrió que, si los cinco primeros estudiantes daban una respuesta evidentemente incorrecta, el 75 % de los sujetos de la prueba ignoraban su sentido común y se mostraban de acuerdo con la mayoría. Este miedo arraigado a la alienación, esta compulsión a conformarse, es parte de lo que hace que integrar un grupo sea algo tan correcto. También es lo que los líderes carismáticos, desde Yogi Bhajan de 3HO hasta Greg Glassman de CrossFit, han aprendido a canalizar y explotar.

Antes era cierto que, cuando se necesitaba una comunidad y respuestas, la gente recurría por defecto a la religión organizada.

Pero esto está dejando de ser así cada vez más. Cada día, más estadounidenses abandonan su afiliación a las iglesias convencionales y se dispersan. La etiqueta «espiritual pero no religiosa» es algo que la mayoría de mis amigos veinteañeros han reclamado. Los datos del Centro de Investigación Pew recogidos en 2019 descubrieron que cuatro de cada diez *millennials* no se identifican con ninguna afiliación religiosa[11], lo cual supuso un aumento de casi veinte puntos porcentuales con respecto a los siete años anteriores[12]. Un estudio de la Harvard Divinity School realizado en 2015[13] descubrió que los jóvenes siguen buscando «tanto una experiencia espiritual profunda como una experiencia comunitaria» para impregnar sus vidas de significado, pero están satisfaciendo estos deseos mediante la fe convencional menos que nunca.

Para clasificar a este grupo demográfico de desafiliados religiosos, el cual está creciendo de manera vertiginosa, los estudiosos han inventado etiquetas como *nones* y *remixed*[14]. Este último término fue acuñado por Tara Isabella Burton, teóloga, periodista y autora de *Strange Rites: New Religions for a Godless World*. *Remixed* describe la tendencia de los buscadores contemporáneos a mezclar y combinar creencias y rituales de diferentes círculos (religiosos y laicos) para llegar a una rutina espiritual a medida. Por ejemplo, una clase de meditación por la mañana, los horóscopos por la tarde y el Shabat ultrarreformista del viernes por la noche con los amigos.

El significado espiritual a menudo ha dejado de implicar a Dios por completo. El estudio de la Harvard Divinity School menciona a SoulCycle y CrossFit entre los grupos que dan a los jóvenes estadounidenses una identidad religiosa moderna.

—Te da lo que te da la religión, es decir, la sensación de que tu vida importa —me dijo Chani Green, una actriz de veintiséis años que vive en Los Ángeles y que es una apasionada del SoulCycle—.

El cinismo que tenemos ahora es casi antihumano. Necesitamos sentirnos conectados a algo, como si estuviéramos en la Tierra por una razón más allá de la de morir. En SoulCycle, durante cuarenta y cinco minutos, siento eso.

Si te irrita la idea de comparar las clases de entrenamiento físico con la religión, debes saber que, al igual que es difícil definir «culto», los estudiosos han discutido aún más durante siglos sobre cómo clasificar la «religión». Puede que tengas la sensación de que el cristianismo es una religión mientras que el *fitness* no lo es, pero incluso los expertos tienen dificultades para distinguir exactamente por qué. Me gusta la forma de verlo de Burton, que se refiere menos a lo que son las religiones y más a lo que hacen las religiones, que es proporcionar las siguientes cuatro cosas: significado, propósito, sentido de comunidad y ceremonia. Cada vez es menos frecuente que los aspirantes espirituales encuentren estas cosas en la Iglesia.

Los grupos de culto modernos también resultan reconfortantes, en parte porque ayudan a aliviar el ansioso caos de vivir en un mundo que presenta casi demasiadas posibilidades de quién ser (o, al menos, la ilusión de ello). Una vez un terapeuta me dijo que la flexibilidad sin estructura no es flexibilidad en absoluto; es solo caos. Así es como se ha sentido la vida de mucha gente. Durante la mayor parte de la historia de Estados Unidos, la carrera profesional, las aficiones, el lugar de residencia, las relaciones románticas, la dieta y la estética de una persona —todo— podían tomar fácilmente unas cuantas direcciones. No obstante, el siglo XXI le ofrece a la gente (es decir, a los privilegiados) una carta de decisiones tan variada y amplia como la de la cadena de restaurantes Cheesecake Factory. La inmensidad de la cantidad puede ser paralizante, sobre todo en una era de autocreación radical en la que hay tanta presión por crear una «marca personal» fuerte, al mismo tiempo que la moral y la supervivencia básica se sienten más precarias para los jóvenes de lo que fueron hace mucho tiempo. Como dice nuestra tradición generacional, los padres de los *millennials* les dijeron que podían ser lo que quisieran al crecer, pero luego ese pasillo de cereales lleno de interminables «qué pasaría si» y «puede ser» resultó tan aplastante que lo único que querían era un gurú que les dijera cuál elegir.

«Quiero que alguien me diga qué ponerme todas las mañanas. Quiero que alguien me diga qué comer», le confiesa el personaje de Phoebe Waller-Bridge, de treinta y tres años, a su sacerdote (el sexy) en la segunda temporada de la serie *Fleabag*, ganadora de un Emmy. «Qué odiar, por qué enfadarme, qué escuchar, qué grupo me gusta, para qué comprar entradas, sobre qué bromear, sobre qué no bromear. Quiero que alguien me diga en qué creer, a quién votar, a quién amar y cómo decírselo. Y creo que quiero que alguien me diga cómo vivir mi vida».

Seguir a un gurú que proporciona un modelo de identidad —desde la política hasta el peinado— alivia la paradoja del que elige. Este concepto puede aplicarse a los extremistas espirituales, como los cienciólogos y los miembros de 3HO, pero también a los fieles de las celebridades de las redes sociales y a las «marcas con toques de culto», como Lululemon o Glossier. El mero hecho de poder decir «soy una chica Glossier» o «sigo al Dr. Joe Dispenza» (una dudosa estrella de la autoayuda que conoceremos en la parte 6) suaviza la carga y la responsabilidad de tener que tomar tantas decisiones independientes sobre lo que piensas y quién eres. Reduce el abrumador número de respuestas que necesitas tener a unas pocas que sí puedes manejar. Puedes preguntarte tan solo lo que haría una chica Glossier y basar tus decisiones del día —tu perfume, tus fuentes de noticias, todo— en ese marco.

La marea de cambio que se aleja de los establecimientos convencionales y se acerca a los grupos no tradicionales no es en absoluto nueva. Es algo que hemos visto en todo el mundo en diferentes momentos de la historia de la humanidad. La atracción de la sociedad por los cultos (tanto la propensión a unirse como la fascinación antropológica por ellos) tiende a prosperar durante los periodos en los que el cuestionamiento existencial es mayor. La mayoría de los líderes religiosos alternativos llegan al poder no para explotar a sus seguidores, sino para guiarlos a través de las turbulencias sociales y políticas. Jesús de Nazaret (puede que te resulte familiar) surgió durante lo que se dice que fue la época más tensa de la historia de Oriente Medio (un hecho que habla por sí mismo). El violento e invasivo Imperio romano hizo que la gente buscara un guía no establecido que pudiera inspirarla y protegerla [15]. Mil quinientos años después, durante el tempestuoso Renacimiento europeo, surgieron decenas de «cultos» para rebelarse contra la Iglesia católica. En la India del siglo XVII, los grupos marginales fueron consecuencia de la discordia social resultante del cambio a la agricultura, y luego como reacción al imperialismo británico.

En comparación con otras naciones desarrolladas, Estados Unidos tiene una relación especialmente consistente con los «cultos», lo cual dice mucho de nuestra clase de conflicto claramente estadounidense. En todo el mundo, la religiosidad tiende a ser menor en los países que tienen niveles de vida más altos (niveles de educación elevados, larga esperanza de vida), pero Estados Unidos es una excepción [16], ya que está muy desarrollado y lleno de creyentes, incluso con todos los *nones* y los *remixed*. Esta incoherencia puede explicarse, en parte, porque mientras que los ciudadanos de otras naciones avanzadas, como Japón y Suecia, disfrutan de un conjunto de recursos verticales, incluyendo la asistencia sanitaria universal y todo tipo de redes de seguridad social, Estados Unidos es más bien un país libre. «Los japoneses y los europeos saben que sus gobiernos acudirán en su ayuda cuando lo necesiten», escribió el Dr. David Ludden, psicólogo lingüista del Georgia Gwinnett College, para la revista *Psychology Today* [17]. Sin embargo, el marco de política de no intervención de Estados Unidos hace que la gente se sienta sola. Generación tras generación, esta falta de apoyo institucional allana el camino para que surjan grupos alternativos con una mentalidad sobrenatural.

Este patrón de malestar estadounidense también fue responsable del auge de los movimientos de los cultos a lo largo de los años sesenta y setenta, cuando la guerra de Vietnam, el movimiento por los derechos civiles y los asesinatos de los dos miembros de la familia Kennedy hicieron que los ciudadanos estadounidenses se tambalearan. En esa época, la práctica espiritual estaba en auge, pero el reinado abierto del protestantismo tradicional estaba en declive, por lo que surgieron nuevos movimientos para saciar esa sed cultural. Entre ellos se encontraban desde ramificaciones cristianas como Judíos por Jesús y la Familia Internacional, pasando por grupos orientales como 3HO y el budismo de Shambhala, hasta grupos paganos como el Covenant of the Goddess y la Church of Aphrodite, además de otros propios de la ciencia ficción como la cienciología y Heaven's Gate. Algunos estudiosos se refieren ahora a esta época como el Cuarto Gran Despertar. (Los tres primeros fueron una serie de renacimientos evangélicos fervientes que recorrieron el noreste de Estados Unidos durante los años 1700 y 1800).

A diferencia de los primeros despertares protestantes, el cuarto estuvo poblado por aspirantes espirituales que miraban hacia Oriente y lo oculto para inspirar búsquedas individualistas de iluminación. Al igual que los «seguidores de los cultos» del siglo XXI, estos aspirantes eran en su mayoría jóvenes, contraculturales y políticamente divergentes, que sentían que los poderes fácticos les habían fallado. Si estás suscrito a una aplicación de astrología o has asistido alguna vez a un festival de música, lo más probable es que en los años setenta te hayas topado con algún tipo de «culto».

En definitiva, la necesidad de tener una identidad, un propósito y un lugar al que pertenecer lleva existiendo mucho tiempo, y los grupos de culto siempre han surgido durante los limbos culturales cuando estas demandas han quedado insatisfechas. Lo que es nuevo es que, en esta era gobernada por Internet en la que un gurú puede ser impío, en la que para acceder basta con hacer doble clic y en la que la gente que tiene creencias alternativas puede encontrarse entre sí con más facilidad que nunca, solo tiene sentido que los cultos ajenos a la religión —desde las salas de entrenamiento obsesionadas hasta las nuevas empresas que introducen el «culto» a la «cultura de la empresa»— empiecen a brotar con rapidez por todas partes. Para bien o para mal, en la actualidad hay un culto para cada uno de nosotros

IV

Hace un par de años, en medio de una conversación sobre mi decisión de abandonar el competitivo (y bastante *cultish*) programa de Teatro de mi universidad en favor de una especialización en Lingüística, mi madre me dijo que mi cambio de opinión no le sorprendía en absoluto, ya que siempre me había considerado como una persona que no tenía ninguna tendencia a lo culto. Decidí tomármelo como un cumplido, ya que para nada me gustaría que me calificaran de la forma contraria, pero tampoco lo terminé de asimilar como un elogio. Esto se debe a que, yuxtapuesto con los elementos oscuros, hay una cierta sensualidad en torno a los cultos, como el aspecto no convencional, el misticismo y la intimidad comunitaria. De esta manera, la palabra casi ha vuelto al punto de partida.

La palabra «culto» no siempre ha tenido un matiz siniestro. La primera versión del término se encuentra en escritos del siglo XVII, cuando la etiqueta era mucho más inocente. Por aquel entonces simplemente significaba «homenaje a la divinidad» u ofrendas hechas para ganarse a los dioses. Las palabras «cultura» y «cultivo», derivadas del mismo verbo latino, *cultus,* son primos morfológicos cercanos de «culto».

El significado de la palabra evolucionó a principios del siglo XIX, una época de alboroto religioso experimental en Estados Unidos. Las colonias estadounidenses, fundadas sobre la libertad de practicar nuevas religiones, se ganaron la reputación de ser un refugio seguro en el que los creyentes excéntricos podían volverse todo lo raros que quisieran. Esta libertad espiritual también abrió la puerta a una estampida de grupos sociales y políticos alternativos. A mediados del siglo XIX, se formaron más de un centenar de pequeñas camarillas ideológicas que luego se desmoronaron. Cuando el politólogo francés Alexis de Tocqueville visitó Estados Unidos en la década de 1830, se quedó asombrado de cómo «los estadounidenses de todas las edades, posiciones sociales y tipos de disposición [estaban] formando asociaciones siempre»[18]. Los «cultos» de la época[19] incluían grupos como la Comunidad de Oneida, un campamento de comunistas poliamorosos en el norte del estado de Nueva York (suena divertido); la Harmony Society, una hermandad igualitaria de amantes de la ciencia en Indiana (qué encantador); y (mi favorito) un efímero culto de agricultura vegana en Massachusetts llamado Fruitlands, fundado por el filósofo Amos Bronson Alcott, abolicionista, activista por los derechos de las mujeres y padre de Louisa May Alcott, la autora de *Mujercitas*. En aquel entonces, «culto» era una especie de clasificación eclesiástica, junto a «religión» y «secta». La palabra denotaba algo nuevo o poco ortodoxo, pero no necesariamente nefasto.

El término comenzó a ganar su reputación más oscura hacia el comienzo del Cuarto Gran Despertar. Fue entonces cuando la aparición de tantos grupos espirituales no conformistas asustó a los conservadores y cristianos de la vieja escuela. Los «cultos» pronto se asociaron con charlatanes y chiflados heréticos. Aun así, todavía no se consideraban una amenaza social o una prioridad criminal… No hasta los asesinatos de la familia Manson en 1969, seguidos de la masacre de Jonestown en 1978 (que investigaremos en la parte 2). Después de eso, la palabra «culto» se convirtió en un símbolo de miedo.

La espeluznante muerte de más de novecientas personas en Jonestown, el mayor número de víctimas civiles estadounidenses antes del 11S, sumió a todo el país en un delirio que giraba en torno a los cultos. Algunos lectores recordarán el subsiguiente «abuso ritual satánico», un periodo de los años ochenta definido por la paranoia generalizada de que los abusadores de niños que adoraban a Satán estaban aterrorizando a barrios estadounidenses enteros. El sociólogo Ron Enroth, en su libro *The Lure of the Cults*, publicado en 1979, afirmó que «la exposición mediática sin precedentes dada a Jonestown (...) alertó a los estadounidenses sobre el hecho de que grupos religiosos que aparentemente son benéficos pueden ocultar una podredumbre infernal».

Luego, como suele ocurrir con estas cosas, tan pronto como los cultos se volvieron algo aterrador, también se volvieron algo guay. La cultura pop de los años setenta no tardó en dar a luz términos como «película de culto» y «clásico de culto»[20], los cuales describían el género emergente de los filmes independientes y *underground*, como *The Rocky Horror Picture Show*. Bandas como Phish y Grateful Dead llegaron a ser conocidas por sus peripatéticos «seguidores de culto».

Una o dos generaciones después del Cuarto Gran Despertar, la época comenzó a adquirir un factor de frescura nostálgica entre los jóvenes que sentían curiosidad por los cultos. Los grupos marginales de los años setenta tienen ahora una especie de caché vintage perverso y elegante. A estas alturas, estar obsesionado con la familia Manson es como tener una amplia colección de vinilos y camisetas de la época hippie. La semana pasada, en una peluquería de Los Ángeles, escuché a una mujer que le decía a su estilista que quería un look de «chica Manson», es decir, descuidado, castaño y con la raya en medio. Un conocido mío de veintitantos años organizó hace poco una fiesta de cumpleaños con temática de culto en el valle del Hudson, en Nueva York, donde se han celebrado numerosos «cultos» históricos (como La Familia*, NXIVM e innumerables brujas), así como el festival de música de Woodstock. ¿El código de vestimenta? Todo blanco. Mi Instagram acabó inundado de fotografías filtradas de los invitados luciendo vestidos de color marfil y expresiones de ojos vidriosos que parecían decir: «Ups, no sabía que estaba embrujado».

A lo largo de las décadas, la palabra «culto» se ha convertido en algo tan sensacionalista, tan romántico, que la mayoría de los expertos con los que hablé ya no la utilizan. Su postura es que el significado es demasiado amplio y subjetivo como para ser útil, al menos en la literatura académica. Hasta la década de 1990, los académicos no tenían ningún problema en utilizar el término para describir cualquier grupo «considerado por muchos como desviado». Pero no hace falta ser un científico social para ver la inclinación de dicha categorización.

Algunos estudiosos han intentado ser más precisos y han tratado de identificar los criterios específicos de los «cultos», los cuales son los líderes carismáticos, los comportamientos que alteran la mente, la explotación sexual y financiera, una mentalidad de «nosotros contra ellos» hacia los que no son miembros y la filosofía de «el fin justifica los medios». Stephen Kent, profesor de Sociología de la Universidad de Alberta, añade que el término «culto» suele aplicarse a grupos con cierto grado de creencias sobrenaturales,

---

* Hay varios grupos con los rasgos de un culto que se esconden tras el vago apelativo de «La Familia». Esta era una comuna del día del juicio final nacida en los años sesenta y dirigida por una sádica instructora de yoga australiana llamada Anne Hamilton-Byrne, que (historia común) reclamaba el estatus de mesías y fue arrestada a finales de los ochenta por haber secuestrado a más de una decena de niños y haber abusado de ellos de formas aberrantes, como, por ejemplo, obligarlos a tomar montones de LSD como si fuera un ritual.

aunque no siempre es así. (Los ángeles y los demonios no suelen aparecer, por ejemplo, en las estafas piramidales de los cosméticos. Excepto cuando sí lo hacen... Veremos más sobre eso en la parte 4). Sin embargo, Kent dice que el resultado de todas estas instituciones es el mismo: un desequilibrio de poder basado en la devoción de los miembros, el culto a los héroes y la confianza absoluta, lo que a menudo facilita el abuso por parte de líderes que no rinden cuentas. El pegamento que mantiene intacta esta confianza es la creencia de los miembros de que sus líderes tienen un raro acceso a la sabiduría trascendente que les permite ejercer el control sobre sus sistemas de recompensas y castigos, tanto aquí en la Tierra como en el más allá. Según las conversaciones que he mantenido, estas cualidades parecen encapsular lo que mucha gente corriente considera un «culto de verdad» o «la definición académica de un culto».

No obstante, resulta que «culto» no tiene una definición académica oficial. «Porque es intrínsecamente peyorativo», aclaró Rebecca Moore, profesora de Religión de la Universidad Estatal de San Diego, durante una entrevista telefónica. «Simplemente se utiliza para describir grupos que no nos gustan». Moore llega al tema de los cultos desde un lugar único, y es que sus dos hermanas estaban entre las personas que perecieron en la masacre de Jonestown; de hecho, Jim Jones las reclutó para que ayudaran a llevar a cabo el evento. Con todo, Moore me dijo que no utiliza la palabra en serio porque se ha convertido en algo cargado de juicios, y eso es algo que no se puede discutir. «En cuanto alguien la pronuncia, como lectores, oyentes o individuos sabemos exactamente lo que debemos pensar de ese grupo en particular», explicó.

Asimismo, «lavado de cerebro» es un término que los medios de comunicación lanzan sin cesar, pero que casi todos los expertos que consulté para este libro evitan o rechazan. «No decimos que a los soldados se les lava el cerebro para que maten a otras personas;

eso es entrenamiento básico», expresa Moore. «No decimos que a los miembros de las fraternidades se les lava el cerebro para que les hagan novatadas* a sus [aspirantes]; eso es la presión de los compañeros»[21]. La mayoría de nosotros tiende a tomarse el «lavado de cerebro» al pie de la letra y se imagina que se produce algún recableado neurológico durante los adoctrinamientos de los cultos. Pero el lavado de cerebro es una metáfora. No tiene nada de objetivo.

Moore sería la candidata perfecta para creer en el lavado de cerebro literal, teniendo en cuenta el papel de sus dos hermanas en la tragedia de Jonestown. Pero sigue refutando el concepto porque, en primer lugar, este no tiene en cuenta la capacidad real de las personas de pensar por sí mismas. Los seres humanos no son drones indefensos cuya capacidad de decisión es tan frágil que puede desaparecer en cualquier momento. Según Moore, si el lavado de cerebro fuera real, «llegaríamos a ver a mucha más gente peligrosa corriendo por ahí con la intención de llevar a cabo planes condenables». En pocas palabras, no se puede obligar a alguien a creer en algo que no quiere creer utilizando un conjunto de técnicas malignas para «lavarle» el cerebro.

---

* Esta es una historia divertida. En 1959, un culto del sur de California llevó a cabo una inusual ceremonia de iniciación. Los hombres que deseaban formar parte del clan tenían que demostrar su devoción ingiriendo un bufé digno de una pesadilla, que incluía cabeza de cerdo, sesos frescos e hígado crudo. Mientras intentaba completar el desafío, un joven recluta llamado Richard no dejaba de vomitar el brebaje, pero, desesperado por que lo aceptaran, acabó forzándolo a que bajara. Enseguida, una enorme masa de hígado se le atascó en la tráquea y se ahogó con ella; cuando llegó al hospital, estaba muerto. Pero nunca se presentaron cargos penales, porque en realidad no se trataba de un «culto», sino de una fraternidad de la Universidad del Sur de California, que había implementado uno de los innumerables rituales de novatadas, los cuales son a menudo mucho más repugnantes, extravagantes y mortales e implican más vómitos (y otros fluidos corporales) que cualquier otra cosa que se pueda encontrar en la mayoría de las religiones alternativas.

En segundo lugar, según argumenta Moore, el lavado de cerebro presenta una hipótesis que no se puede comprobar[22]. Para que una teoría cumpla los estándares del método científico, tiene que ser cuestionable; es decir, debe ser posible demostrar que es falsa. (Por ejemplo, en cuanto los objetos empiecen a viajar más rápido que la velocidad de la luz, sabremos que Einstein se equivocó en su Teoría de la Relatividad Especial). Pero no se puede demostrar que el lavado de cerebro no existe. En el momento en el que se dice que a alguien le han «lavado el cerebro», la conversación termina ahí. No queda espacio para explorar lo que realmente podría estar motivando el comportamiento de la persona, la cual es una cuestión mucho más interesante.

Cuando se lanzan para describir a todo el mundo, desde los partidarios de un candidato político hasta los militantes veganos, los términos «culto» y «lavado de cerebro» adquieren el esplendor del terapeuta sentado en una butaca. A todos nos gusta la oportunidad de sentirnos psicológica y moralmente superiores sin tener que pensar en el porqué, y llamar a un grupo de personas «seguidores de un culto a los que les han lavado el cerebro» hace eso precisamente.

Esta tendencia negativa es perjudicial porque no todos los «cultos» son depravados o peligrosos[23]. De hecho, estadísticamente, pocos lo son. Barker (socióloga de la London School of Economics) afirma que, de los más de mil grupos alternativos que ha documentado y que han sido o podrían ser descritos como «cultos», la gran mayoría no han estado involucrados en actividades delictivas de ningún tipo. Moore y Barker señalan que las comunidades marginales solo obtienen publicidad cuando hacen algo horrible, como Heaven's Gate y Jonestown. (E incluso esos grupos no tenían en mente el asesinato y el caos[24]. Después de todo, Jonestown comenzó como una iglesia integracionista. Las cosas se intensificaron a medida que Jim Jones fue teniendo más sed de poder, pero la mayoría de los «cultos» nunca entran en una espiral tan catastrófica como la suya). Se crea un bucle de retroalimentación del escándalo, y solo los cultos más destructivos llaman la atención, por lo que llegamos a pensar que todos son destructivos y, de manera simultánea, solo identificamos a los destructivos como cultos, por lo que estos llaman más la atención, reforzando su reputación negativa, y así *ad infinitum*.

Igualmente preocupante es el hecho de que la palabra «culto» haya sido utilizada con tanta frecuencia como si fuera un permiso para destrozar las religiones que la sociedad no aprueba. Muchas de las confesiones religiosas más antiguas de hoy en día (católicos, baptistas, mormones, cuáqueros, judíos y la mayoría de las religiones nativas estadounidenses, por nombrar algunas) fueron consideradas en su día blasfemias impías en Estados Unidos, y eso que esta era una nación fundada en la libertad religiosa. Actualmente, las religiones alternativas estadounidenses (opresivas o no), desde los Testigos de Jehová hasta los Wiccanos, son ampliamente consideradas como «cultos». El gobierno chino denuncia con insistencia los males propios de un culto de la nueva religión Falun Gong, a pesar de sus principios pacíficos, que incluyen la paciencia y la compasión a través de la meditación. Barker ha observado que los informes oficiales de la Bélgica mayoritariamente católica condenan a los cuáqueros [25] (casi la religión más fría que existe) como un «culto» (o *secte* en realidad, puesto que la palabra *culte* en francés ha mantenido sus connotaciones neutrales).

En todo el mundo, la normatividad cultural sigue teniendo mucho que ver con la legitimidad percibida de un grupo religioso, sin importar si sus enseñanzas son más extrañas o dañinas que las dé un grupo mejor establecido. Después de todo, ¿qué líder espiritual importante no tiene algún rastro de sangre en las manos?

Como dijo el especialista en religión Reza Aslan, «el mayor chiste en los estudios religiosos es culto + tiempo = religión»[26]. En Estados Unidos, el mormonismo y el catolicismo han existido el tiempo suficiente como para recibir nuestro sello de aprobación. Al haberse ganado el estatus de religión, gozan de un cierto respeto común y, lo que es más importante, de la protección de la Primera Enmienda de la Constitución de los Estados Unidos. Debido a esta variable de protección, etiquetar algo como «culto» se convierte no solo en un juicio de valor, sino en un árbitro de consecuencias reales y de vida o muerte. Citando a Megan Goodwin, investigadora de las religiones alternativas estadounidenses en la Universidad de Northeastern, «las repercusiones políticas al identificar algo como culto son reales y a menudo violentas»[27].

¿Qué aspecto tienen estas repercusiones? Basta con mirar el caso de Jonestown. Una vez que la prensa identificó a las víctimas como «miembros de un culto», fueron relegadas al instante a una subclase de humanos. «Esto facilitó que el público se distanciara de la tragedia y de sus víctimas, desechándolas como débiles, crédulas, inadecuadas para la vida e indignas de respeto *post mortem*»[28], escribió Laura Elizabeth Woollett, autora de la novela *Beautiful Revolutionary*, inspirada en Jonestown. «No se les hicieron autopsias a los cuerpos. A las familias se les negó la devolución oportuna de los restos de sus seres queridos».

Tal vez el fiasco más importante derivado de la demonización de los «seguidores del culto» fue el caso de los Davidianos de la Rama, las víctimas del famoso asedio de Waco en 1993. Fundada en 1959, los Davidianos de la Rama era un movimiento religioso descendiente de la Iglesia Adventista del Séptimo Día. En su punto álgido, a principios de la década de 1990, el grupo contaba con un centenar de miembros que vivían juntos en un asentamiento situado en Waco (Texas), donde se preparaban para la Segunda

Venida de Cristo bajo el gobierno abusivo de David Koresh, quien se había proclamado profeta (como suelen hacer los nuevos líderes religiosos solipsistas). Razonablemente perturbados y con necesidad urgente de ayuda, las familias de los seguidores avisaron al FBI, que en febrero de 1993 tomó el complejo de los Davidianos de la Rama. Llegaron varias decenas de agentes armados con rifles, tanques y gases lacrimógenos para «salvar» a los «seguidores de un culto a los que les han lavado el cerebro». No obstante, la invasión no salió como estaba previsto, sino que tuvo lugar un enfrentamiento que duró cincuenta días y que solo terminó después de que aparecieran otros cientos de agentes del FBI y utilizaran gases lacrimógenos para hacer que sus objetivos salieran de su escondite. En mitad del caos, un incendio provocó la muerte de casi ochenta miembros de los Davidianos de la Rama.

Koresh no era inocente en todo esto. Era maníaco y violento (de hecho, es posible que haya sido quien encendió la fatídica llama), y su carácter testarudo fue parte de lo que ocasionó tantas víctimas. Sin embargo, también lo fue el miedo que rodea a la palabra «culto». Si el FBI hubiera aplicado una violencia tan excesiva a una religión más aceptada a nivel social y que se beneficiara de la salvaguarda de la Primera Enmienda, probablemente habría habido mucho más revuelo. Su ataque a la base de los Davidianos de la Rama, por el contrario, fue sancionado a nivel legal y aceptado a nivel social. «La religión es una categoría protegida por la Constitución (…) y la identificación de los miembros de los Davidianos de la Rama de Waco como un culto los coloca fuera de la protección del Estado», explica Catherine Wessinger, especialista en religión de la Universidad Loyola de Nueva Orleans. Puede que el FBI haya ido a «salvar» a los davidianos, pero cuando los mataron a pocos estadounidenses les importó, porque no eran una iglesia sino un «culto». Ay, la semántica de la santurronería.

En un estudio clásico realizado en 1999, el famoso psicólogo de Stanford Albert Bandura reveló que, cuando se trataba a los sujetos humanos con un lenguaje deshumanizado, como si fueran «animales», los participantes estaban más dispuestos a dañarlos administrándoles descargas eléctricas. Parece que la etiqueta de «culto» puede cumplir una función similar. Esto no quiere decir que algunos grupos que han sido o podrían ser llamados así no sean peligrosos; no cabe duda de que muchos de ellos lo son. En cambio, como la palabra tiene una carga emocional tan fuerte y se presta a la interpretación, la etiqueta en sí misma no nos proporciona la suficiente información como para determinar si un grupo es peligroso. Tenemos que mirar con más cuidado. Debemos ser más específicos.

En un intento por encontrar una forma menos crítica de hablar de las comunidades espirituales no convencionales, muchos estudiosos han utilizado etiquetas que suenan neutrales, como «nuevos movimientos religiosos», «religiones emergentes» y «religiones marginales». No obstante, si bien es cierto que estas frases funcionan en un contexto académico, me parece que no captan del todo el *crossfit*, las empresas de marketing multiniveles, los programas de teatro universitarios y otros puntos difíciles de categorizar a lo largo del continuo de influencia. Necesitamos una forma más versátil de hablar de las comunidades que se asemejan a un culto de una manera u otra, pero que no están necesariamente relacionadas con lo sobrenatural. Por eso me gusta la palabra *cultish*.

V

Crecí fascinada por todo lo relacionado con los «cultos», sobre todo debido a mi padre, pues de niño lo obligaron a unirse a uno. En 1969, cuando mi padre, Craig Montell, tenía catorce años, su padre ausente y su madrastra decidieron que querían participar en el movimiento contracultural negro. Así que trasladaron al joven Craig y a sus dos hermanastras, las cuales tenían pocos años, a una remota comuna socialista llamada Synanon, situada a las afueras de San Francisco. A finales de la década de 1950, Synanon comenzó como un centro de rehabilitación para consumidores de drogas duras etiquetados como «drogadictos», pero más tarde dio cabida también a quienes seguían cierto estilo de vida que no incluía la adicción a las drogas. En Synanon, los niños vivían en barracones a kilómetros de distancia de sus padres, y no se permitía trabajar ni ir a la escuela en el exterior. Algunos miembros se veían obligados a afeitarse la cabeza; a muchas parejas casadas se las separaba y se les asignaban nuevos compañeros. Pero todos en el asentamiento de Synanon, sin excepción, tenían que participar en «el Juego».

El Juego era una actividad ritual en la que todas las noches se dividía a los miembros en pequeños círculos y se los sometía a horas de crueles críticas personales por parte de sus compañeros. Esta práctica era la pieza central de Synanon; de hecho, la vida allí se dividía en dos categorías semánticas: dentro del Juego y fuera del Juego. Estos enfrentamientos se presentaban como terapia de grupo, pero en realidad eran una forma de control social. No había nada divertido en el Juego, el cual podía ser hostil o humillante, y, sin embargo, se referían a él como algo a lo que «jugabas». Resulta que este tipo de actividad extrema de «decir la verdad» no es infrecuente en los grupos que exhiben los rasgos de un culto; por ejemplo, Jim Jones organizaba eventos similares llamados Reuniones Familiares o Reuniones de Catarsis, en los que los seguidores se reunían en la iglesia matriz los miércoles por la noche. Durante estos encuentros, cualquiera que hubiera ofendido al grupo de alguna manera era llamado a la Sala para que sus familiares y amigos pudieran difamarlos y así demostrar su mayor lealtad a la Causa. (Más sobre este tema en la parte 2).

Mi padre me enseñó las historias de Synanon; él se retiró a los diecisiete años y se convirtió en un prolífico neurocientífico. Ahora su trabajo consiste en hacer preguntas difíciles y en buscar pruebas en todo momento. Siempre fue muy generoso con sus relatos y complacía mi ingenua curiosidad al repetir las mismas historias sobre las lúgubres viviendas de Synanon y el entorno conformista, y sobre el biólogo al que conoció allí y que le encargó dirigir el laboratorio médico de la comuna a los quince años. Mientras que sus coetáneos de fuera de Synanon se preocupaban por las disputas de amor adolescente y la preparación de la selectividad, mi padre cultivaba las muestras de garganta de los adeptos y analizaba las yemas de los dedos de los manipuladores de alimentos en busca de microbios de la tuberculosis. El laboratorio era un santuario para mi padre, un espacio raro en los terrenos de Synanon donde se aplicaban las reglas de la lógica empírica. Paradójicamente, allí encontró su amor por la ciencia. Deseoso de recibir una educación fuera del sistema cerrado de la comuna —y desesperado por obtener un diploma legítimo que le permitiera ir a la universidad—, cuando no llevaba una bata blanca (o jugaba al Juego) se escapaba del asentamiento para asistir a un centro de educación secundaria acreditado en San Francisco, de manera que era el único niño de Synanon que lo hacía. Se mantenía callado, pasaba inadvertido y cuestionaba todo en privado.

Incluso cuando era pequeña, lo que más me atraía de las historias de mi padre sobre Synanon era el lenguaje especial del grupo; por ejemplo, términos como «dentro del Juego» y «fuera del Juego», «unión por amor» (refiriéndose a los matrimonios de Synanon), «actúa como si» (un imperativo que indicaba que no había que cuestionar nunca los protocolos de Synanon; simplemente «actúa como si» estuvieras de acuerdo hasta que lo estés), «manifestantes» y «POD» (padres de guardia, la rotación de adultos seleccionados al azar para acompañar a los niños en la «escuela» y en los barracones), y muchos más. Esta curiosa jerga era la forma más clara de entrar en ese mundo.

Como hija de científicos, creo que una combinación de naturaleza, educación y las historias de Synanon han hecho que me convirtiera en una persona bastante incrédula, y desde la infancia temprana siempre he sido muy sensible a la retórica que suena a culto, pero también me ha seducido su poder. Cuando iba a la secundaria, la madre de mi mejor amiga era una cristiana renacida, y a veces me saltaba la escuela hebrea en secreto los domingos para acompañar a la familia a su megaiglesia evangélica. Nada me cautivaba más que la forma en la que hablaban esos feligreses y cómo, al entrar en el edificio, todo el mundo se deslizaba hacia un dialecto «evangélico». No era el inglés de la Biblia del Rey Jacobo; era moderno y muy distinto. Empecé a utilizar su glosario de palabras de moda cada vez que asistía a los servicios, solo para ver si afectaba a la forma en la que los congregantes me trataban. Aprendí frases como «*on my heart*» (sinónimo de «*on my mind*»*), «*love up on someone*» (mostrar amor a alguien), «*in the word*» (leer la Biblia), «*Father of Lies*» (Satanás, el mal que «gobierna el mundo») y «*convicted*» (ser movido divinamente a hacer algo). Era como el lenguaje en clave de un club exclusivo. Si bien es cierto que estos términos especiales no comunicaban nada que no pudiera decirse en un inglés sencillo, utilizarlos de la forma adecuada en el momento oportuno era como una llave que abría la aceptación del grupo. Al momento me percibieron como alguien de dentro. El lenguaje era una contraseña, un disfraz, un suero de la verdad. Era muy poderoso.

Crear un lenguaje especial para influir en el comportamiento y las creencias de la gente es tan eficaz, en parte, porque es lo primero que estamos dispuestos a cambiar de nosotros mismos, y también lo último que dejamos pasar. A diferencia de afeitarse la cabeza, trasladarse a una comuna o incluso cambiarse de ropa, adoptar una nueva terminología es instantáneo y (aparentemente) no requiere ningún tipo de compromiso. Supongamos que te presentas a una reunión espiritual por curiosidad y el anfitrión empieza pidiendo al grupo que repita un canto. Lo más probable es que lo hagas. Puede que al principio te sientas extraño y presionado, pero no te han pedido que entregases los ahorros de tu vida ni que matases a nadie. ¿Cuánto daño puede hacer? El *cultish* funciona de una manera tan eficaz (e invisible) para moldear nuestra visión del mundo y adoptar así la forma que tiene la del gurú que, una vez que se ha incrustado, se queda pegado. Después de que te crezca el pelo, te vuelvas a mudar a casa, borres la aplicación, lo que sea, el vocabulario especial seguirá ahí. En la parte 2 de este

---

* N. de la T.: Literalmente «en mi mente» o «en mis pensamientos». Así, pues, «on my heart» equivaldría a «en mi corazón».

libro conoceremos a un hombre llamado Frank Lyford, superviviente del «culto suicida» Heaven's Gate de los años noventa y que, veinticinco años después de desertar y renegar de su sistema de creencias, sigue llamando a sus dos antiguos líderes por sus nombres monásticos, Ti y Do, refiriéndose al grupo como «el aula» y describiendo el inquietante destino de sus miembros con el eufemismo «dejar la Tierra», como le enseñaron a hacer hace más de dos décadas.

La idea de escribir este libro se me ocurrió después de que mi mejor amiga de la universidad decidiera dejar la bebida e ir a Alcohólicos Anónimos. Vivía a casi cinco mil kilómetros, así que solo la veía unas pocas veces al año y, desde lejos, no podía saber hasta qué punto estaba comprometida con la idea de no beber ni qué pensar al respecto. Hasta la primera vez que fui a visitarla después de que estuviera sobria. Aquella noche teníamos problemas para planear la cena, cuando la siguiente frase salió de su boca: «Llevo todo el día con el HALT en la cabeza, he albergado resentimiento en el trabajo, pero estoy intentando no hacer un viaje al futuro. Uf, centrémonos en la cena. ¡Lo primero es lo primero, como se dice!».

Debo haberla mirado como si tuviera tres cabezas. ¿«HALT»? ¿«Viaje al futuro»? ¿«Atrapado por un resentimiento»? ¿Qué estaría diciendo?*. Tres meses en AA, y esta persona que era tan cercana a mí que podría haber distinguido con precisión los significados de

---

* No tardé en aprender que «HALT» era el acrónimo de *hungry, angry, lonely* y *tired* (hambriento, enfadado, solitario y cansado); «viajar al futuro» es estresarse por acontecimientos potenciales que no se pueden controlar; «albergar resentimiento» significa dejarse vencer por el desprecio hacia alguien; y «lo primero es lo primero» es un «cliché» autoproclamado de Alcohólicos Anónimos que significa exactamente lo que parece. Hay que admitir que son lemas extremadamente útiles (como la mayoría de los chistes del ingenioso léxico de Alcohólicos Anónimos).

sus diferentes exhalaciones, de repente estaba hablando un idioma extranjero. Al instante, tuve una reacción heurística. Fue el mismo instinto que sentí al ver esas viejas fotos de Tasha Samar en el desierto; la misma respuesta que tuvo mi padre el día en que pisó por primera vez los terrenos de Synanon. Un superviviente de Jonestown me dijo una vez lo siguiente: «Dicen que un culto es como la pornografía. Lo reconoces cuando lo ves». O, si eres como yo, lo reconoces cuando lo oyes. El lenguaje exclusivo era la pista más grande. AA no era Synanon, claro está; estaba cambiando la vida de mi amiga para mejor. Pero la conquista de su vocabulario era imposible de desoír.

Sin embargo, los instintos no son ciencias sociales y, en realidad, no «sabía» que AA era un «culto». Pero tenía un fuerte presentimiento de que allí ocurría algo poderoso y misterioso. Tenía que investigar más a fondo. Tenía que entender. ¿Cómo se había apoderado el lenguaje del grupo tan rápidamente de mi amiga? ¿Cómo funciona el lenguaje, para bien y para mal, para hacer que la gente se sumerja en grupos ideológicos entusiastas con líderes a los que no controlan? ¿Cómo los mantiene en la vorágine?

Comencé este proyecto por el perverso anhelo de esos cuentos sobre cultos que se narran junto a la hoguera y que tantos de nosotros hemos oído. Pero pronto quedó claro que aprender sobre las conexiones entre el lenguaje, el poder, la comunidad y las creencias podría ayudarnos de manera legítima a entender lo que motiva los comportamientos fanáticos de la gente en esta era siempre inquieta; una época en la que encontramos estafas de marketing multinivel que se hacen pasar por empresas feministas nuevas, falsos chamanes que dan malos consejos de salud, grupos de odio en línea que radicalizan a nuevos miembros y niños que se envían literalmente amenazas de muerte en defensa de sus marcas favoritas. Chani, la soulcycler de veintiséis años, me contó que una vez vio a un adolescente sacar un arma contra otro por el último par de deportivas en una venta de muestras Hypebeast de Los Ángeles. «Las próximas cruzadas no serán religiosas, sino consumistas», sugirió. Uber contra Lyft. Amazon contra los boicoteadores de Amazon. TikTok contra Instagram. Tara Isabella Burton lo expresó muy bien cuando dijo: «Si las fronteras entre el culto y la religión ya son resbaladizas, las que existen entre la religión y la cultura son aún más permeables»[29].

La verdad es inquietante, hermosa y perturbadora, y es que, independientemente de lo fóbico que te parezca el culto, nuestra participación en las cosas es lo que nos define. Tanto si has nacido en una familia de pentecostales que hablan en lenguas desconocidas como si te has ido de casa a los dieciocho años para unirte a los yoguis de Kundalini, si te has visto arrastrado a una empresa que te chupa el alma cuando apenas has salido de la universidad, si te has convertido en un asiduo de Alcohólicos Anónimos el año pasado o si hace cinco segundos has hecho clic en un anuncio que promocionaba no solo un producto para el cuidado de la piel, sino la «oportunidad que no tiene precio» de formar «parte de un movimiento», las afiliaciones a grupos —que pueden tener un significado profundo, incluso eterno— constituyen el andamiaje sobre el que construimos nuestras vidas. No hace falta ser una persona rota o perturbada para anhelar esa estructura. Como he dicho anteriormente, estamos programados para ello. Y lo que a menudo pasamos por alto es que el material con el que se construye ese andamiaje, el mismo material que fabrica nuestra realidad, es el lenguaje. «Siempre hemos utilizado el lenguaje para explicar lo que ya sabíamos», escribió el académico inglés Gary Eberle en su libro *Dangerous Words*, publicado en 2007, «pero, lo que es más importante, también lo hemos utilizado para llegar a lo que seguíamos sin conocer o entender».[30] Con las palabras damos vida a la realidad.

Un concepto lingüístico conocido como Teoría de la Performatividad dice que el lenguaje no se limita a describir o reflejar lo que somos, sino que crea lo que somos. Esto se debe a que el propio lenguaje tiene la capacidad de consumar acciones, lo que muestra un nivel de poder intrínseco. (Los ejemplos más claros de lenguaje performativo serían hacer una promesa, celebrar una ceremonia nupcial o pronunciar una sentencia judicial). Cuando se repite una y otra vez, el lenguaje tiene un poder significativo y secuencial para construir y restringir nuestra realidad. Lo ideal es que la mayoría de la gente comparta su comprensión de la realidad y se base en la lógica. Pero el hecho de integrarse en una comunidad que utiliza rituales lingüísticos —cantos, oraciones, giros de la frase— para dar forma a esa «cultura de la comprensión compartida» de la que hablaba Eileen Barker puede alejarnos del mundo real. Sin que nos demos cuenta, nuestra propia comprensión de nosotros mismos y de lo que creemos que es verdad queda ligada al grupo. Con el líder. Todo por culpa del lenguaje.

Este libro explora el amplio espectro de los cultos y sus extraños léxicos, comenzando por los más famosos y espantosos hasta llegar a comunidades que en apariencia son tan inocuas que ni siquiera nos damos cuenta de cuánto se parecen a un culto. Para que el alcance de estas historias sea manejable (porque Dios sabe que podría pasarme toda la vida entrevistando a gente sobre «cultos» de toda clase), vamos a centrarnos sobre todo en grupos estadounidenses. Cada parte del libro abordará una categoría diferente de «culto» y explorará al mismo tiempo la retórica *cultish* que impregna nuestra vida cotidiana: la parte 2 está dedicada a una serie de notorios «cultos suicidas» como Jonestown y Heaven's Gate; la parte 3 explora religiones controvertidas como la cienciología y la Familia Internacional; la parte 4 trata acerca de las empresas de marketing multinivel

(MLM); la parte 5 cubre los gimnasios de *cult fitness**, y la parte 6 profundiza en los gurús de las redes sociales.

Las palabras que oímos y utilizamos a diario pueden proporcionarnos pistas para ayudarnos a determinar qué grupos son sanos, cuáles son tóxicos y cuáles son un poco de ambos, y hasta qué punto deseamos participar en ellos. En estas páginas nos adentramos en el curioso (y curiosamente familiar) *cultish*.

Así que, en palabras de muchos líderes de cultos: «Ven. Sígueme...».

PARTE 2

ENHORABUENA, HAS SIDO ELEGIDO PARA UNIRTE AL PRÓXIMO NIVEL EVOLUTIVO SUPERIOR AL SER HUMANO

I

«Beber el Kool-Aid»*. Es una frase que todo estadounidense conoce. Tras haber tomado asiento en la mesa de los modismos cotidianos, es probable que haya surgido en al menos unas cuantas decenas de ocasiones a lo largo de la vida anglófona. La última vez que escuché la expresión fue hace una semana, cuando pillé a alguien describiendo casualmente su fidelidad a Sweetgreen, la cadena de ensaladas de moda.

—Supongo que me he bebido el Kool-Aid —dijo con una sonrisa ladeada mientras tomaba su quinoa para llevar.

Yo también pronuncié una vez este comentario de forma tan reflexiva como con cualquier otro refrán habitual, del tipo «hablando del rey de Roma», «dar en el clavo» y «no se puede juzgar un libro por su portada». Pero eso era antes de conocer las historias.

Hoy en día, «beber el Kool-Aid» se utiliza más a menudo para describir a alguien que sigue sin pensar a una mayoría o como abreviatura para cuestionar su cordura. En 2012, *Forbes* lo bautizó como el «cliché más molesto» [31] utilizado por los líderes empresariales. Bill O'Reilly ha invocado el refrán para criticar a sus detractores («La gente del Kool-Aid se está volviendo loca», les dijo a los

---

* N. de la T.: Literalmente traducido del dicho inglés «Drinking the Kool-Aid», cuyo equivalente español más cercano sería «tener fe ciega» o cualquier expresión que describa que una persona ha hecho o aceptado algo sin cuestionárselo solo porque alguien «superior» la ha incitado a ello.

63

oyentes). Incluso lo he encontrado en contextos tan simplistas y autodespectivos como estos: «Sí, por fin me he comprado una bici estática Peloton. Supongo que me he bebido el Kool-Aid» o «Está obsesionado con Radiohead; se bebió el Kool-Aid en los noventa» (y luego, por supuesto, lo de Sweetgreen). La mayoría de los hablantes utilizan el modismo sin pestañear, pero hay unos pocos elegidos que captan su gravedad. «Una de las frases más viles de la lengua inglesa», así es cómo la describe Tim Carter, de setenta y un años. Tim me lo dijo en una larga llamada desde San Francisco, hablando a mil por hora, como si no pudiera expulsar suficientemente rápido la repugnancia que sentía. «La gente no tiene ni idea de lo que dice». Hace décadas, Odell Rhodes, un antiguo vecino de Tim, expresó el mismo sentimiento en un artículo para el *Washington Post*: «El dicho "beber el Kool-Aid" es tan repugnante... completamente erróneo» [32]. Teri Buford O'Shea, una poetisa de sesenta y siete años que conoció a Tim y a Odell, hizo un comentario similar sobre la frase: «Hace que me estremezca» [33].

Tim, Odell y Teri tienen una perspectiva única en cuanto a «beber el Kool-Aid», puesto que en la década de 1970 todos eran miembros del Templo del Pueblo. Para aludir al grupo se apelaba a diversas denominaciones: una congregación, un movimiento, un estilo de vida, un proyecto agrícola, un experimento, la Tierra Prometida. Esto no fue involuntario. Los grupos en la sombra son expertos en cambiar de marca y se benefician de la confusión, la distracción y el secreto que puede provocar esta puerta giratoria que va mostrando nuevas etiquetas misteriosas.

El Templo del Pueblo comenzó como una iglesia racialmente integrada en Indianápolis, en la década de 1950. Diez años después se trasladó al norte de California, donde evolucionó hasta convertirse en un «movimiento sociopolítico» progresista. Eso es lo que dicen los informes del FBI. Pero no fue hasta 1974 cuando el Templo del Pueblo se instaló en una remota extensión de tierra en Sudamérica, que se convirtió en el «culto» conocido como Jonestown.

Mitificado por muchos pero comprendido por pocos, Jonestown era un árido asentamiento de mil quinientas hectáreas situado en el noroeste de Guyana, que albergaba a unos mil ocupantes en el momento de su desenlace en 1978. El lugar recibió el nombre de su líder, Jim Jones, a quien también se lo llamaba de varias maneras. En Indianápolis, cuando el grupo aún tenía inclinaciones religiosas, los seguidores se dirigían a Jones como «Dios» o «Padre» (el «Día del Padre» se celebraba el 13 de mayo, el día de su cumpleaños). Cuando el grupo llegó a Guyana y se secularizó, su apodo se convirtió en uno más acogedor: «Papá». Con el tiempo, los miembros también empezaron a llamarlo «la Oficina» a modo de metonimia, como cuando a un rey se lo llama «la corona». Y, en sus últimos años, Jones insistió en el cortés título de «Fundador-Líder».

Jones arrastró a sus seguidores desde Redwood City, California, hasta Guyana, prometiéndoles un paraíso socialista al margen de los males de lo que él veía como un apocalipsis fascista inminente en Estados Unidos. Las imágenes granuladas del lugar muestran un verdadero Edén, con niños de todas las razas jugando felices mientras sus padres se trenzan el pelo unos a otros y se hacen amigos de la fauna vecina. En una imagen, una mujer de veinticinco años llamada Maria Katsaris (una de las amantes de Jones y miembro de su círculo más íntimo) sonríe mientras coloca un jovial dedo índice sobre la punta del pico de un tucán. Dejando a un lado el contexto histórico, parecen los típicos Campos Elíseos simples y fuera de la red, en los que podría haber visto a cualquiera de mis amigos progresistas de Los Ángeles que hubiera querido escapar de la administración Trump. Tener un tucán como mascota suena bien.

Hoy en día, la mayoría de los estadounidenses al menos han oído hablar de Jonestown, si no del nombre, al menos de la iconografía, es decir, una comuna en la selva, un predicador maníaco, ponche envenenado, cadáveres apilados en la hierba. Jonestown es más conocido por el asesinato-suicidio colectivo de más de novecientos seguidores que ocurrió el 18 de noviembre de 1978. La mayoría de las víctimas, entre ellas más de trescientos niños, encontró su destino tras consumir un brebaje letal de cianuro y trazas de tranquilizantes, que había sido mezclado en cubas de zumo con sabor a uva elaborado con el concentrado de frutas en polvo Flavor Aid. «Beber el Kool-Aid» es una metáfora derivada de esta tragedia. De manera errónea, nuestra cultura recuerda el elixir como Kool-Aid y no como Flavor Aid, debido al estatus de la primera como marca comercial genérica (como cuando algunas personas llaman a todos los pañuelos de papel «Kleenex», aunque también existen otros como Puffs y Angel Soft). Sin embargo, los habitantes de Jonestown murieron por la versión más barata de la marca comercial, la cual ingirieron —la mayoría por vía oral, algunos por inyección, y muchos contra su voluntad— bajo la extrema presión de Jones, quien afirmó que el «suicidio revolucionario» [34] era la única opción que tenían para «protestar por las condiciones de un mundo inhumano».

La gente no iba a Guyana para tener una muerte extraña, sino que lo hacía en busca de una vida mejor, o bien porque sus iglesias en casa estaban fracasando o bien para probar el socialismo o para evadir a la policía racista estadounidense (¿te suena?). Con la Tierra Prometida, Jim Jones garantizaba una solución para todos los ámbitos de la vida, y con todas las palabras correctas pronunciadas a la perfección, la gente tenía motivos para creerle.

Jones, cuyo carácter ha sido objeto de varias decenas de libros, hizo famosas las que ahora se reconocen como las clásicas alertas rojas propias de un gurú peligroso, es decir, por fuera parecía un revolucionario político profético, pero en el fondo era un narcisista maníaco, mentiroso y paranoico. Como suele suceder, sus devotos no lo descubrieron hasta que fue demasiado tarde. Según me juró más de un superviviente, al principio no parecía haber nada a lo que no amar.

Nacido y criado en Indiana, Jim Jones era un prometedor pastor veinteañero cuando creó allí su primera congregación. Integrista a ultranza, él y su esposa fueron la primera pareja blanca del estado en adoptar a un niño negro, y pronto llenaron su hogar con muchos otros niños que no eran blancos. Jones llamaba a su hogar la «Familia Arcoíris» [35], lo que lanzaba el mensaje de que tomaba la senda de la justicia racial no solo en la iglesia, sino también en su vida personal.

Sin embargo, la imagen de Jones no era solo progresista y piadosa. También era guapo, un *doppelgänger* de Elvis en su juventud. Yo personalmente no le veo el atractivo (supongo que es una opinión impopular, pero los rasgos caricaturescos de Jones siempre me han recordado un poco a Biff Tannen, el matón de *Regreso al futuro*). Supongo que los asesinos desquiciados no son mi tipo, aunque sé que la hibristofilia, la atracción por los criminales brutales, es algo muy real [36]. Jones, Ted Bundy y Charles Manson tenían *groupies*. Hasta el famoso psicólogo Philip Zimbardo, el tipo conocido por el experimento de la cárcel de Stanford, comentó abiertamente el irresistible «atractivo sexual» [37] que tenía Jones.

No obstante, el atractivo sexual no consiste solo en la apariencia, sino en la capacidad de crear la ilusión de intimidad entre uno mismo y sus fans. Eso es lo que recuerdan los expatriados de Jonestown. Todas las personas con las que conversé hablaron con entusiasmo de su encanto irresistible y de la habilidad que tenía para relacionarse sin problemas con cualquiera, desde los bohemios blancos de clase media alta hasta los negros activos en la iglesia. Con los progresistas de veintitantos años de San Francisco, Jones se puso socialista y los sedujo con citas de Nietzsche, mientras que con los pentecostales de más edad utilizó versículos de la Biblia y el tono familiar de un reverendo. Varios supervivientes me dijeron que la primera vez que hablaron con Jones sintieron como si los conociera de toda la vida, que «hablaba su idioma». Este tipo de validación intensa que luego es intercambiada por el control es lo que algunos científicos sociales denominan «bombardeo de amor».

—Atraía a cualquier persona en cualquier nivel y en cualquier momento —explicó Leslie Wagner Wilson, oradora pública, memorista y superviviente de Jonestown[38]—. Podía citar las escrituras, darse la vuelta y predicar el socialismo.

Leslie no solo vivió para contar la historia de Jonestown, sino que la mañana de la masacre escapó tras precipitarse a la selva. Con tan solo veintidós años, Leslie, una joven negra de gafas redondas y mejillas angelicales, recorrió cincuenta kilómetros a través de la retorcida vegetación mientras llevaba a su hijo de tres años atado a la espalda con una sábana. Su madre, su hermana, su hermano y su marido no sobrevivieron.

Retrocedamos nueve años. Leslie estaba en secundaria cuando su madre, que criaba sola una casa llena de niños y buscaba apoyo, se unió al Templo del Pueblo en Redwood City. Desde que tenía trece años, el Templo del Pueblo era el único mundo que conocía Leslie. Jones era su padre y su madre. La llamaba su «pequeña Angela Davis»[39]. Hablando de bombardeo de amor, para la adolescente, cuya identidad aún se estaba formando, la comparación con la activista radical y modelo a seguir fortalecía su confianza en Jones. Cada vez que utilizaba el apodo, reforzaba ese compromiso. «Como un astuto titiritero, Jones manipuló con éxito las aspiraciones revolucionarias de los jóvenes afroamericanos que se tambaleaban ante la desvanecida promesa del movimiento Black Power»[40], escribió Sikivu Hutchinson, autora feminista de *White Nights, Black Paradise.* Naturalmente, Leslie quería creer que era la próxima Angela Davis. Es comprensible que estuviera motivada al pensar que podía ofrecerle a su comunidad ese tipo de esperanza.

En este sentido, lo que enganchó a la gente no fue el aspecto de Jones, ni su óptica familiar, ni siquiera sus ideas; fue su forma de hablar.

—La forma en la que hablaba lo hacía un gran orador —dijo Leslie[41]—. Te conmovía, te inspiraba... Estaba cautivada.

Jones no convenció a toda la gente a la que Leslie quería (gente brillante y orientada a la familia que, de manera objetiva, no tenía nada en común con él) de que lo siguiera hasta el fin del mundo mediante el uso de alguna clase de magia mental críptica.

—Fue con el lenguaje —me dijo fervientemente otro superviviente de Jonestown—. Así es como conseguía el control y lo mantenía.

Con la entonación y la pasión de un predicador baptista, las complejas teorías de un filósofo aristotélico, el ingenio campechano de un fabulador rural y el feroz celo de un tirano demente, Jim Jones era un camaleón lingüístico que poseía un monstruoso arsenal de astutas estrategias retóricas, las cuales manejaba para atraer y condicionar a seguidores de todo tipo. Esto es lo que hacen los líderes de cultos más astutos; en lugar de ceñirse a un léxico invariable para representar una doctrina unificada, personalizan su lenguaje en función del individuo que tienen delante. Conocido por citas como «El socialismo es con diferencia más antiguo que la Biblia» y «Una mentalidad capitalista [es] la vibración más baja con la que se puede operar en este ya denso plano de la existencia»[42], la oratoria frankensteiniana de Jones solía hacer referencia a la teoría política y a la metafísica al mismo tiempo. «Su vocabulario no tardaba en pasar de ser más bien rural y hogareño a ser bastante intelectual», recuerda Garry Lambrev, poeta y veterano del Templo del Pueblo durante su época en Redwood City. «Tenía un vocabulario enorme. Leía muchísimo. No sé de dónde sacaba el tiempo».

Un vocabulario que cambiaba con rapidez y que se utilizaba para el capital social... Cualquier lingüista podría decir que Jones era un astuto practicante del cambio de código o de la alternancia fluida entre múltiples variedades lingüísticas. Entre los no diabólicos, el cambio de código es una forma eficaz (y habitualmente inconsciente) de utilizar todos los recursos lingüísticos a tu disposición para manejar un intercambio verbal del modo más eficaz. Uno puede cambiar el código entre dialectos o idiomas de una sentada a otra, o incluso dentro de una misma conversación, para expresar un estado de ánimo específico, enfatizar una afirmación, adaptarse a una convención social o comunicar una determinada identidad. Lo que está en juego al cambiar de código puede ser tan importante como garantizar el respeto e incluso la supervivencia, como es el caso de los hablantes de ciertos etnolectos marginados, como el inglés afroamericano, que aprenden a cambiar al «inglés estándar» en entornos en los que podrían ser juzgados o perseguidos por otros. Y luego, de manera opuesta, el cambio de código puede utilizarse para ganarse la confianza de forma connivente. Esta era la especialidad de Jim Jones. Como si fuera una versión maquiavélica de mi yo de doce años que se deslizaba en el lenguaje evangélico en la megaiglesia de mi amiga, Jones aprendió a conocer a cada seguidor en su nivel lingüístico, lo que enviaba una señal instantánea de que los comprendía a ellos y a sus antecedentes de una forma única.

Desde muy temprano, Jones estudió con cuidado el estilo de los discursos de sacerdotes y políticos populares y convincentes, desde

Martin Luther King Jr. y Father Divine (un líder espiritual negro y mentor de Jones) hasta Hitler. Robó las mejores partes y añadió su propio toque jonesiano. Aprendió a modular la voz para adaptarla a la manera de un predicador pentecostal y recogió frases que los blancos no debían conocer, como «predicadores de Jack White», una etiqueta interna utilizada en algunos grupos eclesiásticos negros para criticar a los teleevangelistas estafadores blancos. Cuando el Templo del Pueblo llegó a Guyana, tres cuartas partes se habían vuelto afroamericanas, aunque el círculo íntimo de Jones estaba formado casi en su totalidad por mujeres blancas jóvenes (como Maria Katsaris), lo que constituye un patrón de abuso de poder, pues estamos hablando de un hombre mayor situado en la cima y, a su lado, una camarilla de mujeres de piel clara de veintitantos años que aceptan intercambiar su blancura y su sexualidad por unos pocos granos más de poder.

Al invocar palabras de moda politizadas —como «zorras burguesas», un término que Jones acuñó para prohibir que los seguidores blancos asistieran a ciertas reuniones, e «iglesianismo», un acrónimo que condena a los falsos cristianos blancos—, Jones creó la ilusión de que la mayoría negra tenía más privilegios que ellos. «Visitaba las iglesias negras, se quedaba en la puerta trasera y miraba al predicador que había hipnotizado a una multitud de cien personas», recuerda Laura Johnston Kohl, superviviente de Jonestown [43]. A sus setenta y dos años, Laura luce un rostro imparcial y el cabello plateado cortísimo, pero los mismos ojos llenos de esperanza que se encontraron con los de Jim Jones cinco décadas atrás y pensaron: «Este hombre está haciendo algo grande». En retrospectiva, por supuesto, lo ve con más claridad. En sus propias palabras: «Jim no se preocupaba por la religión. Estudió a esa gente porque pensó: "Ese es el trabajo que quiero y más"».

Laura Johnston Kohl se topó con el Templo del Pueblo siendo una manifestante de derechos civiles de veintidós años. Nacida de una madre soltera progresista y políticamente activa en un suburbio de Washington D. C. todavía segregado, creció siendo testigo de la injusticia racial que había a su alrededor. Laura dejó la universidad en 1968 y se trasladó a California para dedicarse al activismo a tiempo completo.

—Quería vivir en una comunidad en la que se mezclaran todas las razas, todos los niveles financieros, todos los niveles económicos. Me uní al Templo del Pueblo por la parte política —me dijo Laura en una de nuestras muchas llamadas telefónicas. Ella anhelaba la igualdad social y estaba dispuesta a experimentar para encontrarla. Los planes de Jones para un asentamiento rural en el extranjero hicieron que se le dilataran las pupilas ante la posibilidad de lograrlo. Metió sus cosas en una única bolsa de lona y se trasladó a Guyana con ilusión.

Laura vivió para contar su historia porque el día de la masacre no estaba en Jonestown. Era una de las pocas afortunadas que habían sido enviadas a Georgetown, la capital de Guyana, en una misión. La tarea de Laura era recibir al congresista Leo Ryan, un representante de California que había ido a investigar Jonestown luego de que las familias de los miembros le comentaran que el lugar era sospechoso. Laura, que seguía siendo una entusiasta leal al Templo del Pueblo, se aseguró de causar una buena impresión. A casi doscientos cincuenta kilómetros al este de Jonestown, se perdió toda la carnicería. Se podría llegar a pensar que haber escapado por poco de un evento así haría que uno se alejara de las utopías remotas, pero dos años después, en 1980, Laura se unió a Synanon, el mismo grupo del que mi padre había escapado ocho años antes.

A pesar de su participación en dos cultos infames, Laura parecía una persona totalmente sensata cuando hablamos. Enérgica y curiosa, me recordaba a la mitad de las jóvenes con las que fui a la facultad de artes liberales. Habló de su infancia como chica popular, de su familia bien avenida, de los días en los que organizaba reuniones de las Panteras Negras en su cocina, de su amor por la vida comunitaria.

—En los años setenta teníamos un dicho: «Una persona solo puede susurrar». Hay que estar en grupo para ser fuerte —me dijo Laura.

Así, pues, cuando se mudó a San Francisco a los veinte años y conoció a un apasionado organizador llamado Jim que le dijo que detestaba la supremacía blanca y quería crear un refugio socialista fuera de esta, pensó: *¿Dónde firmo?* Nunca predijo que su héroe político asesinaría a todos sus amigos bajo el pretexto del «suicidio revolucionario».

Este término es uno de los muchos que Jones distorsionó para enredar emocionalmente a sus seguidores. «Suicidio revolucionario» fue, de hecho, la última frase que pronunció antes de sus muertes. Acuñado a finales de la década de 1960 por Huey Newton, el líder del partido Pantera Negra, «suicidio revolucionario» describía en un principio el acto de un manifestante que moría a manos de su opresor. La idea era que, si salías a la calle para protestar contra el Hombre, este podía abatirte a tiros, pero el rebelde que viniera detrás recogería la bandera y seguiría adelante. Ellos también podrían ser abatidos, pero el movimiento continuaría hasta que un día uno de tus sucesores llevase esa bandera hasta la libertad. El «suicidio revolucionario», como lo entendía Newton, era una frase que la mayoría de los seguidores del Templo del Pueblo podían aceptar, por lo que Jones la fue pervirtiendo poco a poco, utilizándola en diversos contextos según lo que quisiera de ellos. En algunas ocasiones, Jones describió el suicidio revolucionario como una alternativa apropiada a que el Hombre te tomara como prisionero o te esclavizara. Otras veces lo utilizó para describir el acto de caminar hacia una multitud de enemigos llevando una bomba y de hacerla detonar. Sin embargo, lo más famoso fue que Jones invocó la frase el día de la masacre, enmarcando la muerte de sus seguidores como una declaración política contra los *gobernantes ocultos* (jefes de gobierno malvados y secretos), en lugar de como un destino coaccionado sobre el que no tenían voz.

El 18 de noviembre de 1978, muchos de los seguidores de Jones ya habían perdido la fe en él. Hacía tiempo que su salud mental y física estaba en declive, pues había abusado de un cóctel de productos farmacéuticos y sufría una serie de dolencias (de las que es difícil hacer un seguimiento, ya que exageraba y mentía sobre muchas de ellas; incluso les había hecho creer a sus acólitos que tenía cáncer de pulmón y que se había «curado» a sí mismo). Por no hablar de las brutales condiciones de vida de Jonestown. Resultó que la Tierra Prometida que los seguidores esperaban encontrar en Guyana no era propicia para los cultivos. Los niños se morían de hambre y sus padres estaban brutalmente sobrecargados de trabajo, privados de sueño y desesperados por irse. Por eso el congresista Ryan llegó a la ciudad.

Tras recibir información de las familias de los seguidores que afirmaba que estaban cautivos, Ryan decidió subirse a un avión y comprobarlo, y llevó con él a unos cuantos periodistas y a algunos delegados. Jones, como buen teatrero que era, hizo todo lo posible por ocultar las horribles verdades que escondía el lugar mientras montaba un espectáculo para el congresista (una cena fastuosa, bromas de confianza). Sin embargo, Jones sabía que no había forma de que lo dejaran escapar. Al final de la visita, Ryan y su equipo regresaron a la pequeña pista de aterrizaje de Jonestown para marcharse, y varios residentes los siguieron en un intento por escapar. Jones había ordenado a su milicia que siguiera a los desertores y, tan pronto como empezaron a embarcar con el pensamiento de que estaban a salvo, el escuadrón se volvió contra ellos. Abrieron fuego y mataron a cinco personas: un desertor de Jonestown, tres periodistas y el congresista Ryan.

Este suceso provocó el infame «suicidio». En contra de la creencia popular, la tragedia no fue premeditada, al menos no como la prensa la pintó. Y la mayoría de sus víctimas no murieron de manera voluntaria. La cobertura popular de Jonestown hizo circular la historia de que Jones solía organizar unos macabros ensayos de suicidio conocidos como Noches Blancas[44] en los que sus secuaces, a los cuales les controlaba la mente, se alineaban como comulgantes lobotomizados y tragaban vasos de ponche para preparar el «verdadero» suicidio que tuvo lugar el 18 de noviembre de 1978. Pero esto no fue para nada lo que ocurrió.

Los Templarios del Pueblo que sobrevivieron sostienen que las verdaderas Noches Blancas eran eventos mucho más sutiles y que no era necesario que te «controlara la mente» para participar. Originalmente, Jones utilizó la expresión «Noche Blanca» para denotar cualquier tipo de crisis, así como la posibilidad de muerte como resultado de esa crisis. Eligió esta expresión en particular para subvertir el hecho de que nuestro lenguaje tiende a equiparar el color negro con la negatividad, como podemos ver en ejemplos como «lista negra», «mercado negro», «magia negra». Decidió que la expresión «Noche Blanca» desestabilizaba ese concepto. No es una mala perspectiva, pero sí un motivo malísimo. Con el tiempo, a medida que Jones se volvía más desquiciado y sediento de poder, el término evolucionó para significar una serie de cosas insidiosas. Algunos dicen que la Noche Blanca describía las ocasiones en las que Jones convencía a sus seguidores para que se equiparan con armas improvisadas y permanecieran despiertos durante días, preparados para defender su Tierra Prometida hasta la muerte contra los ataques que él juraba que iban a llegar, pero que nunca se concretaron. Otros recuerdan el término refiriéndose a la decena de reuniones en las que la gente se acercaba a un micrófono y declaraba que estaba dispuesta a morir —esa misma noche, si era necesario— por la Causa (el término del Templo del Pueblo para vivir al servicio del grupo, no del yo). También existe la historia de que las Noches Blancas eran eventos semanales en los que Jones mantenía al grupo despierto durante toda la noche para discutir las preocupaciones de la comunidad. Y luego están quienes han dicho que una Noche Blanca era simplemente cualquier reunión en la que Jones mencionaba la muerte.

La visita del congresista confirmó lo que Jones sospechaba desde hacía tiempo, y es que no podía mantener todo eso para siempre. Jonestown fue un fracaso. Demasiada gente intentaba salir. Estaba condenado a que lo descubrieran y destronaran. Así que reunió a todos en el pabellón principal y les dijo que el enemigo estaba en camino para emboscarlos.

«Dispararán a nuestros inocentes bebés. Torturarán a nuestra gente. Torturarán a nuestros ancianos. No podemos permitirlo», anunció. Era demasiado tarde para escapar. «No podemos regresar. No nos dejarán en paz. Ellos volverán para contar más mentiras, lo cual significa más congresistas. Y no hay manera, no hay manera de que podamos sobrevivir». Entonces, dio a conocer su deseo. «Mi opinión es que seamos bondadosos con los niños y con los mayores, y tomemos la poción como solían hacerlo en la antigua Grecia y crucemos silenciosamente, porque no estamos cometiendo un suicidio. Es un acto revolucionario». Las palabras fueron suaves, como siempre, pero, rodeados de guardias armados, a los residentes se les presentaron dos opciones: morir envenenados* o que les dispararan si intentaban escapar.

---

* ¿Dónde y cuándo consiguió Jones todo ese cianuro? Según un informe de la CNN, estuvo años almacenando el material en secreto, preparándose para el día en el que necesitara utilizarlo, fuera cuando fuere. Supuestamente, Jones obtuvo una licencia de joyero para comprar dicho producto químico, el cual puede emplearse para limpiar el oro.

Esto es lo que han hecho todos los líderes de la media docena de «cultos suicidas» de la historia; adoptando una postura apocalíptica sobre el universo en la que ellos están en el centro, creen que su inminente desaparición significa que todos los demás deben caer también. Para ellos, las vidas de los seguidores son fichas en la mesa y, si de cualquier manera van a perder, lo mejor es que lo hagan todos. Sin embargo, el asesinato práctico supone hacer un trabajo sucio. Ellos están metidos en el oportunismo y la manipulación, no en el asesinato. Así que, en cuanto sienten que su poder empieza a desvanecerse, se empeñan en pronosticar que el mundo está llegando a un final espantoso e imparable. La única solución, según lo que predica el líder, es el suicidio, el cual, si se lleva a cabo de una manera específica en un momento determinado, como mínimo te convertirá en un mártir y como máximo te transportará literalmente al Reino de Dios. Sus leales lo respaldan, haciéndose eco de sus palabras y presionando a los que dudan para que los sigan.

Ese día, unos cuantos Templarios del Pueblo con agallas intentaron discutir con Jones. Uno de ellos fue Christine Miller, una antigua integrante negra que se enfrentaba a Jones con frecuencia [45]. Christine, una pobre chica de Texas que creció hasta convertirse en una exitosa empleada del condado de Los Ángeles, había abierto su cartera en innumerables ocasiones para Jones, en quien depositaba una fe ardiente. Con todo, su disposición a transigir con él tenía límites. Cuando llegó a Guyana, donde los miembros debían vivir de forma sencilla y comunitaria, Christine, de sesenta años, se negó a dejar de llevar las joyas y las pieles por las que tanto había trabajado. Conocida por su inflexible franqueza, ella y Jones mantenían una relación de amor-odio que a menudo se volvía tensa. En una reunión, Jones se exasperó tanto por la oposición de Christine que le apuntó con una pistola.

«Puedes dispararme, pero primero tendrás que respetarme», replicó la mujer, y él se echó atrás. Si había un momento para que Jones volviera a hacerle caso a Christine, sería el 18 de noviembre de 1978. Christine se acercó al micrófono en la parte delantera del pabellón y trató de defender el derecho de sus compañeros a vivir, sugiriendo que buscaran salidas alternativas, que perdonaran a los niños, que huyeran a Rusia tal vez. «No es que tenga miedo a morir, pero... miro a los bebés y creo que merecen vivir, ¿sabes?», contestó. «Sigo pensando que como persona tengo derecho a decir lo que pienso, lo que siento... Todos tenemos derecho a nuestro propio destino como individuos... Siento que, mientras haya vida, hay esperanza».

Jones la dejó hablar; incluso elogió su «agitación». No obstante, al final, tomó la decisión por ella.

«Christine», dijo. «Sin mí la vida no tiene sentido. Soy lo mejor que vas a tener».

Esa misma tarde perecieron todos los que estaban en aquel pabellón, incluida Christine, los guardias y, finalmente, el propio Jones, que se llevó una pistola a la cabeza.

Se puede tener una mínima idea del estilo de predicación coercitiva de Jones en una pieza de audio conocida como «la cinta de la muerte» de Jonestown [46]. La grabación de cuarenta y cinco minutos recoge el último discurso que Jones pronunció en el pabellón. «La muerte no es algo temible, es vivir lo que está maldito», proclamó desde su púlpito mientras, por orden suya, los padres les inyectaban jeringuillas llenas de líquido en la boca a sus bebés antes de verse obligados a administrarse sus propias dosis o a hacer que otra persona terminara el trabajo por ellos. Al tragar el amargo ponche, los seguidores eran escoltados uno a uno al exterior, donde perecían tras convulsionar, desplomarse y quedarse inmóviles sobre el césped.

Jones, que siempre ha sido un fanfarrón, grabó él mismo la cinta de la muerte; ahora es de dominio público y se puede escuchar en Internet. Supervivientes como Odell Rhodes, que fue uno de los treinta y tres que eludieron el envenenamiento aquel día (se escondió bajo un edificio hasta el anochecer), sostienen que Jones manipuló la cinta parándola y reanudándola para así borrar los estallidos de protesta, la conmoción y los gritos de agonía. La cinta de la muerte es objeto de una intensa fascinación, pues al menos media docena de personas, entre las que se encuentran estudiosos de la religión y agentes del FBI, han intentado transcribirla con los ojos cerrados y los auriculares puestos con el volumen al máximo, para tratar de captar y confirmar hasta la última línea.

Si no era lo suficientemente espeluznante escuchar cómo casi un millar de personas discutía con Jones y entre ellas mismas momentos antes de la infame tragedia, la inquietante banda sonora de la cinta de la muerte hace que sea más extraña que la ficción. Hay una partitura de música tenue que suena debajo de la charla, que parece haber sido añadida posteriormente para darle cierto efecto; según se cree, la cinta contenía originalmente una serie de canciones *soul*. Jones grabó encima, lo que dio lugar a una «grabación fantasma» de melodías apagadas y con un tempo deformado. Al final, una vez terminado el discurso, se puede escuchar *I'm Sorry*, una canción de R&B publicada en 1968 e interpretada por The Delfonics, tocada a la mitad de la velocidad como si fuera el órgano de una iglesia.

Incluso en este breve fragmento de la cinta de la muerte se puede obtener una escalofriante impresión de la repetición rítmica y de la hipérbole engañosa de Jones.

«Si no podemos vivir en paz, entonces muramos en paz. [...] Hemos sido traicionados. Hemos sido terriblemente traicionados. [...] Nunca os he mentido. [...] El mejor testimonio que podemos hacer es abandonar este maldito mundo. [...] Hablo como un profeta el día de hoy. No me habría sentado en esta silla y hablado tan seriamente si no hubiera sabido de lo que estaba hablando. [...] No quiero veros pasar por este infierno nunca más, nunca más, nunca más, nunca más. [...] [La muerte] no es algo a lo cual temer, no es algo a lo cual temer. Es una amiga, es una amiga. [...] Acabemos, acabemos. [...] La muerte es un millón de veces más preferible que pasar diez días más en esta vida. [...] Daos prisa, hijos míos. [...] Hermanas, me alegra haberos conocido. [...] No más dolor, no más dolor. [...] Libres al fin».

La cinta de la muerte es un poema, una maldición, un mantra, una traición, un embrujo. Y una prueba del poder letal que tiene el lenguaje

II

Yo era una niña a la que le gustaban las cosas espeluznantes y que creció con relatos de cultos, así que llevo en sintonía con las historias de Jonestown desde que tengo uso de razón. Mi padre solía comparar a Jim Jones con Chuck Dietrich, el líder maníaco de Synanon. Si bien es cierto que Dietrich nunca dirigió un «suicidio colectivo», la hermanastra de mi padre, Francie, que pasó sus años de la escuela primaria en Synanon, me dijo que, si Dietrich hubiera permanecido en el poder un poco más de tiempo, podría haber visto cómo acabaría produciéndose uno. Synanon no fue físicamente violento mientras mi padre estuvo allí, pero, al igual que Jones, Dietrich se volvió más sanguinario a medida que pasaban los años. A finales de los setenta, nombró a los Marines Imperiales, una coalición militar que llevó a cabo decenas de crímenes violentos (como palizas masivas contra los desertores, a los que Dietrich etiquetó como *splittees*). Uno de estos desertores fue golpeado con tanta fuerza que le fracturaron el cráneo, y más tarde contrajo una meningitis bacteriana y cayó en coma. Pocas semanas antes de la muerte colectiva de Jonestown en 1978 [47], al abogado Paul Morantz, que había ayudado a unos cuantos *splittees* a demandar a Synanon, lo mordió una serpiente de cascabel que los Marines Imperiales de Dietrich habían colocado en su buzón. Dietrich fue arrestado después de eso; luego cayó en la bancarrota y, en 1991, Synanon se había desmoronado. Al igual que la mayoría de los líderes de las comunas marginales, Dietrich nunca llegó a ser tan bueno como Jones. No obstante, diecinueve años después de Jonestown, alguien se acercó. A finales de marzo de 1997, otro suicidio de un culto apareció en los titulares, lo que hizo que todos recordaran la tragedia de Guyana. Esta experiencia tuvo lugar en Rancho Santa Fe, California, donde treinta y ocho miembros de Heaven's Gate, un grupo de catastrofistas que creían en los ovnis, se quitaron la vida de manera sistemática durante tres días. La causa de sus muertes fue la ingesta de una mezcla de compota de manzana, vodka y barbitúricos, tras lo que se ataban bolsas de plástico a la cabeza. Completaron el acto dentro de la mansión de ochocientos cincuenta metros cuadrados que compartían bajo la dirección de Marshall Applewhite, su líder, al que trataban como a un abuelo, el cual pereció junto a sus seguidores de la misma manera extraña y teatral. Applewhite, un hombre de sesenta y cinco años que abandonó el seminario y obtuvo un máster en teatro musical, tenía el pelo blanco como la nieve que lucía en un corte militar y unos ojos como platillos, y sentía pasión por las historias de ciencia ficción. Como muchos de los que abusan del poder, Applewhite reivindicaba su condición de profeta; más concretamente, que él y su entonces difunta compañera, Bonnie Nettles (que falleció de cáncer de hígado en 1985), eran almas elevadas y extraterrestres que habitaban en cuerpos terrestres de manera temporal.

Jim Jones había perdido la lealtad de muchos de sus más de novecientos seguidores en el momento de su muerte, pero Applewhite conservó el firme apoyo de su pequeña congregación hasta el final. El día del suicidio colectivo de Heaven's Gate, los treinta y ocho seguidores seguían convencidos del siguiente escenario: una nave espacial con destino al cielo que seguía al cometa Hale-Bopp iba a rodear la Tierra en marzo de 1997, lo que les permitiría abandonar este «mundo temporal y perecedero», subir al platillo volador y transportarse a una dimensión espacial lejana, la cual Applewhite juraba que era el Reino de Dios.

Con un tono de voz suave pero firme y paternalista, Applewhite hablaba con largas secuencias de un lenguaje espacial esotérico y una sintaxis derivada del latín para que sus pequeños seguidores pseudointelectuales sintieran que pertenecían a la élite. Según su credo, la Tierra, tal como la conocemos, estaba a punto de ser reciclada para que el planeta pudiera ser renovado. «Las malas hierbas humanas se han apoderado del jardín y han perturbado su utilidad de forma irreparable», afirma la página web de Heaven's Gate. En 2020, dos seguidores que sobrevivieron siguen manteniendo la web, aunque no parece haber sufrido un gran rediseño (se puede leer GeoCiudades de manera expresa; digamos que hay algo de Comic Sans rojo cereza por ahí).

No obstante, Applewhite proponía una solución: lo único que tenían que hacer sus seguidores para «superar sus vibraciones genéticas» era «salir de sus vehículos» para que sus espíritus pudieran resurgir a bordo de la nave espacial y llevarlos a un Reino Evolutivo de un Nivel Superior al Ser Humano físico y espiritual. Los cuerpos terrestres eran meros «contenedores» que podían ser desechados de cara a una existencia superior. Las almas que no se «graduaran» junto a ellos alcanzarían inevitablemente «un cierto grado de corrupción» y, por último, iniciarían «un mecanismo de autodestrucción al final de la Era» (en otras palabras, el apocalipsis). Para el exclusivo Away Team*, la muerte no solo no era «nada a lo que temer», sino una «oportunidad única en la vida» de entrar en un mundo «eterno e incorruptible».

---

* N. de la T.: Aunque en inglés significa «equipo visitante», en este contexto hace referencia a los integrantes de Heaven's Gate que habían sido seleccionados para llevar a cabo una misión importante y cuyas almas abandonarían su «recipiente» (su cuerpo) cuando una nave extraterrestre las recogiera.

Al igual que Jones, Nettles y Applewhite también recibieron muchos nombres, entre los que destacaban «the Two», Bo y Peep, y Ti y Do (pronunciados como las notas de una escala). En Heaven's Gate, cada alumno elegía también un nuevo nombre (y renunciaba a su apellido), que, según las instrucciones de Applewhite, tenía que terminar en el sufijo -ody[48]. Estaban Thurstonody, Sylvieody, Elaineody, Qstody, Srrody, Glnody, Evnody, etcétera. Los especialistas sostienen que el sufijo era un cuasiacrónimo de Do y Ti y que servía como prueba lingüística de que los miembros habían renacido retóricamente de sus líderes.

—El idioma era un símbolo de en quiénes nos estábamos convirtiendo —recuerda Frank Lyford[49], alias Andody, que perteneció a Heaven's Gate durante dieciocho años.

En un principio, Frank se unió al grupo cuando era un joven de veintiún años con el pelo desgreñado que había emprendido un viaje espiritual junto a su novia de toda la vida, Erika Ernst, quien se convirtió en Chkody. Ambos ejemplificaban el típico miembro de Heaven's Gate: blanco, excristiano, con mentalidad de la Nueva Era, de clase media y soltero. Durante la primera mitad que duró la afiliación de Frank, Ti y Do proclamaron que la transición del «nivel humano» al «siguiente nivel» tendría lugar mientras todos los miembros del grupo estuvieran vivos y sanos.

—Así, pues, sería una transición consciente —me explicó Frank, que ahora tiene sesenta y cinco años, en una entrevista—. Eso no empezó a cambiar de verdad hasta después de que Ti falleciera. —Como lo recuerda Frank, la muerte de Ti tuvo un efecto traumático en Do, que empezó a ser más controlador y cuyas ideas sobre cómo pasar al siguiente nivel se transformaron. Fue entonces cuando el fin de sus vidas humanas se coló en la escena.

En los años noventa, Frank empezaba a tener dudas. En aquella época, los miembros de Heaven's Gate podían tener empleos normales fuera de la mansión de Rancho Santa Fe con el fin de ganar dinero para el grupo, y Frank trabajaba como desarrollador de *software*. Le encantaba ese trabajo, ya que era creativo y estimulante y, siempre que hacía algo bien, su jefe le daba todo el crédito. Pero tener un propósito independiente más allá del Away Team iba totalmente en contra del dogma de Heaven's Gate. Después de casi dos décadas de haber suprimido su identidad al servicio de Ti y Do, Frank tuvo la sensación de que ser un engranaje de una rueda, especialmente de esta rueda, no era la respuesta. Desertó en 1993, y a pesar de haberle rogado a Chkody que se fuera con él, ella no se dejó convencer. Dos años más tarde, «abandonó su vehículo» junto con el resto del Away Team.

Hoy en día, Frank, un hombre mucho mayor, con un rostro delgado y melancólico y gafas rectangulares sin montura, vive en Kansas, donde trabaja como coach de vida personal para una clientela en su mayoría remota. Desde la comodidad de su casa, comparte los frutos de sus innegables y únicas aventuras espirituales.

—Creo que todos hemos venido aquí para seguir un camino específico, un propósito de aprender cosas a nivel del alma —me dijo con una voz de tenor suave y agitada. Frank tiene dificultades para hablar, pues, aunque no tartamudea, las palabras tienden a quedar atrapadas en algún lugar entre su blando paladar y el aire que tiene delante. Es un impedimento que atribuye a Heaven's Gate, ya que una vez Applewhite se burló de la voz ronca matutina de Frank (que acababa de despertarse) con un desprecio tan humillante que, con el tiempo, desarrolló lo que él llama una «grave incapacidad para hablar» [50]. Es un *poltergeist* lingüístico que le molesta incluso después de que hayan pasado todos esos años. A pesar de todo, continúa—: Nuestras experiencias pueden parecer un trauma o algo horrendo. Pero no importa lo que pasemos, hay conocimientos que debemos adquirir.

Al igual que Jim Jones, Ti y Do denunciaron con vehemencia la corriente principal del cristianismo y al gobierno de Estados Unidos, calificándolos de «totalmente corruptos». También compartían la afirmación de Jones de ser los únicos que podían resolver la calamidad épica que era la vida moderna en la Tierra. Pero ahí acaban sus similitudes. En la época de Heaven's Gate, los años setenta, en los que se le echaba la culpa de todo al ser humano, habían desaparecido; en su lugar, la retórica de Applewhite estaba fuertemente influenciada por la obsesión por los ovnis de la década de 1990. Este fue un periodo definido por programas como *The X-Files* y el fraude de la autopsia a un supuesto extraterrestre de la mano de la compañía Fox. La gente empezaba a comprender la tecnología digital, pero antes de la generalización de Internet y los teléfonos inteligentes, no todo el mundo tenía acceso a ella, por lo que conllevaba un cierto misticismo y, para los seguidores de Heaven's Gate, nuevas respuestas a las preguntas más antiguas de la vida. Applewhite estaba obsesionado con la serie de televisión *Star Trek: The Next Generation*, especialmente con la mentalidad-colmena de unos antagonistas alienígenas llamados Borg. Los Borg tenían un dicho favorito: «Resistirse es inútil. Seréis asimilados».

—A Do le encantaba eso —recuerda Frank Lyford—. Abrazaba esa mentalidad-colmena.

Para que coincidiera con su credo, Applewhite inventó todo un vocabulario para Heaven's Gate que incluía términos especializados y de ciencia ficción. La vida cotidiana en la mansión estaba muy reglamentada, y la jerga ayudaba a mantener el orden. La cocina era el «nutra-lab», la habitación en la que se hacía la colada era el «fiber-lab» y las comidas se llamaban «experimentos de laboratorio». El grupo en su conjunto era «el aula», los seguidores eran «estudiantes» y los profesores como Ti y Do eran conocidos como «Miembros Mayores» y «clínicos». Si los seguidores estaban haciendo algo fuera en la sociedad normal, eso era «fuera del oficio». Si estaban en la casa que compartían, era «en el oficio». Según analizó el estudioso de Heaven's Gate Benjamin E.

Zeller, profesor de Religión en el Lake Forest College, «la charla especial los ponía en un lugar retórico en el que podían imaginarse a sí mismos en el mundo específico en el que querían estar». Al sumergirse en esta específica lengua vernácula temática todos los días durante años, los seguidores comenzaron a imaginarse la vida en esa nave espacial, a la deriva hacia el Reino de Dios. «Hacía un trabajo religioso de verdad. No era solo palabrería», afirmó Zeller.

El día de su suicidio, el Away Team no solo estaba en paz con su inminente graduación, sino que se sentía entusiasmado al respecto. Puedes verlo tú mismo en los «Exit Statements»[51], una serie de entrevistas de despedida que los discípulos de Applewhite filmaron en las horas previas al suicidio y que publicaron en su página web. (Encontré los clips unidos en YouTube). En estas cintas, todos los miembros de Heaven's Gate lucen los mismos cortes de pelo al ras y las mismas túnicas onduladas, así como idénticas expresiones plácidas con un entorno idílico al aire libre de fondo. Los pájaros cantan perversamente fuera de la pantalla. Dirigiéndose a la cámara, los seguidores reflexionan sobre sus experiencias en Heaven's Gate y justifican por qué están listos para entrar en el siguiente nivel sin parecer temerosos o confundidos, sino genuina y alegremente comprometidos con su plan.

«Solo quiero… decir lo agradecido que estoy de estar en esta clase», le dice al objetivo un nuevo recluta que se muestra tímido ante la cámara, «y agradecer a mi Miembro Mayor Do y a su Miembro Mayor Ti por… ofrecernos la oportunidad de superar este mundo y… de entrar en el verdadero Reino de Dios, el nivel evolutivo superior al ser humano, para poder convertirnos en un miembro del siguiente nivel».

Casi una semana después de que se grabaran estos vídeos, la policía encontró los cuerpos de los treinta y nueve miembros, incluido el de Applewhite, perfectamente colocados —y en descomposición— en sus literas. Cada uno estaba vestido con un uniforme idéntico: chándal negro, Nike Decade blancas y negras, y un parche en el brazo con la frase HEAVEN'S GATE AWAY TEAM. En los bolsillos, cada uno tenía una suma precisa de dinero en efectivo: un billete de cinco dólares y tres monedas de veinticinco centavos («dinero de peaje», aparentemente). Las mortajas púrpuras cubrían el torso y la cara de cada cuerpo.

Jonestown y Heaven's Gate eran grupos totalmente ajenos cuyos miembros no compartían casi nada en cuanto a política, religión, edad, raza y experiencia vital en general. Los mundos que cada líder inventó para sus seguidores eran muy diferentes, al igual que la retórica que los narraba. Sin embargo, las grotescas codas de estos grupos los situaron en el mismo género único del culto, lo cual despertó la fascinación mundial de estudiosos, periodistas, artistas y curiosos de a pie, todos ellos desesperados por entender cómo se le puede llegar a «lavar el cerebro» a alguien como para hacer que se quite la vida. Por fin, una respuesta...

III

Dentro y fuera del entorno de los cultos, el lenguaje puede realizar una labor real de vida o de muerte. Como voluntaria en una línea de ayuda al suicidio juvenil aprendí de primera mano que, cuando se utiliza de una manera cuidadosamente estudiada, el lenguaje puede ayudar a que alguien no muera. A la inversa, el lenguaje también puede causar que alguien muera. La relación causal entre el discurso de una figura carismática y el suicidio de otra persona se confirmó a nivel judicial en 2017 durante el controvertido juicio de Michelle Carter, en el que una joven fue condenada por homicidio tras haber convencido a su novio de la secundaria mediante un mensaje de texto de que se suicidara, un acto descrito como «suicidio coaccionado». El caso de Michelle Carter [52] inspiró a mantener uno de los primeros debates serios en todo el país sobre la mortandad que albergan las palabras por sí solas.

Año tras año, nos preguntamos: ¿qué hace que la gente se una a cultos como Jonestown y Heaven's Gate? ¿Qué hace que se queden? ¿Qué hace que se comporten de forma salvaje, desconcertante y a veces espantosa? Aquí es donde comienza la respuesta: utilizando técnicas sistemáticas de conversión, condicionamiento y coacción [53], con el lenguaje como su herramienta de poder definitiva, Jones y Applewhite fueron capaces de infligir una violencia inaudita sobre sus seguidores sin necesidad de ponerles un dedo encima.

A lo largo del continuo de influencia, el *cultish* funciona para llevar a cabo tres cosas. En primer lugar, hace que la gente se sienta especial y comprendida. Aquí es donde entra el bombardeo de amor; las lluvias de atención y de análisis aparentemente personalizados, las palabras de moda que inspiran, los llamamientos a la vulnerabilidad, el «TÚ, por el mero hecho de existir, has sido etiquetado para unirte al equipo de élite destinado al Reino de Dios».

Para algunas personas, este lenguaje sonará al instante como una alerta roja fraudulenta, y otras decidirán que simplemente no les resuena; pero unas pocas tendrán esa experiencia transformadora en la que, de repente, algo «hace clic». En un momento, se llenan de la sensación de que este grupo es la respuesta que buscan, de que no pueden no volver. Este fenómeno tiende a ocurrir súbitamente y es lo que hace que una persona «se una». Es lo que se conoce como «conversión».

A continuación, es un conjunto diferente de tácticas lingüísticas el que consigue que la gente se sienta dependiente del líder de tal manera que la vida fuera del grupo ya no parece posible. Esta operación es más gradual y se denomina «condicionamiento»; en otras palabras, el proceso de aprendizaje subconsciente de un comportamiento en respuesta a un estímulo. Es lo que hace que la gente se quede en el grupo mucho más tiempo de lo que cualquier persona de fuera podría llegar a entender[54]. Y, por último, el lenguaje convence a las personas para que actúen de forma totalmente contraria a su realidad, ética y sentido del yo anteriores. Se han incorporado unos valores según los cuales el fin justifica los medios y, en el peor de los casos, tienen como resultado la destrucción. A esto se lo llama «coerción».

Y entonces, ¿cuál es el primer elemento clave del *cultish*? La creación de una dicotomía «nosotros contra ellos». Los líderes totalitarios no pueden esperar ganar o mantener el poder sin utilizar el lenguaje para crear un cisma psicológico entre sus seguidores y todos los demás. «Father Divine dijo que siempre hay que establecer un "nosotros/ellos", es decir, un "nosotros" y un enemigo en el exterior», explicó Laura Johnston Kohl, nuestra veterana de Jonestown. El objetivo es hacer que tu gente sienta que tiene todas las respuestas, mientras que el resto del mundo no solo es tonto, sino inferior. Cuando convences a alguien de que está por encima de los demás, te ayuda tanto a distanciarlos de los de fuera como a abusar de ellos, porque puedes hacer que cualquier cosa, desde la agresión física hasta el trabajo no remunerado o los ataques verbales, sea vista como un «trato especial» que está reservado solo para ellos.

Esta es una de las razones por las que los cultos tienen su propia jerga en forma de acrónimos elusivos, mantras para los más privilegiados e incluso etiquetas simples como «fiber-lab». Todo ello inspira una sensación de intriga, por lo que los reclutas potenciales querrán saber más; luego, una vez que están dentro, se crea un clima de camaradería, de manera que empiezan a despreciar a las personas que no están al tanto de este código exclusivo. El lenguaje también puede poner de relieve a los posibles alborotadores que se resisten a los nuevos términos, lo que indica que tal vez no estén totalmente de acuerdo con la ideología y que, por tanto, deban ser vigilados.

Sin embargo, para la mayoría de los miembros comprometidos, el lenguaje especial es divertido y sagrado, como un uniforme nuevo y elegante. Los seguidores se desprenden de su antiguo vocabulario con entusiasmo.

—El objetivo era sustituir los términos por conceptos cotidianos que pudieran ser un recordatorio de nuestras identidades anteriores —me dijo Frank Lyford, antiguo miembro de Heaven's Gate—. A mi modo de ver, eso era algo bueno.

Este objetivo de aislar a los seguidores del exterior y, al mismo tiempo, vincularlos intensamente entre sí es también parte de la razón por la que casi todos los grupos que son cultos (así como la mayoría de las religiones monásticas) cambian el nombre de sus miembros; ahí tenemos el ejemplo de Ti, Do, Andody y Chkody. Este ritual significa que el miembro se desprende de su antigua piel y se somete por completo al grupo.

No solo los seguidores adquieren nuevos nombres, sino que los forasteros también los reciben. El vocabulario de Jones y Applewhite estaba repleto de apodos incendiarios que se utilizaban para exaltar a los devotos y denigrar a todos los demás. A un miembro de Heaven's Gate podían llamarlo «estudiante del Reino de los Cielos», «receptor del don del reconocimiento» o «hijo de un Miembro del Nivel Superior al Ser Humano». Por el contrario, los cristianos convencionales pertenecían a un «programa luciferino» y a un «Dios falsificado» tras haber sucumbido a las «fuerzas inferiores». Ti y Do animaban a sus alumnos a distanciarse de las almas que no habían recibido el «depósito de conocimiento». Según las enseñanzas de Heaven's Gate, la mera posesión de «la Verdad» haría «inevitable» la separación del resto de la sociedad.

En el Templo del Pueblo, «mis hijos» era el codiciado título que Jones otorgaba a los partidarios obedientes, mientras que «fuerzas externas» se aplicaba, naturalmente, a cualquiera que no los siguiera. Más cargado aún, «traidores» hacía referencia a los desertores que vieron la luz pero se alejaron, como Garry Lambrev. Los «gobernantes ocultos» se referían a lo que algunos llamarían más tarde el «estado profundo». El odioso «Dios del Cielo» (la falsa deidad cristiana) describía al enemigo del «Dios en el Cuerpo», alias Padre Jones.

No obstante, las palabras en sí mismas solo hacían la mitad del trabajo; la otra mitad era la actuación. Como lo podría recordar con claridad cualquiera que hubiera asistido a uno de los sermones de Jim Jones, el tipo tenía un don para lo dramático. En el púlpito soltaba frases cortas y cargadas de hipérboles con el fin de entusiasmar a su congregación. Una vez que la energía del grupo era alta, esto hacía el trabajo por él. Cada vez que Jones daba un sermón, elegía un hecho de las noticias o un acontecimiento histórico y lo convertía en una catástrofe. Yulanda Williams, superviviente de Jonestown, recuerda que Jones mostró a la congregación de Redwood City la película *Noche y niebla,* sobre los campos de concentración nazis. «Dijo: "Esto es lo que han planeado para la gente de color. Tenemos que construir nuestra tierra en Jonestown, tenemos que ir allí. Tenemos que movernos rápido, tenemos que ser veloces, tenemos que juntar nuestros recursos"», explicó. Garry Lambrev no podría olvidar el estilo de predicación rococó de Jones ni aunque lo intentara. En sus palabras: «Decía cosas como: "El escrito ocioso [su término para referirse a la Biblia] sirve para una cosa", y señalaba su culo; para hacer de papel higiénico», narraba Garry. «Lo rompía con teatralidad en el podio y dejaba que las páginas volaran por todas partes. Luego decía cosas como: "Que nadie lo toque, está maldito", lanzaba una risa socarrona y fuerte y todos nos reíamos».

Este fenómeno en el que los oyentes confunden la honestidad de las palabras (que, por supuesto, no es una honestidad real, sino una falta de filtro) con la voz refrescante de la disidencia antiinstitución, puede resultar familiar a cualquiera que haya vivido el reinado de un populista problemático[55], como el italiano Silvio Berlusconi, el eslovaco Vladimír Mečiar o Donald Trump. Sería irresponsable, creo, no mencionar las similitudes oratorias entre Trump y Jim Jones[56], quienes compartían la misma afición por acuñarles apodos desafiantes e incendiarios[57] a sus oponentes. («Fake news» y «Corrupta Hillary» eran los análogos de Trump a «gobernantes ocultos» y «Dios del Cielo» de Jones). Incluso cuando sus declaraciones no contenían ninguna sustancia racional, las frases pegadizas y la expresión oral entusiasta eran suficientes para ganarse a la audiencia. Es fascinante ver a alguien en un podio hablar con tanto salvajismo, mientras que la mayoría de nosotros no nos permitimos comportarnos así ni siquiera con nuestros amigos más cercanos. George Packer, el redactor de *The Atlantic*, escribió en 2019 que la fuerza del lenguaje populista de Trump reside en su franqueza, ya que «no requiere ningún conocimiento experto (…). Es la forma en que la gente habla cuando los inhibidores están apagados»[58].

Con el tiempo, los apodos memorables y la terminología interna se revisten de una fuerte carga emocional. Cuando una palabra o frase adquiere tal bagaje que su mera mención puede provocar miedo, pena, temor, júbilo, reverencia (o lo que fuere), un líder puede aprovecharla para dirigir el comportamiento de sus seguidores. Esta jerga es lo que algunos psicólogos llaman «lenguaje cargado».

A veces, el lenguaje cargado funciona retorciendo el significado de las palabras existentes hasta que el nuevo significado eclipsa al anterior. Como es el caso de la redefinición de «old soul» por parte de 3HO, que pasó de ser un cumplido a ser algo espantoso. O cómo los miembros de las megaiglesias de mi infancia hablaban de estar «condenados». O cómo Jim Jones deformó los significados de «suicidio revolucionario» y «la Causa», o cómo definió los «accidentes» como «cosas que nunca ocurren a menos que las merezcamos». Si Jones dijera algo como «tenemos que hacer todo lo posible para evitar los accidentes», un oyente corriente entendería que esa frase tiene un significado bastante inocuo según las reglas compartidas de semántica y realidad en las que coinciden la mayoría de los hablantes. La carga que lleva para los seguidores de Jones se perdería, puesto que, para la mayoría de nosotros, «accidentes» es una simple palabra que no está sujeta a una identidad ni a intereses elevados.

Otras veces, el lenguaje cargado viene en forma de eufemismos mal dirigidos. Sin duda, no es ningún secreto que cuando las figuras autoritarias utilizan demasiadas expresiones imprecisas puede ser una señal de falta de lógica o de que algo poco propicio se esconde en una acumulación de mensajes subliminales. También es totalmente cierto que los eufemismos pueden suavizar verdades desagradables sin que sean perjudiciales a propósito. Los hablantes cotidianos disponen de muchos de ellos para conceptos tabú, como la muerte («falleció», «perdió la vida», «no sobrevivió»), que podemos utilizar para ser educados, evitar la incomodidad y mantener cierto grado de negación.

Sin embargo, los eufemismos de Jones y Applewhite convierten a la muerte en algo a lo que aspirar de manera activa. Jones se refería a esta macabra realidad como «la transición» o, durante sus estados de ánimo más maníacos, «la Gran Traducción». En la cinta de la muerte, dice que el hecho de morir es algo tan insignificante como «pasar tranquilamente al siguiente plano». Applewhite nunca empleó las palabras «morir» o «suicidio», sino que se refirió a estos asuntos como «salir de su vehículo», «graduación», «finalización del cambio» o «superar los contenedores para heredar los cuerpos del siguiente nivel». Estos términos eran herramientas de condicionamiento invocadas para hacer que los seguidores se acogieran a la idea de la muerte con el fin de desechar sus miedos arraigados a ella.

Hay una herramienta complementaria al lenguaje cargado que puede encontrarse en el repertorio de todo líder de un culto; es «el cliché que termina con el pensamiento». Acuñado en 1961 por el psiquiatra Robert J. Lifton, este término se refiere a los eslóganes destinados a impedir que una discusión avance desalentando el pensamiento crítico. Desde que conocí el concepto, lo oigo en todas partes; en los debates políticos, en la sabiduría de los *hashtags* que obstruyen mi *feed* de Instagram. Los líderes de los cultos suelen recurrir a los clichés que terminan con el pensamiento, también conocidos en inglés como *semantic stop signs*, para apresurarse a descartar la disidencia o racionalizar un razonamiento erróneo. En su libro *Thought Reform and the Psychology of Totalism*, Lifton escribe que, con estas frases hechas, «los problemas humanos de mayor alcance y complejidad se comprimen en frases breves, muy selectivas, y que suenan definitivas, fáciles de memorizar y de expresar. Se convierten en el principio y el final de cualquier análisis ideológico»[59]. Así, mientras que el lenguaje cargado da pie a intensificar las emociones, las *semantic stop signs* apuntan a interrumpir el pensamiento. Para decirlo de una forma más sencilla, cuando se utilizan conjuntamente, el cuerpo de un seguidor grita: *Haz lo que diga el líder*, mientras que su cerebro susurra: *No pienses en lo que podría pasar después*, y esa es una combinación coercitiva mortal.

Los clichés que terminan con el pensamiento no son exclusivos de los «cultos». Irónicamente, decir que a alguien «le han lavado el cerebro»[60] puede servir incluso como una *semantic stop sign*. No se puede entablar un diálogo con alguien que diga: «A esa persona le han lavado el cerebro» o «Estás en un culto». Simplemente no es efectivo. Lo sé porque, cada vez que lo presencio en las redes sociales, la discusión se paraliza. Una vez que se invocan estas frases, ahogan la conversación sin dejar ninguna esperanza de averiguar qué hay detrás de la drástica ruptura de creencias.

Dejando de lado los debates polémicos, los clichés que terminan con el pensamiento también impregnan nuestras conversaciones cotidianas; expresiones como «es lo que hay», «los chicos son así», «todo pasa por algo», «todo es un plan de Dios» y, por supuesto, «no pienses demasiado en ello» son ejemplos comunes. En cuanto a los que son tipo Nueva Era, también he oído *semantic stop signs* en forma de astutas máximas como «la verdad es una construcción», «nada de esto importa a nivel cósmico», «mantengo el espacio para múltiples realidades», «no dejes que el miedo te gobierne», así como descartar cualquier ansiedad o duda como «creencias limitantes». (Hablaremos más de esta retórica en la parte 6).

Estos lemas concisos son eficaces porque alivian la disonancia cognitiva, la incómoda discordia que uno experimenta cuando mantiene dos creencias contradictorias al mismo tiempo. Por ejemplo, una conocida a la que hace poco despidieron de su trabajo se quejaba de lo fuera de lugar que le parecía que la gente le respondiera a las malas noticias con un «todo pasa por algo». El despido se debió a una mezcla de factores complicados y deprimentes, como el hundimiento de la economía, la mala gestión de la empresa, el sexismo implícito y el temperamento voluble de su jefe; no había un «algo» que fuera una razón. No obstante, sus compañeros de piso y sus antiguos compañeros de trabajo no querían pensar en esas cosas, porque hacerlo les provocaría ansiedad al ser hiperconscientes de repente del hecho de que la vida se inclina fundamentalmente hacia la entropía, lo que entraría en conflicto con su objetivo de mostrarse comprensivos. Así que le dijeron una frase, «todo pasa por algo», para simplificar la situación y acabar con la disonancia cognitiva de todos. «Cuesta trabajo pensar, sobre todo en cosas en las que no quieres pensar», confesó Diane Benscoter, exmiembro de la Iglesia de la Unificación (también conocida como «los Moonies», un infame movimiento religioso de los años setenta). «Es un alivio no tener que hacerlo». Los clichés que terminan con el pensamiento proporcionan ese sedante psicológico temporal.

Jones tenía todo un repertorio de estas frases que sacaba cada vez que había que acallar una pregunta o una preocupación de un seguidor. «Todo es culpa de los medios de comunicación, no les creas», era una de las frases que utilizaba cada vez que alguien sacaba a relucir una noticia que lo desafiaba. El día de la tragedia pronunció frases como «no está en nuestras manos», «[la] elección ahora no es nuestra» y «todo el mundo muere», para acallar a los disidentes como Christine Miller.

En Heaven's Gate, Ti y Do repetían con frecuencia frases rutinarias como «toda religión es menos que la Verdad», para impedir que se consideraran otros sistemas de creencias. Con la finalidad de acallar las acusaciones de que sus teorías no tenían lógica, argumentaban que si seguías sin tener clara «la VERDAD sobre el Nivel Evolutivo Superior al Ser Humano», eso no era culpa de ellos. Simplemente no se te había «concedido el don del reconocimiento»*.

Tener clichés que terminan con el pensamiento como estos significaba que cada vez que surgían preguntas difíciles —como, por ejemplo, «¿cómo puede ser Jonestown la única opción buena que tenemos si todos nos estamos muriendo de hambre?». O «¿hay una manera de alcanzar la iluminación sin matarnos a nosotros mismos?»—, tenías una respuesta simple y contagiosa que te decía que no te preocuparas por ello. Buscar más información envenena al que abusa del poder; los clichés que terminan con el pensamiento aplastan el pensamiento independiente. Esto, al mismo tiempo, pone al seguidor en su lugar y lo deja libre de culpa. Si se te graba a fuego en el cerebro la frase «todo es culpa de los medios de comunicación», no tardarás en aprender a usar a los medios como chivo expiatorio y a no considerar ninguna otra causa que lleve a ese sufrimiento. Si plantear demasiadas preguntas significa que

---

* Y en Synanon cualquier impulso de desafiar a Dietrich o a sus extrañas reglas podía ser sofocado con la máxima «actúa como si».

simplemente no tienes el don del reconocimiento, entonces llegará un momento en el que dejarás de preguntar, porque el don del reconocimiento es lo que quieres más que nada en el mundo.

En los entornos semejantes a los cultos y más opresivos, incluso si los seguidores captan estas tácticas y quieren manifestarse en contra de ellas, recurren a estrategias para asegurarse de que sean silenciados. Tanto Applewhite como Jones impidieron a sus adeptos conversar no solo con el mundo exterior, sino también entre ellos. No hizo falta mucho tiempo después de instalarse en Jonestown para que los Templarios del Pueblo se dieran cuenta de que esta Tierra Prometida era una farsa. Pero ¿crear vínculos mediante su miseria compartida? No estaba permitido. Jones impuso una «regla de silencio»[61], de modo que, cuando su voz sonaba por el sistema de megafonía del campamento (lo que ocurría a menudo), nadie podía hablar. En Heaven's Gate también se vigilaba mucho el discurso de los seguidores. Frank Lyford se acuerda de que se esperaba que todo el mundo hablara a un volumen bajo o que no hablara directamente, para no molestar a otros miembros. Sin comunicación no hay solidaridad. No había posibilidad de encontrar una salida.

IV

El *cultish* no es una bala mágica ni un veneno letal, sino más bien una pastilla de placebo, y hay una serie de razones por las que es más probable que «funcione» en ciertas personas y no en otras. Investigaremos algunos de estos factores a lo largo del libro, pero uno de ellos tiene que ver con un tipo de condicionamiento que la mayoría de nosotros hemos experimentado, que consiste en confiar automáticamente en las voces de hombres blancos de mediana edad.

A lo largo de los siglos, se nos ha preparado para creer que el sonido de una voz tipo Jim Jones comunica un poder y una capacidad innatos, y que suena como la voz de Dios. De hecho, durante el apogeo de la radiodifusión televisiva, había un estilo conocido de expresión oral etiquetado como «la voz de Dios» [62] que se aplicaba a los barítonos profundos, retumbantes y exagerados de presentadores de noticias como Walter Cronkite y Edward R. Murrow. No hace falta mucho análisis para darse cuenta de que las voces de los «líderes de cultos» más destructivos de la historia se ajustan en gran medida a esta descripción. Esto se debe a que, cuando un hombre blanco habla con confianza en público sobre grandes temas como Dios y el gobierno, muchos oyentes suelen escuchar por defecto el tono grave y el dialecto inglés «estándar» y confían en él sin cuestionarlo demasiado. No critican la forma de hablar ni el contenido, aunque el mensaje en sí sea sospechoso.

En la colección de ensayos de Lindy West *The Witches Are Coming*, hay un capítulo titulado «Ted Bundy Wasn't Charming — Are You High?»* que critica los estándares terriblemente bajos de Estados Unidos en cuanto al carisma de los hombres. Mientras alguien sea blanco, varón y nos diga que le prestemos atención, seguiremos incluso al «imbécil más obviamente estafador e inútil que el universo haya parido jamás», según West. Incluso al grosero, mediocre y asesino Ted Bundy. Incluso al estafador bufón del festival Fyre, Billy McFarland. Incluso al misógino, fascista y racista Donald Trump. Incluso al diabólico y déspota Jim Jones.

Hay que admitir que no siempre es productivo hacer declaraciones generales que equiparen a Donald Trump (o a cualquier líder problemático) con Jim Jones. El motivo de esto es, sobre todo, que no es la forma más útil de evaluar el peligro específico que supone[63]. Los especialistas en cultos coinciden en que Jonestown fue una tragedia extraordinaria desde un punto de vista singular que nunca antes había ocurrido y que sigue sin repetirse hasta el día de hoy. Y, sin embargo, los responsables políticos y los profesionales de los medios de comunicación de todo el espectro de la política han sido culpables de lanzar «Jonestown» y «Kool-Aid» como presagios para advertir contra todo tipo de personas con las que no están de acuerdo, desde los miembros de PETA hasta los activistas por el derecho al aborto y, de vuelta, a los manifestantes anti-PETA y antiaborto que les gritan sobre el Kool-Aid. No soy la primera persona que señala las similitudes entre Jones y Trump, pero destaco sus oratorias superpuestas más como una invitación a considerar las formas de lenguaje precisas que contribuyeron al carisma engañoso y violento de Trump, no para avivar el miedo de que es capaz de orquestar un envenenamiento masivo en Guyana (dudo de que

---

* N. de la T.: «Ted Bundy no era encantador, ¿estáis fumados?».

Trump sea siquiera capaz de nombrar en qué continente está Guyana). Pensar esto de forma reductiva crea un falso dilema, un escenario en el que algo o es igual que Jonestown o, por el contrario, no hay ningún problema en ello. Lo que obviamente no es el caso, ya que hay matices. ¿Y no vale la pena echarle un vistazo a la retórica de los cultos incluso cuando lo que está en juego no es literalmente Jonestown?

En todos los aspectos de la vida, es cierto que la manera en la que interpretamos el discurso de alguien se corresponde precisamente con la cantidad de poder que creemos que debería tener. En lo que respecta a los líderes de los «cultos suicidas», solo se me ocurre una mujer que haya ganado una cantidad significativa de atención y autoridad. Su nombre es Teal Swan [64] y, en el momento en el que escribo esto, sigue bastante viva. Swan es una gurú de la autoayuda de treinta y tantos años que opera, sobre todo, en las redes sociales. Para sus fieles, es conocida como la «catalizadora espiritual»; para sus críticos, es la «catalizadora del suicidio». En el continuo de los cultos, Swan parece estar a medio camino entre Gwyneth Paltrow y Marshall Applewhite, es decir, en el punto medio entre una *influencer* del «bienestar» autocomplaciente y un sociópata fiable.

La mayoría de las personas que encuentran a Swan lo hacen en YouTube. En dicha plataforma, sus vídeos de «transformación personal» ofrecen tutoriales de todo tipo, desde cómo superar una adicción hasta cómo abrir el tercer ojo. Empezó a publicar vídeos en 2007, y en total han recibido decenas de millones de visitas. Swan utiliza estrategias de SEO con el fin de dirigirse a las búsquedas solitarias en Internet realizadas por personas que luchan contra la depresión y los pensamientos suicidas. Una persona puede buscar «estoy solo» o «¿por qué me duele tanto?», y esas palabras clave pueden llevarla a su contenido. No todos los que «siguen» a Swan se convierten en seguidores de verdad, pero los que lo hacen pueden recibir una invitación a la Tribu Teal, su grupo exclusivo de Facebook dedicado a sus adeptos más comprometidos. Con el tiempo, pueden asistir a uno de sus talleres presenciales o subirse a un avión para ir a su costoso centro de retiro situado en Costa Rica, y someterse al Proceso de Finalización, su técnica característica para curar traumas.

Swan no tiene ningún tipo de acreditación en salud mental, sino que utiliza un surtido de tratamientos psicológicos dudosos, como la «terapia de memoria recuperada» (la controvertida práctica de desenterrar «recuerdos reprimidos» que fue popular durante el abuso ritual satánico y a la que Swan afirma haberse sometido de niña para descubrir recuerdos perdidos de «abuso ritual satánico»). La mayoría de los psicólogos modernos dicen que este ejercicio en realidad implanta recuerdos falsos y puede crearles un profundo trauma a los pacientes.

Pero el vocabulario único lleno de «tealismos» que usa Swan la ayuda a establecerse como una autoridad espiritual y científica digna de confianza. Al igual que Jim Jones, que podía utilizar la Biblia para predicar el socialismo, Swan invoca la metafísica oriental para diagnosticar trastornos de salud mental. Mezcla el lenguaje místico de la «sincronicidad», la «frecuencia» y los «registros akáshicos» con el lenguaje formal del *Manual diagnóstico y estadístico de los trastornos mentales,* como trastorno límite de la personalidad, TEPT y depresión clínica. Para las personas que luchan por su salud mental y que no han encontrado una solución a través de la terapia tradicional y los productos farmacéuticos, su marca de psicología oculta crea la impresión de que está conectada a un poder que es superior a la ciencia. (Esta unión de la jerga médica con el lenguaje sobrenatural no es nada nuevo, ya que es una estrategia que los gurús problemáticos han empleado durante décadas, desde

L. Ron Hubbard de la cienciología hasta Keith Raniere de NXI-VM. En la era de las redes sociales, una multitud de dudosos oráculos *online* han seguido los pasos de Swan y han utilizado este estilo de discurso para capitalizar el resurgido interés de la cultura occidental por la Nueva Era. Conoceremos a algunos de sus controvertidos contemporáneos en la parte 6).

Swan no ha provocado ningún suicidio colectivo, pero al menos dos de sus discípulos se han quitado la vida. Los críticos atribuyen estas tragedias al hecho de que Swan utiliza una serie de términos muy desencadenantes para hablar del suicidio; por ejemplo, «puedo ver tus vibraciones, y eres un suicida pasivo» y «los hospitales y la línea de ayuda al suicidio no hacen nada» son una muestra de los clichés de terminación del pensamiento que suele emplear. Si bien es cierto que la gurú afirma que no apoya ni fomenta el suicidio, promociona estos dichos en combinación con metáforas cargadas de emoción, como «la muerte es un regalo que te haces a ti mismo» y «el suicidio es pulsar el botón de reinicio». Tal como Swan publicó en su blog, el suicidio se produce porque «todos sabemos de manera intuitiva (si no mental) que lo que nos espera después de la muerte es la pura vibración positiva de la fuente de energía». El suicidio, escribe, es un «alivio».

A principios de la década de 2010 Leslie Wangsgaard, una de las alumnas de Swan de toda la vida, dejó de tomar sus antidepresivos, empezó a tener pensamientos suicidas y se acercó a Swan en busca de orientación. Después de que Swan, esa gurú en la que había confiado durante años, le dijera que no parecía «querer» que sus métodos funcionaran y que tenía que «comprometerse plenamente con la vida o comprometerse plenamente con la muerte», Leslie se suicidó en mayo de 2012. Más tarde, Swan declaró que no había «nada que ningún sanador pudiera hacer por el tipo de vibración [de Leslie]». Ni ella, ni nadie.

En perversa consonancia con su reputación de «catalizadora de suicidios», Teal Swan, como Jim Jones, también se convirtió en un símbolo sexual. Se han escrito innumerables artículos sobre su belleza «propia de una diosa», realzada por su larga melena oscura, sus penetrantes ojos verdes y su rutina de cuidado de la piel («No puedo dejar de pensar en sus poros», reza una frase de un artículo de la revista *New York*[65]). Y, sobre todo, su voz, que suena como la nana hipnótica de una sirena en los vídeos en los que dice que «morir» es una sensación «deliciosa». Femenina y tranquilizadora desde el punto de vista normativo, de sonido casi maternal, la voz de Swan transmite una forma de poder privada y hogareña, sobre todo porque es algo que consumes en tu casa en soledad. «He hablado con gente que me ha dicho que la escucharía toda la noche», dice Jennings Brown, presentadora del pódcast de investigación *The Gateway*. Swan no se esfuerza por acercarse a la autoridad masculina, pero, para su marca de gurú particular que nutre de «transformación personal», funciona. No es un político ni un profeta; es como una madre de la autorrealización que te enseña a hacer las cosas por ti mismo. Busca exactamente la clase de liderazgo de un culto que se considera aceptable para una hermosa mujer blanca de treinta años, ni más ni menos. Y, en este sentido, la gente la sigue.

V

Sin duda, las técnicas, al igual que las etiquetas «nosotros contra ellos», el lenguaje cargado y los clichés que terminan con el pensamiento, son cruciales para hacer que la gente pase de ser personas abiertas y con mentalidad comunitaria a ser víctimas de la violencia de los cultos; pero recuerda que no les «lavan el cerebro», al menos no de la forma en la que nos enseñan a pensar cuando hablamos del lavado de cerebro.

Jim Jones sí intentó utilizar el lenguaje para lavarles el cerebro a sus seguidores. Entre las técnicas que estudió estaba la neolengua, el lenguaje ficticio que George Orwell creó para su novela distópica *1984*. En el libro, la neolengua es un lenguaje eufemístico y lleno de propaganda que los líderes autoritarios obligan a sus ciudadanos a utilizar a modo de «control mental». Al estilo de la neolengua, Jones intentaba controlar mentalmente a sus seguidores exigiéndoles, por ejemplo, que le dieran las gracias a diario por la buena comida y el trabajo, aunque el trabajo fuera agotador, y la comida, escasa.

1984 era una obra de ficción, pero con la neolengua Orwell satirizó una creencia muy real y extendida en el siglo XX: que las «palabras abstractas» fueron la causa de la Primera Guerra Mundial. La teoría era que el uso incorrecto de las palabras abstractas, como «democracia», tenía el efecto de lavado de cerebro en la población mundial, lo cual generaba la guerra por sí solo. Para evitar que volviera a suceder, los especialistas del lenguaje C. K. Ogden e I. A. Richards escribieron un libro titulado *The Meaning of Meaning* y lanzaron un programa para reducir el inglés a términos estrictamente concretos. Sin eufemismos, sin hipérboles, sin espacio para la mala interpretación o el control mental. Lo llamaron «inglés básico».

Con todo, lo más probable es que nunca hayas oído hablar del inglés básico, porque nunca se puso de moda ni cumplió su objetivo. Esto se debe a que el lenguaje no tiene la función de manipular a las personas para que crean cosas que no quieren creer, sino que les abre el camino para que crean ideas a las que ya están abiertas. El lenguaje —tanto el literal como el figurado, el bien intencionado y el mal intencionado, el políticamente correcto y el políticamente incorrecto— modifica la realidad de una persona solo si esta se encuentra en un lugar ideológico en el que esa modificación es bienvenida.

No quiero decepcionar a ningún aspirante a líder de un culto, pero existe una teoría lingüística sobre la relación entre el lenguaje y el pensamiento conocida como «hipótesis Sapir-Whorf», que dice que, aunque el lenguaje influye en nuestra capacidad de concebir ideas, no la determina. En otras palabras, seguimos siendo capaces de elaborar pensamientos que no coinciden con el lenguaje del que disponemos. Por ejemplo, el hecho de que una persona no conozca los términos de color «cian» y «cerúleo» (ambos azules vibrantes) no significa que su sistema visual no pueda percibir físicamente la diferencia entre ambos. Alguien muy carismático podría intentar convencerla de que los dos tonos son iguales aludiendo a su falta de lenguaje como prueba, pero si la persona sabe en su interior que estos azules sin nombre parecen distintos, no se le podría «lavar el cerebro» para que creyera lo contrario.

Así, pues, cuando Jones invocó frases como «suicidio revolucionario» en la cinta de la muerte, estas solo consiguieron recordar a los que seguían teniendo fe en él que lo que estaban haciendo era correcto y bueno. Dejaron de funcionar con Christine Miller. Para entonces, era demasiado tarde como para salir con vida. Pero nunca fue demasiado tarde para resistir.

Hasta el momento, las investigaciones demuestran de manera sistemática que «aunque te apunten con una pistola a la cabeza, la gente puede resistirse si quiere». Esta cita proviene de la socióloga británica Eileen Barker, quien ha estado analizando la participación en los cultos durante el último medio siglo. Barker fue una de las primeras académicas en cuestionar de manera pública la validez científica del «lavado de cerebro». El control mental surgió por primera vez en la década de 1950 en la cobertura de prensa de las técnicas de tortura que Corea del Norte supuestamente implementó en la Guerra de Corea. En la década de 1970, el lavado de cerebro era una idea generalizada y servía de defensa para la práctica poco clara del *deprogramming*, es decir, intentos de «salvar» a los nuevos conversos que a menudo implicaban secuestros ilegales y cosas peores*. Pero, en cambio, lo que encontró fue lo siguiente: de 1016 sujetos de estudio que habían estado involucrados con los Moonies, el 90 % de los que estuvieron suficientemente interesados como para asistir a uno de los talleres en los que se produjo este supuesto lavado de cerebro decidieron que todo el asunto en realidad no era de su agrado y no tardaron en terminar sus carreras como Moonies [66]. No pudieron ser convertidos.

---

* Algunos movimientos «anticultos» de los años setenta estaban tan desquiciados como los grupos contra los que combatían. A lo largo de sus dos décadas de práctica, una organización llamada Cult Awareness Network (CAN) secuestró y torturó a decenas de «seguidores de cultos» en un intento por liberarlos de sus creencias. Uno de los fundadores de CAN, Ted Patrick, se metió en problemas después de que unos padres, preocupados por la participación de su hija adulta en la política de izquierdas, le pagaran 27.000 dólares para que la secuestrara y la esposara a una cama durante dos semanas.

Del 10 % restante que se unió, la mitad se fue por su cuenta en un par de años.

Así, pues, ¿qué hizo que el otro 5 % se quedara? La sabiduría dominante diría que solo los intelectualmente deficientes o los psicológicamente inestables permanecerían tanto tiempo en un «culto». Sin embargo, los expertos también han refutado esto. En los estudios de Barker, comparó a los conversos Moonies más comprometidos con un grupo de control, el cual había pasado por experiencias vitales que podrían hacerlos muy «sugerentes» («Como tener una infancia infeliz o ser más bien poco inteligente», dijo). Al final, el grupo de control o bien no se unía o lo dejaba al cabo de una o dos semanas. Una creencia común es que los adoctrinadores de los cultos buscan individuos con «problemas psicológicos» porque son más fáciles de engañar. Pero los antiguos reclutadores dicen que sus candidatos ideales eran en realidad de buen carácter, serviciales y agudos.

Steven Hassan solía reclutar gente para la Iglesia de la Unificación, por lo que sabe algo sobre el tipo de individuos que buscan los cultos. «Cuando era un líder de los Moonies, reclutábamos de manera selectiva (…) a aquellos que eran fuertes y atentos y que estaban motivados», escribió en su libro *Combatting Cult Mind Control*, publicado en 1998[67]. Como se necesitaba mucho tiempo y dinero para reclutar a un nuevo miembro, evitaban desperdiciar recursos en alguien que parecía susceptible de quebrarse de inmediato. (Del mismo modo, los altos cargos del marketing multinivel están de acuerdo en que los reclutas que más beneficios les acarrean no son los que necesitan dinero con urgencia, sino gente suficientemente decidida y optimista como para jugar a largo plazo. Más información al respecto en la parte 4). Los estudios de Eileen Barker sobre los Moonies confirmaron que sus miembros más obedientes eran gente inteligente y animada. Eran hijos de activistas, educadores y funcionarios públicos (en contraposición con científicos precavidos como mis padres). Fueron educados para ver el bien en la gente, incluso en su propio detrimento.

De este modo, no es la desesperación ni la enfermedad mental lo que lleva a la gente a integrarse en grupos que abusan de ellos, sino un exceso de optimismo. No podemos negar que el ambiente que ofrece un culto puede atraer a personas que se enfrentan a una confusión emocional. El bombardeo de amor sentará especialmente bien a aquellos que estén atravesando transiciones vitales estresantes. Pero la atracción suele ser más compleja que el ego o la desesperación, y tiene más que ver con el interés que pueden despertar en una persona las promesas que se le hicieron en un principio.

En Jonestown, por ejemplo, la razón por la que las mujeres negras perecieron en un número desproporcionado [68] aquel fatídico día de 1978 no fue que su desesperación facilitara «lavarles el cerebro». Las mujeres negras de los años setenta, víctimas de una complicada tormenta política, tuvieron muchas dificultades para hacer oír su voz por encima de las de las activistas blancas de la segunda ola (a menudo poco acogedoras), así como de los líderes del movimiento por los derechos civiles, en su mayoría hombres. Jim Jones, que tenía vínculos con toda la gente adecuada (Angela Davis, las Panteras Negras, el American Indian Movement, la reaccionaria Nación del Islam, muchos pastores negros de izquierda de San Francisco, por no mencionar su propia Familia Arcoíris), parecía ofrecer la oportunidad poco común de que las escucharan. «Las mujeres negras eran especialmente vulnerables debido a su historia de explotación sexista y racista, así como a su larga tradición de encabezar el activismo por la justicia social en la Iglesia», explica Sikivu Hutchinson. El hecho de que muchas de estas mujeres murieran se debió a que tenían mucho que ganar con un movimiento que resultó ser una mentira.

Laura Johnston Kohl admitió que nadie la obligó a comprar lo que Jim Jones vendía; ella escuchó por voluntad propia las palabras de moda y los clichés de terminación del pensamiento que quería oír, y dejó de lado el resto.

—Estaba [en Jonestown] por razones políticas, por lo que Jim pensó: «Cada vez que veo a Laura sentada en una reunión, tengo que hablar de política». Dejé que se ocupara de mis prioridades, y me puse anteojeras para no ver otras cosas —me dijo.

Dejar que la gente nos diga solo lo que queremos oír es algo que todos hacemos. Es el clásico sesgo de confirmación [69], un defecto del razonamiento humano arraigado que se define por la propensión a buscar, interpretar, aceptar y recordar la información de forma que valide (y refuerce) nuestras creencias existentes, al tiempo que se ignora o descarta cualquier cosa que las contradiga. Los expertos coinciden en que ni siquiera las mentes más lógicas —ni siquiera los científicos— pueden escapar por completo al sesgo de confirmación. Las irracionalidades humanas más comunes, como la hipocondría, los prejuicios y la paranoia [70], son todas formas de sesgo de confirmación en las que cada pequeña cosa que ocurre puede interpretarse como una enfermedad, una razón para ridiculizar a todo un grupo de personas o una prueba de que algo va a por ti. Este fenómeno también explica por qué, para un oyente dispuesto, parecen resonar de forma única incluso los horóscopos astrológicos más ambiguos, las lecturas psíquicas y las publicaciones en las redes sociales con las que te puedes sentir vagamente «identificado».

Todos los líderes de cultos confían en el poder del sesgo de confirmación presentando una versión unilateral de la información que apoya su ideología y que sus seguidores quieren escuchar de manera activa; después de eso, el sesgo de confirmación hace el trabajo por ellos. Y la presión de los compañeros hace que sea más difícil resistirse a él. El sesgo de confirmación también explica por qué la retórica de los líderes de cultos es tan ambigua, y es que el lenguaje cargado y los eufemismos se vuelven amorfos a propósito con el fin de enmascarar detalles desagradables de su ideología (y de dejar espacio para que esa ideología cambie). Mientras tanto, los seguidores proyectan lo que quieren en el lenguaje. (Por ejemplo, cada vez que Jones utilizaba la frase «Noche Blanca», los seguidores como Laura la interpretaban como querían, descuidando la posibilidad de que sugiriera implicaciones más violentas). Para la mayoría de la gente, las consecuencias del sesgo de confirmación no son inminentes al nivel de Jonestown, pero los que llegan a ese punto no son los lamentablemente ingenuos o desesperados que se encuentran entre nosotros. En muchos casos, son los extremadamente idealistas.

En sus años posteriores a la comuna, Laura se convirtió en maestra en una escuela pública, cuáquera, atea y activista por los derechos de los inmigrantes. «No me he vuelto menos política, pero me he vuelto menos hipnotizada por [las] palabras que alguien dice», le dijo a un periodista en 2017. Aun así, Laura nunca dejó de buscar una forma de conseguir lo que el Templo del Pueblo prometió en un principio. Incluso después de toda la violencia, la esperanza permaneció.

—Si hubiera alguna forma de vivir en una comunidad hoy en día, lo haría en un segundo —me dijo—. Solo tiene que ser diversa y no tener líderes. —Más fácil de imaginar que de encontrar; Laura dejó escapar un suspiro melancólico—. No he encontrado una comunidad segura que tenga las cosas que quiero. Pero me encanta la vida en comunidad, siempre me ha fascinado. He tenido una vida salvaje, pero no quiero sentarme con gente que haya tenido el mismo tipo de vida salvaje que yo. Así que me encantó vivir en el Templo del Pueblo. Jonestown fue lo mejor que me ha pasado en la vida.

Frank Lyford, que perdió toda su adultez y a su amada pareja a manos de Marshall Applewhite, tampoco se lamenta.

—La visión que tengo de mi experiencia es que encarné con el objetivo de atravesar la Puerta del Cielo. Cuanto más nos adentramos en las tinieblas, más alto volvemos a la luz, igual que un tirachinas —afirma—. Si no hubiera experimentado la oscuridad y la supresión, la disminución del yo, no habría tenido el impulso para pasar a esta conciencia de mí mismo que tengo ahora.

En realidad, si bien es cierto que el bombardeo de amor puede atraer a los que se sienten rotos, los que se quedan son como Laura y Frank, es decir, los que están impulsados por un idealismo suficiente como para confiar en que el acto de comprometerse de todo corazón con este grupo les traerá milagros y significado, como para creer que vale la pena el salto.

—Para tener una visión positiva de la vida, me lavo el cerebro a mí misma —me dijo Laura con toda naturalidad—. Mira las noticias. Ahora estoy luchando contra el cáncer. Todos tenemos cosas en nuestras vidas que son un asco, cosas que intentan mantenernos en la cama o hacer que no luchemos contra ellas. No cabe duda de que creo en el lavado de cerebro, o supongo que podría llamarse «vibraciones positivas» en algunos contextos. Pero creo que todos nos lavamos el cerebro a nosotros mismos. A veces tenemos que hacerlo.

Después de nuestra última entrevista Laura y yo seguimos en contacto, nos enviamos algún que otro correo electrónico e intercambiamos historias de Synanon. Una noche se reunió con algunos viejos amigos de Synanon para cenar y, junto con un tipo llamado Frankie, escribió una lista de toda la jerga especial que recordaba de aquellos días. «Frankie cree que recuerda a tu padre, ya que él también era un joven de Synanon por aquella época», me escribió con el glosario adjunto. «Es curiosa la sincronización de la vida cuando no la esperas». Dos meses después, Laura falleció de cáncer rodeada de una gran cantidad de aquellos compañeros que había reunido a lo largo de su alocada vida.

Se me ocurren muchos motivos para explicar por qué alguien puede entrar en una comunidad como el Templo del Pueblo o Heaven's Gate. Tal vez sea porque la vida es dura y quieren mejorarla. Porque alguien prometió que eso podría ayudar. Tal vez quieran que su tiempo en la Tierra tenga más sentido. Tal vez estén hartos de sentirse tan solos. Tal vez quieran nuevos amigos. O una nueva familia. O un cambio de aires. Tal vez alguien a quien aman se esté uniendo. Tal vez todo el mundo se esté uniendo. Tal vez simplemente les parezca una aventura.

La mayoría se va antes de que las cosas se vuelvan mortales, pero las razones por las que algunos no lo hacen también pueden sonar familiares. Son los mismos motivos por los que uno podría posponer una ruptura necesaria, es decir, negación, desgana, tensiones sociales, miedo a que busquen venganza, falta de dinero, falta de apoyo externo, duda de no saber si podrás encontrar algo mejor y la pura esperanza de que tu situación actual mejorará —volverá a ser como al principio— si tan solo aguantas unos meses más, si te comprometes un poquito más.

La teoría económica conductual de la aversión a las pérdidas dice que los seres humanos suelen sentir las pérdidas (de tiempo, dinero, orgullo, etcétera) de forma mucho más aguda que las ganancias; así que, a nivel psicológico, estamos dispuestos a hacer todo lo posible por no mirar a las derrotas a los ojos. De forma irracional, tendemos a permanecer en situaciones negativas, desde las malas relaciones hasta las malas inversiones o los cultos, y nos decimos a nosotros mismos que la victoria está a la vuelta de la esquina para no tener que admitir que las cosas no han funcionado y que deberíamos cortar por lo sano. Es un ejemplo emocional de la falacia del costo hundido o la tendencia de la gente a pensar que los recursos ya gastados justifican que se gaste aún más. Llevamos tanto tiempo en esto que más vale seguir. Al igual que el sesgo de confirmación, ni siquiera las personas más inteligentes y juiciosas son inmunes a la aversión a las pérdidas. Está profundamente arraigada. He estado en una buena cantidad de relaciones tóxicas entre dos personas, y darme cuenta de las similitudes que existen entre las parejas abusivas y los líderes de cultos ha sido, como mínimo, aleccionador.

Así, pues, aunque el abuso de poder puede tener el aspecto de un ponche envenenado y de sudarios morados, el eje central es cómo suena. Si una forma de lenguaje te lleva a tener una respuesta emocional instantánea al mismo tiempo que te impide hacer más preguntas, te hace sentir «elegido» solo por aparecer o te permite separarte moralmente de alguna otra persona que sea unidimensionalmente inferior, es un lenguaje que vale la pena desafiar. Es probable que las etiquetas y los eufemismos no te maten, pero si buscas algo más que la supervivencia básica, seguro que la vida más satisfactoria es la que narras tú mismo.

—Nuestra guía interior es la mejor navegación posible que tenemos —me dijo Frank Lyford. Esto no significa que no podamos mirar hacia fuera (o hacia arriba) en busca de ayuda para salir del caos—. Pero, para mí —continuó—, un buen entrenador es aquel que no guía, sino que ilumina los deseos y los bloqueos más profundos de una persona. —No es un guía, ni un profeta, ni un gurú que te dice lo que tienes que decir. Sino una vela en la biblioteca poco iluminada de la existencia. El único diccionario que necesitas ya está abierto.

PARTE 3
INCLUSO TÚ PUEDES APRENDER A HABLAR EN LENGUAS DESCONOCIDAS

I

Mi historia favorita es la de cómo me secuestraron los cienciólogos.

Tenía diecinueve años y estaba pasando un verano solitario en Los Ángeles, con un trabajo de mierda a tiempo parcial y una leve depresión y sin muchas ganas de hacer nada más que salir con la única persona que conocía en la ciudad, es decir, una joven aspirante a actriz llamada Mani. Nos conocimos en el primer año de la Universidad de Nueva York. Mani vivía en el Valle de San Fernando durante las vacaciones, compartía un apartamento con su madre y su hermana pequeña, se presentaba a las audiciones de anuncios y protagonizaba películas de estudiantes de la Universidad del Sur de California. Mani era fascinante. Tenía una larga melena rubia y unos rasgos ucranianos y felinos, llevaba camisetas holgadas con mallas y tenía una serpiente como mascota. Su nombre completo era Amanda, como el mío, pero como era libre e indomable, había adoptado un apodo más exótico, *Mani*. Nos pasábamos el día haciendo lo que ella quería. Mani decía la palabra e, hipnotizada de esa manera en la que siempre están las adolescentes inseguras ante las que se sienten seguras de sí mismas, lo hacíamos. Yo conducía desde Santa Mónica hasta Studio City para recogerla en mi Honda Civic e íbamos a comprar artículos de segunda mano, a cenar o a montar a caballo los martes por la tarde en las colinas (doce dólares por dos horas). O, un día, en contra de mi buen juicio, aceptamos una invitación para hacer un «test de personalidad» en la colosal Iglesia de la Cienciología de Hollywood.

En esa tarde de julio en particular, Mani y yo estábamos dando una vuelta por la ciudad de camino a procurarnos un batido del Jamba Juice, cuando dos veinteañeros que había en Sunset Boulevard, ambos vestidos como si fueran a la actuación de una orquesta de instituto (camisas blancas abotonadas, pantalones negros), nos tendieron un par de panfletos y nos preguntaron: «¿Queréis hacer un test de personalidad?». Yo era una joven ensimismada a la que nada le gustaba más que hojear las secciones de las preguntas que aparecían en las revistas *Seventeen* y *Cosmopolitan* para averiguar quién era mi galán de *Las chicas Gilmore* o qué tendencia de la moda de otoño debía probar según mi signo del Zodíaco. Pero también había pasado dos semestres en la ciudad de Nueva York, al igual que Mani, así que te puedes imaginar mi sorpresa cuando, en lugar de pasar con jovialidad y con decisión por delante de este *street team** como si pertenecieran a una especie inferior a la humana, Mani se detuvo, sonrió y dijo: «Eso suena DIVERTIDO».

Una vez que examinamos la bibliografía y descubrimos que estaba marcada con la insignia de la cienciología, tuve la certeza de que Mani estaría de acuerdo en mantenerse alejada de esos chiflados. Buscar los batidos. Volver a casa. Pero no, Mani era guay y guapa y no le temía a nada, así que lo de la cienciología solo la intrigaba más.

«Tenemos que hacerlo», declaró mientras movía las pestañas con la longitud de un gigapársec.

En un intento por estar tan dispuesta a hacer cualquier cosa como Mani, accedí. Pusimos en pausa nuestra búsqueda de fructosa congelada, subimos de nuevo a mi Civic, condujimos cuatro

---

* N. de la T.: Término inglés usado en el ámbito del *marketing* que hace referencia a las personas que promocionan cualquier producto o evento en la calle.

manzanas y giramos por L. Ron Hubbard. Tras estacionar en un amplio aparcamiento, nos acercamos a la catedral de más de treinta y cinco mil metros cuadrados, a la cual solo había visto de lejos. Es posible que me haya topado con algunas fotos del lugar en un documental o en un agujero negro de Wikipedia; se trata de ese famoso edificio con una fachada de aspecto griego en la que hay una cruz de la cienciología (con ocho puntos en lugar de cuatro) tan alta como un piso. Es la meca de los veinticinco mil cienciólogos que viven en Estados Unidos*, la mayoría de los cuales residen (preocupantemente) a menos de treinta kilómetros cuadrados de distancia de mi actual hogar en Los Ángeles.

Aquí, en Los Ángeles, los cienciólogos se esconden a plena vista. Son tus camareros, tus profesores de yoga, tus personajes secundarios favoritos de una serie de la CW y, sobre todo, todos esos inmigrantes de ojos brillantes que esperan triunfar en Hollywood. Quienes aspiran a ser estrellas de cine encuentran anuncios en los números de la revista *Backstage*, que prometen cursos intensivos que los ayudarán a hacerse una carrera profesional en el mundo del entretenimiento, o asisten a talleres para artistas respaldados en secreto por la cienciología. Otros aceptan invitaciones del *street team* para hacer un test de personalidad. Algunos pasan una tarde recorriendo el impresionante campus (está abierto al público) o participan por bromear en un curso de introducción. Algunos lo hacen con una mente muy abierta, y la mayoría se largan mucho antes de adentrarse de verdad. Pero unos pocos miran a personas famosas como Tom Cruise, John Travolta y Elisabeth Moss —las mascotas de la cienciología— y se dicen a sí mismos: *Ese o esa podría ser yo.*

---

* Esta estadística es según el Instituto de Estudios Avanzados, aunque la Cienciología Corporativa afirma que tiene la asombrosa cifra de diez millones de integrantes en todo el mundo.

Es imposible detectar a un cienciólogo en la naturaleza por su forma de vestir o de actuar; solo se los puede reconocer por su forma de hablar, y solo si sabes qué escuchar.

—Si alguna vez estuviste dentro de la cienciología, podías tener una conversación con alguien y saber lo que era por su forma de hablar —me dijo en una entrevista la exciencióloga Cathy Schenkelberg. Ahora, a sus cuarenta años, Cathy lleva casi dos décadas fuera de la cienciología y vive a tiempo parcial en Irlanda trabajando como actriz de poca monta. En 2016, Cathy obtuvo cierta atención de los medios de comunicación al dar a conocer una historia sobre cómo había hecho una audición para lo que pensaba que era un vídeo de entrenamiento de la cienciología, pero resultó ser una entrevista para el papel de la novia de Tom Cruise [71]. Cuando le preguntaron, al parecer al azar, qué pensaba de la estrella de cine, les dijo con franqueza: «No lo soporto, creo que es un bebé narcisista. Me da mucha pena que se separe de Nicole». Ni que decir tiene que no le dieron el papel y, poco después, contrataron a Katie Holmes en su lugar.

En la actualidad, Cathy presenta un espectáculo cómico itinerante sobre su experiencia en la cienciología, llamado *Squeeze My Cans*. Se trata de una referencia descarada al famoso E-Metro de Hubbard, una máquina parecida a un detector de mentiras que se asemeja a un reproductor de CD portátil de los años noventa. El E-Metro se utiliza para «auditar» (aconsejar a nivel espiritual) a los PC (*pre-clears* o sujetos que auditaban), aunque incluso la Iglesia de la Cienciología admite que el aparato «de por sí no hace nada» [72]. Hace unos años, media década después de haber escapado de la Iglesia, Cathy estaba haciendo un trabajo de doblaje para McDonald's cuando conoció a un director llamado Greg y, pasados cinco minutos de conversación, las alarmas sonaron en su cerebro.

—Me estaba dando instrucciones, y utilizó ciertas palabras —contó; como, por ejemplo, «enturbiado», que significa «alterado», y «Dev-T», que se refiere a *Developed Traffic* y significa «causa de retraso»—. Así que le dije: «Greg, ¿eres cienciólogo?». Y me dijo: «Sí, yo estaba preguntándome lo mismo sobre ti». Acabó suicidándose, pero esa es otra historia. Sí, lo perdió todo.

Tener grandes sueños te hace vulnerable; los cienciólogos lo saben y dicen tener las claves para ayudarte a desbloquear tu potencial.

—Lo llaman «postulado» —me dijo Cathy en una llamada telefónica desde Galway, refiriéndose a la etiqueta especial que la cienciología le pone a una resolución personal o a lo que el típico soñador de Los Ángeles podría llamar una «manifestación». Incluso cuando ya era integrante de la cienciología, después de haber perdido casas enteras, cuentas de ahorro y relaciones, después de que la Iglesia le hubiera quitado tanto tiempo que ya casi no hacía audiciones, Cathy nunca renunció a su ambición de triunfar—. Solo quería hacer mis pruebas, volver a Nueva York y ser una actriz de teatro musical —relata con tristeza—. Pero, claro está, eso no ocurrió.

Así fue cómo atrajeron a Cathy, con promesas de una vida extraordinaria; permaneció en la Iglesia durante dieciocho años, mucho después de que estuviera desesperada por dejarla. En 1991, Cathy era una artista de veintitrés años que vivía en Chicago. Estaba empezando a conseguir grandes anuncios y trabajos de doblaje («No sé si has oído hablar de "SC Johnson: A Family Company" o de "Applebee's: Eatin' Good in the Neighborhood"», interpretó para mí por teléfono). Ese año, Cathy conoció a una dulce compañera actriz que le habló de un increíble grupo de artistas del que formaba parte, tan lleno de promesas como ella. Se llamaba «cienciología». Cathy nunca había oído hablar del grupo, pero parecía legítimo. Al fin y al cabo, tenía «ciencia» en el nombre. Empezó a acompañar a la actriz a las reuniones locales, que luego supo que estaban organizadas por la Iglesia. «¿Ves? No estamos tan locos. Somos artistas», era lo que, según Cathy, explicaba sus motivos. «¡El arte es el disolvente universal! Lo dijo L. Ron Hubbard».

Al principio, Cathy parecía la recluta perfecta, ya que estaba llena de vida, era dedicada, trabajaba y tenía ganas de hacer el bien en el mundo.

—Al igual que mucha gente de veintitantos años, quería unirme al Cuerpo de Paz o a Hábitat para la Humanidad, alguna clase de grupo en el que pudiera contribuir de una manera que no fuera siendo una artista egocéntrica —explicó. Y estaba en la búsqueda de algo a nivel espiritual. Cathy, una católica de Nebraska que creció siendo una de entre diez hijos, perdió de manera repentina a uno de sus hermanos mayores en un accidente de coche cuando ella tenía trece años—. Para mí eso fue un punto de inflexión —afirmó Cathy, que dejó de ir a su iglesia local después de que intentaran convencerla de que Dios había «elegido» a su hermano para que muriera joven porque estaba «preparado para estar con Dios». Era un cliché que termina con el pensamiento, y Cathy no se lo creía—. Pensé: *Bien, entonces ese no es el tipo de Dios con el que quiero tener algo que ver.*

—Pasó la siguiente década buscando un poder superior en otros lugares, desde talleres de meditación con cristales hasta iglesias donde se hablaba en lenguas desconocidas. Nada la convencía.

Al principio, a Cathy le presentaron la cienciología como un grupo aconfesional cuyo objetivo principal era «difundir la esperanza para la humanidad».

—Todo el mundo con el que hablé me dijo lo mismo: «Puedes practicar lo que quieras», y les creí. Actúan como si nada —rememora Cathy. Sin embargo, una vez dentro, no tardó en aprender que participar en otras religiones no estaba permitido en absoluto—. Dicen que son distracciones —me dijo—. Un día alzas la vista y te das cuenta de que estás en una habitación con quinientas personas ovacionando un busto de bronce de L. Ron Hubbard que había en la parte delantera de la sala.

II

Volvamos a Los Ángeles. Mani entró a trompicones (mientras yo la seguía con pesar) en el gigantesco vestíbulo de la sede de la cienciología, donde nos recibió un caballero blanco de unos cuarenta años que sonreía demasiado. Llevaba un traje azul aciano y una meticulosa cofia plateada, y le hablaba a su personal, el cual era mayoritariamente latino, en un perfecto español.

«Gracias por uniros a nosotros, seguidme», dijo al tiempo que nos acompañaba al interior del edificio. Mani me lanzó una sonrisa alegre, mientras que yo registraba mentalmente las salidas cercanas.

En total, Mani y yo pasamos más de tres horas entre los muros de la cienciología, zigzagueando a través de una secuencia bizantina de sus tácticas de iniciación. Primero, nos tiramos cuarenta y cinco minutos en el vestíbulo de su museo durante los cuales deambulamos entre exposiciones de aparatos de E-Metro y vídeos de propaganda de líderes religiosos mundiales que decían cosas ambiguas sobre L. Ronald Hubbard; los habían editado para que estuvieran unidos y así poder presentarlo como si fuera el regalo de Dios a la humanidad. Luego nos condujeron a un aula donde el hombre sonriente del traje azul nos entregó un grueso paquete de papel, una hoja de Scantron Corporation y un pequeño lápiz de golf a cada una. Los utilizamos para completar una evaluación de personalidad de noventa minutos. Cuando por fin terminamos, Mani y yo salimos cansadas de la sala y esperamos otro medio siglo mientras tabulaban nuestras respuestas. A media tarde, el señor Traje Azul apareció y nos separó para entregarnos los resultados. Mani fue primero; yo estuve sin hacer nada durante otra impía media hora y luego me tocó volver a entrar en el aula.

Mientras que Mani estaba sentada a cuatro metros y medio de distancia con otro empleado, enfrascados en una conversación que no pude escuchar, el señor Traje Azul procedió a desnudar mi personalidad. Mi prueba reveló los defectos que me frenaban en la vida, que eran la terquedad y el miedo a la vulnerabilidad (razonable, aunque me preguntaba en silencio cuáles habrían sido los de Mani). Después de cada crítica, el hombre repetía la misma frase con los ojos brillantes: «La cienciología puede ayudarte con eso». Una vez hubo terminado su discurso, me condujo hasta donde estaban Mani y el otro empleado. Ahora venía la venta agresiva. Este otro sujeto, un actor poco conocido y bronceado con *spray* al que creí reconocer, procedió a presentarnos una serie de cursos de superación personal —libros y talleres—, nada religioso, solo «herramientas» para ayudarnos a vivir mejor. Para nosotras, estudiantes muy trabajadoras y prometedoras, solo costarían treinta y cinco dólares por clase. Si nos comprometíamos hoy, podría llevarnos ahora mismo a otra ala del edificio y mostrarnos un adelanto de lo que aprenderíamos.

—Te atrapan con los cursos pequeños y básicos —me explicó Cathy ocho años después de mi encuentro con la cienciología—. Ese es el cebo y el cambio de todo. Te inician con estos cursos sobre «comunicación» o «altibajos en la vida» y dices: «Guau, sí que ayuda esto». —A diferencia de mí, Cathy no creció con un padre que hablaba sin tapujos del culto en el que se vio obligado a entrar, sino que era de mente abierta y optimista y, lo más importante, no sabía nada de la cienciología antes de involucrarse—. Era 1991, antes de Google, así que no podía buscarlo —contextualiza—. Me basaba solo en una actriz que me gustaba y que era integrante. —Después de que Cathy empezara a pagar los cursos y a entrelazar aún más su vida con la cienciología, lo cierto es que no hizo ninguna indagación independiente, porque las normas lo prohíben de manera explícita—. Me dijeron que no buscara en Internet, en el periódico o en cualquier «black PR» sobre la cienciología —relató Cathy—. Todas esas personas y periodistas solo intentaban destruir la cienciología porque saben que es la única esperanza para la humanidad. —Cada vez que Cathy entraba en una sesión de asesoramiento (pagada por adelantado siempre, por supuesto), las primeras preguntas que le hacían eran: «¿Has mirado en Internet? ¿Te ha dicho alguien algo malo sobre la cienciología? ¿Has tenido una aventura? ¿Has consumido drogas? ¿Has hablado con algún periodista? ¿Estás relacionada con alguien de una embajada, del gobierno o de la política, o con un abogado?»—. Era una locura —asegura Cathy en retrospectiva, aunque en aquel momento parecían precauciones rutinarias.

El nuevo círculo de Cathy no tardó en empezar a utilizar la verborrea «nosotros contra ellos» para aislarla de los de fuera.

—Tenían formas de hacer que las personas que no estaban en la cienciología fueran consideradas inferiores —rememora.

Cualquier crítica a la organización era etiquetada como «delitos ocultos». Una persona o un comportamiento que amenazara a la cienciología de alguna manera —como asociarse con un SP (persona supresiva, es decir, una mala influencia, como un periodista o un miembro escéptico de la familia)— era etiquetado al momento como PTS, fuente potencial de dificultades. Hay una larga lista de tipos de PTS dentro de la cienciología. Estas clasificaciones —tipos del 1 al 3 y tipos de la A a la J— se refieren a diferentes enemigos de la Iglesia, como escépticos, criminales, personas que han denunciado o demandado públicamente a la cienciología, personas demasiado relacionadas con un SP o personas que han sufrido un «brote psicótico». Los tipos de PTS abarcaban el abanico de posibles «ellos», y se los utilizaba para legitimar la calumnia o la persecución de cualquiera que no se alineara.

—Mi amigo de la cienciología, Greg, el director creativo de aquel anuncio de McDonald's. Después de que se suicidara, dijeron que era PTS tipo 3, lo que significaba que había tenido un brote psicótico —me dijo Cathy—. Pero, en realidad, Greg había gastado todo su dinero y el de su padre, vendió su casa, perdió su trabajo. Estaba en la miseria. —No era PTS; la cienciología le había arruinado la vida. Cathy suspiró a través del auricular—. Ahora que lo pienso, desperdicié dos décadas de mi vida en ese lugar. —Sin embargo, por aquel entonces ella pensaba que era su eternidad—. Con este conocimiento iba a ser capaz de volver en la siguiente vida y manejar cosas que otras personas no podían, ¿sabes?

La cienciología funciona con la lógica de que así como la «tecnología» (sistema de creencias) de L. Ronald Hubbard es impecable, si estás en la Iglesia y eres infeliz, está claro que has hecho algo para «atraerlo». Este es un cliché que termina con el pensamiento clásico de la cienciología, que significa que cualquier experiencia negativa que tengas no es responsabilidad de nadie más que tuya.

—Fuiste tú quien hizo que ocurriera —explicó Cathy—. Si me tropezaba y me torcía el tobillo, no era consecuencia de la grieta que había en la acera, sino que había ocurrido porque yo lo había atraído.

Tal vez estaba albergando dudas o relacionándose demasiado con un SP. En cienciología, si tienes un problema con tu matrimonio, con un grupo de amigos o en el trabajo, tienes que desconectarte, «manejar» (es decir, convencerlos de que estén de acuerdo con la doctrina) o «hacerles pasar el puente»; en otras palabras, convertirlos a la cienciología.

Mientras Mani asentía con la cabeza al pseudofamoso bronceado con *spray*, con una mesa de libros y DVD ante nosotras, recordé una charla que me dio mi madre cuando iba al instituto después de que decidiéramos aceptar la invitación de un amigo de la familia para pasar las vacaciones de primavera en un resort junto a la playa en México.

—En cuanto lleguemos, nos llevarán a una pequeña habitación e intentarán vendernos una multipropiedad —me advirtió mi madre con seriedad—. Nos van a dar bocadillos, nos van a hacer cumplidos y van a hacer que suene increíble. Pero lo ÚLTIMO que quieres hacer es comprar una multipropiedad. Te arruinará la vida. Así que vamos a decir «no, gracias» una y otra vez. Y luego van a intentar llevarnos a otra habitación pequeña para mostrarnos un video de presentación. Pase lo que pase, NO PODEMOS permitirles que nos conduzcan a la siguiente habitación. Nos vamos a levantar y nos vamos a ir.

Cuando tenía diecinueve años y me acercaba a mi cuarta hora tras las puertas de la sede general de la cienciología, no tenía ni idea de los millones de dólares y del trauma psicológico que esta «Iglesia» había supuesto para la gente corriente bajo falsas promesas que empezaban con talleres de superación personal a treinta y cinco dólares. Lo único que sabía era que daba la misma sensación que una venta de multipropiedad. Y no podía permitirles que nos llevaran a la siguiente habitación.

Así que me puse de pie.

—NO, GRACIAS. NO SOMOS SU PÚBLICO OBJETIVO. POR FAVOR, DEJAD QUE NOS MARCHEMOS. MANI, NOS VAMOS —dije.

Bronceado de Spray hizo contacto visual con señor Traje Azul, suspiró y señaló hacia la puerta. Agarré a Mani de la mano, salimos corriendo —corriendo de verdad— del aula, atravesamos el vestíbulo del museo, cruzamos la puerta y nos montamos en mi Civic para alejarnos a toda velocidad sin volver a pasar por la L. Ron Hubbard.

«Secuestrado» podría ser un poco exagerado para describir mi interacción con los cienciólogos… pero no me extrañaría que se dedicaran a ese tipo de actividades. Años más tarde me enteré de que, si hubiera dejado que dieran un paso más al acceder a comprar uno de esos cursos, me habrían llevado a una sala de cine y me habrían mostrado un vídeo de bienvenida de la cienciología con la puerta cerrada con llave tras de mí[73]. Si hubiera continuado con la cienciología a partir de ahí, inscribiéndome en más cursos y sesiones individuales, habría invertido miles de dólares, si no millones, lo que tuviera, en mi compromiso eclesiástico.

Porque mi objetivo final como cienzióloga sería «estar limpia», es decir, ascender al nivel más alto de iluminación de L. Ron Hubbard. La Iglesia hace que esta ambición penda por encima de todos sus miembros, pero su enrevesada jerarquía de niveles —que en secreto se prolonga eternamente— asegura que la liberación en realidad no es posible. Después de que Cathy pasara unos años en la cienciología, llegó a un nivel llamado Dianetic Clear que, según ella, era la recta final.

—Pensé: *Dios mío, esto es genial. Estoy limpia, ya no tengo una mente reactiva, voy a salir al mundo con esta nueva conciencia* —relató.

Pero, en la cienciología, en cuanto llegas a lo que te han hecho creer que es la cima, te revelan que hay más. En realidad, esto es solo el principio, pues ahora has abierto toda una caja de pandora espiritual. Ahora no tienes más remedio que subir al siguiente nivel y luego al siguiente. Y, mientras que antes podía costar cinco mil o diez mil dólares subir de nivel, ahora podrían ser cien mil dólares o más.

A medida que seguía recorriendo el Puente hacia la Libertad Total de la cienciología (el camino hacia la claridad), llegué a conocer conceptos sobrenaturales como Xenu, el señor galáctico, y los «thetanes corporales» invisibles (espíritus de antiguos alienígenas que se aferran a los humanos y causan destrucción). Habría sido una locura. Pero tendría que seguir adelante. La falacia del coste hundido y la aversión a la pérdida me dirían que no puedo dejarlo. No a estas alturas. Además, mis superiores insistirían en que, si me voy ahora mismo en medio de un nivel superior de auditoría, podría atraer la desgracia. Podría atraer la enfermedad, incluso la muerte.

La excienióloga Margery Wakefield, funcionaria durante mucho tiempo de la Oficina de Asuntos Especiales (la «agencia de inteligencia» de la cienciología conocida por las siglas OSA), escribió sobre cómo fue descargada (expulsada) a principios de los ochenta por el aparente declive de su estado mental. Después de más de una década de haber sido integrante y de un intenso condicionamiento, Margery estaba convencida de que era tan, pero tan peligroso que la descargaran en la mitad de su nivel actual que seguramente moriría en doce días. (Se quedó atónita cuando, de hecho, sobrevivió).

Si hubiera llegado tan lejos como Margery y me hubiera unido a la Oficina de Asuntos Especiales o a la Organización del Mar (el grupo paramilitar de la cienciología), habría firmado un Contrato de Millones de Años[74] de lealtad espiritual y me habría sometido a un entrenamiento para ayudar a la Iglesia a ejecutar delitos federales, como allanamiento de morada, robo de documentos gubernamentales, escuchas telefónicas, destrucción de pruebas criminales, mentiras bajo juramento, todo lo que se considerara necesario para proteger a la Iglesia. En una ocasión, Margery fue testigo de cómo los funcionarios de la Iglesia planeaban el asesinato de dos personas. Uno de ellos era un desertor que había sido capturado por la Oficina de Asuntos Especiales y hecho prisionero en la habitación de un motel. «Al día siguiente iban a llevarlo al mar, atarle unas pesas y tirarlo por la borda», escribió en una declaración jurada de 1990. El otro era un periodista que había escrito un libro que hablaba desde un punto de vista crítico de la cienciología (un hecho que intento olvidar).

Porque, tal como acabaría aprendiendo, la ley de la cienciología es superior a la ley de los *wogs* (*wog* significa «forastero» y puede estar relacionado con un insulto racial anticuado, pero los etimólogos no están seguros). Según varios excienciólogos, hay todo un curso sobre cómo mentir a los *wogs*. Se llama TR-L, siglas de «Training Routine Lie»[75]. Supuestamente, en TR-L los cienciólogos aprenden la habilidad de mentir con una confianza inquebrantable, incluso si se encuentran bajo una tensión extrema. En su declaración jurada, Margery Wakefield detalla un incidente de su época en la Oficina de Asuntos Especiales en el que fue obligada a acusar falsamente a un juez de mala conducta sexual. El juez tenía que presidir un caso relacionado con la cienciología, pero, supuestamente, a la Iglesia no le gustaba y quería que lo destituyeran, por lo que le asignaron a Margery la tarea de alegar que la había acosado sexualmente. Antes de testificar, Margery recuerda haber preguntado a uno de sus superiores sobre la posibilidad de mentir bajo juramento y le contestaron con una cita sacada de una política de Hubbard llamada «el mayor bien para el mayor número de dinámicas»*. Significaba que había que hacer lo que fuera necesario para asegurar la supervivencia de la cienciología. Significaba recurrir a su TR-L y obedecer. Significaba que el fin justificaba los medios.

En aquel momento me habría absorbido tanto la doctrina de la cienciología que ni siquiera sería capaz de comunicarme con nadie fuera de la Iglesia.

—No sé si alguna vez has escuchado una conversación entre dos cienciólogos de alto rango —me dijo Steven Hassan, nuestro psicólogo ex-Moonie—, pero no entenderás nada de lo que hablan. —Porque en la cienciología, como en todas las religiones que parecen cultos, el lenguaje es el principio y el fin de todo. En cierto sentido, es el mismísimo Dios.

---

* En cienciología, una «dinámica»[76] hace referencia a algún elemento del universo, comenzando por el yo y extendiéndose luego a la familia, la comunidad, la especie en su conjunto, y todo el camino hasta Dios o el infinito. Hubbard describió un total de ocho dinámicas a las que los cienciólogos se refieren utilizando acrónimos, de manera que podrías llamar a tu cónyuge tu «2D», y a tu grupo de amigos, tu «3D».

III

Este es el poder del lenguaje religioso. Tanto si se trata de palabras bíblicas con las que hemos crecido, y que conocemos tan bien que nunca nos planteamos nada diferente (Dios, mandamiento, pecado), como de frases alternativas de un movimiento más reciente (auditoría, PC, Puente a la Libertad Total), el discurso religioso tiene una fuerza única. ¿Te acuerdas de la teoría de la performatividad lingüística, esa que dice que el lenguaje no solo refleja la realidad sino que la crea de forma activa? Según algunos especialistas, el lenguaje religioso es el tipo de discurso más performativo e intenso que existe. «Gran parte del lenguaje religioso "actúa" en lugar de "informar"[77], [incitándonos] a representar lo mejor o lo peor de nuestra naturaleza humana», escribió Gary Eberle en su libro *Dangerous Words*.

Las expresiones religiosas hacen que los acontecimientos se produzcan de una manera que se siente incomparablemente profunda para los creyentes.

—Utilizamos los cantos para manifestar cosas, para hacer que sucedan, para hacer que nosotros mismos creamos en ellas —dijo Abbie Shaw, una trabajadora social de veintisiete años y exintegrante de Shambhala, una controvertida rama del budismo tibetano, a la que conocí en una fiesta en Los Ángeles y entrevisté unos días después—. Parte del lenguaje me encantaba y lo invoco hasta el día de hoy, y otra parte me causó el trauma más extraño que jamás haya experimentado.

Piensa en todos los verbos performativos que aparecen en los escenarios religiosos; por ejemplo, «bendecir, maldecir, creer, confesar, perdonar, jurar, rezar...». Estas palabras desencadenan cambios significativos y consecuentes de una manera que el lenguaje no religioso no hace. La frase «en nombre de Dios» puede permitir que un hablante se case, se divorcie o incluso destierre a alguien de una manera que «en nombre de Kylie Jenner» no se puede (a menos que rindas culto en el altar de Kylie Jenner y creas que tiene jurisdicción exclusiva sobre tu vida, y sobre tu vida después de la muerte, en cuyo caso me corrijo y ojalá te hubiera entrevistado para este libro). Se puede decir perfectamente «en nombre de Dios» (y, desde luego, «en nombre de Kylie Jenner») de forma no religiosa. Las frases bíblicas están presentes en nuestra vida cotidiana; basta con pensar en la jerga bíblica como #bendecido. No obstante, estas expresiones adquieren una fuerza especial y sobrenatural cuando se pronuncian en un contexto religioso, puesto que el hablante invoca lo que cree que es la máxima autoridad para impregnar su declaración de significado.

«El lenguaje religioso nos involucra en el contexto más amplio de todos», escribe Eberle. Está más allá del ámbito del trabajo o de la política; si alguien cree de verdad, está más allá de todo el espacio y el tiempo. Eberle agrega: «Mientras que un árbitro de béisbol que dice "eliminado" es performativo dentro del estadio en el contexto del juego, el lenguaje religioso implica que actúen todo el ser de una persona y su propia existencia».

Hay una razón por la que la mayoría de las religiones fomentan la oración, y es que el lenguaje refuerza las creencias. En sus estudios sobre las brujas contemporáneas y los «cristianos carismáticos» (si se les permite decirlo*), la antropóloga psicológica Tanya Luhrmann descubrió que, si uno quiere conocer a su poder superior —si quiere que esa deidad parezca real— tiene que abrir la boca y hablarle. El vocabulario teológico entre los cristianos y las brujas que observó Luhrmann era muy diferente, pero para ambos el hecho de participar repetidas veces en oraciones o hechizos «agudizaba la imagen mental» que tenían de la figura en el extremo receptor. Practica hablar con una autoridad espiritual una y otra vez y, con el tiempo, evocarás la experiencia de que te está respondiendo Yahvé o los señores extraterrestres o quienquiera que sea con el que estés charlando. Llegará un momento en el que, cuando ciertos pensamientos espontáneos aparezcan en tu mente durante la conversación (a la que Luhrmann llama «diálogo imaginario») —por ejemplo, la cara de cierta persona o una escena que responda a una pregunta que has estado meditando—, estos pensamientos no parecerán de autoría propia, sino que dará la sensación de que vienen directamente de tu poder superior. Como me dijo Luhrmann, la gente necesita algo que la ayude a sentir que lo sobrenatural es real, y el lenguaje hace eso precisamente.

Para hacer que el tremendo poder que tiene el lenguaje religioso se mantenga sano y ético, debe confinarse a un «momento ritual» limitado. Esto se refiere a un ámbito metafórico en el que pronunciar palabras bíblicas como «alianza» o entonar cantos tibetanos parece totalmente apropiado de repente. Para entrar en el

---

* La palabra «carisma» está vinculada al cristianismo desde hace siglos. Procede de la antigua palabra griega que significa «don o favor», y a mediados del siglo XVI se refería a las «habilidades otorgadas por Dios», como la enseñanza y la curación. No fue hasta la década de 1930 que la palabra evolucionó para connotar una habilidad terrenal para el liderazgo, y solo a finales de los años cincuenta se la utilizó con el sentido más pedestre de «encanto personal».

tiempo ritual, lo normal es que haya que realizar alguna acción simbólica, como cantar una canción, encender una vela o ponerse las zapatillas de SoulCycle (en serio). Este tipo de rituales indican que estamos separando esta actividad religiosa del resto de nuestra vida cotidiana. Y suele haber también una acción al final (apagar la vela, repetir «namasté», desabrocharse los zapatos) para salir del momento ritual y volver a la realidad cotidiana. Hay una razón por la que la palabra *sacred* significa literalmente *set aside**.

Sin embargo, un grupo opresor no te deja salir del momento ritual. No hay separación, no se puede volver a una realidad en la que tienes que llevarte bien con gente que puede no compartir tus creencias y en la que eres consciente de que repetir un mantra o citar los diez mandamientos en mitad de la comida sería una violación de las reglas tácitas de cómo ser. Con grupos destructivos como la cienciología, los Moonies, los Davidianos de la Rama, 3HO, el Camino Internacional (un culto cristiano fundamentalista del que hablaremos más adelante) y tantos otros, ya no hay un «espacio sagrado» para ese lenguaje especial. Ahora palabras como «abominación», «maldición» y «baja vibración» o cualquier vocabulario único que el grupo utilice tienen ese poder omnipotente todo el tiempo.

En la cultura estadounidense, el lenguaje religioso (sobre todo el protestante) está en todas partes, lo cual informa acerca de las decisiones ajenas a la religión que tomamos sin que nos demos cuenta de manera explícita. Hace poco me topé con unos macarrones con queso congelados y bajos en grasa, con las palabras «libre de pecado» impresas en el envase. Evocar al diablo para hablar de una pasta para microondas me pareció un poco melodramático,

---

* N. de la T.: En inglés, *sacred* (sagrado) significa literalmente que está dedicado o apartado (*set apart*) para rendir culto o servicio a alguna deidad.

pero así de profundo es el discurso religioso en la cultura estadounidense. Hay pecadores y santos, y estos últimos eligen productos lácteos desnatados.

La membrana permeable que existe entre la religión y la cultura es también lo que permite que tantos rincones del mercado capitalista invoquen a Dios para promover sus productos, incluyendo (sobre todo) la industria del *marketing* multinivel (una categoría de culto que analizaremos en profundidad en la parte 4). Las compañías de ventas directas afiliadas al cristianismo [78], como Mary Kay Cosmetics y Thirty-One Gifts, alientan a los reclutas diciendo que Dios les está «proporcionando» de manera activa la «oportunidad» de vender maquillaje y chucherías, así como de convertir a otros para que también lo hagan. Una revista se enfrentó una vez a la empresaria multimillonaria Mary Kay Ash sobre su famoso eslogan «Dios primero, la familia segundo, Mary Kay tercero». Cuando le preguntaron si pensaba que estaba utilizando a Jesús como una estrategia de *marketing*, respondió: «No, Él me está utilizando a mí en su lugar» [79].

IV

Se podría llenar un libro más largo que este con una lista de todos los clichés que terminan con el pensamiento, el lenguaje cargado y las etiquetas de «nosotros contra ellos» que las religiones que parecen cultos de todo el mundo utilizan para convertir, condicionar y coaccionar a sus seguidores.

Para empezar, echa un vistazo a Shambhala, donde los clichés que terminan con el pensamiento se disfrazan de sabios tópicos budistas. En 2016, Abbie Shaw, antigua integrante de este culto, se trasladó a la idílica comuna del grupo en Vermont para trabajar en la recepción y estudiar meditación durante lo que se suponía que iba a ser solo un verano. Recién graduada en la Universidad de California y trasladada a Nueva York para trabajar en relaciones públicas, Abbie echaba de menos las cooperativas en las que había vivido como estudiante en la Universidad de Santa Cruz. A los veintitantos años, quería pulsar el botón del reinicio espiritual. Fue entonces cuando se apuntó a una clase de mentalidad tibetana y enseguida se enamoró de sus enseñanzas sobre la «bondad básica», es decir, la idea de que todos los seres nacen enteros y dignos, pero se pierden por el camino. Por eso meditamos, para recuperar nuestra bondad básica.

Abbie tenía ganas de aprender más, pero los retiros de meditación prolongados eran caros. Así, cuando un instructor le habló de la oportunidad de pasar tres meses con Shambhala de forma gratuita, trabajando y viviendo en un pequeño pueblo pastoral, le pareció que era justo «el viaje» que estaba buscando. Shambhala tenía decenas de centros de meditación y retiros en todo el mundo; Vermont era uno de los más grandes. Abbie estaba deseando salir de la ciudad. Reservó su billete.

Entre la camaradería, las enseñanzas de generosidad y aceptación, e incluso los árboles que parecían demasiado buenos como para ser verdad, Shambhala le encantó al momento.

—Recuerdo que cuando aterricé por primera vez en Vermont, nunca había visto tantos tonos de verde —me dijo Abbie mientras tomábamos un café dos años después de haber desertado.

Shambhala fue fundada en los años setenta por el monje tibetano y gurú de la meditación Chögyam Trungpa[80]. Responsable en gran medida de llevar el budismo tibetano a Occidente, Trungpa estudió Religión Comparada en Oxford y se ganó la reputación, incluso entre muchos no tibetanos, de genio iluminado. Entre sus alumnos estaban el poeta Allen Ginsberg, el escritor John Steinbeck, David Bowie y Joni Mitchell.

—Ahora no sé qué sentir con respecto a él, porque sus libros son increíbles —confesó Abbie—. Era un maestro del lenguaje. Un poeta.

Sin embargo, Trungpa también era alcohólico, y eso era algo que todo el mundo conocía y aceptaba en silencio. Las complicaciones derivadas del abuso del alcohol acabaron llevándolo a la muerte en 1987 a la edad de cuarenta y ocho años, tras lo cual su hijo, conocido como el Sakyong, ocupó su lugar. Trungpa no trató de ocultar su adicción; de hecho, encontró formas de incorporarla a sus enseñanzas. Las celebraciones de Shambhala se caracterizaban por el alcohol y el desenfreno.

—En el mundo del budismo, los integrantes del Shambhala son conocidos como los budistas de la fiesta —cuenta Abbie con ambivalencia. Trungpa también es famoso por haberse acostado con muchas de sus estudiantes, algunas de las cuales se convirtieron en profesoras de Abbie—. Es imposible que fuera consentido —afirmó al tiempo que se estremecía—. Pero todo el mundo decía: «Bueno, eran los años setenta».

Trungpa era el núcleo del «mandala» de Shambhala. Era la cadena de mando de la organización, compuesta por un mar de plebeyos practicantes y una estructura de maestros de diverso rango por encima de ellos. Trungpa estaba obsesionado con los militares y las jerarquías, sobre todo después de su estancia en Inglaterra, por lo que impregnó su retórica con metáforas bélicas; así, los seguidores aprendieron a llamarse «guerreros de Shambhala». Sin embargo, una pirámide de poder es algo muy antibudista, así que Trungpa la disfrazó con un círculo, un mandala sin «cima» y con un centro acogedor.

Si los miembros tenían una pregunta o una preocupación, no había que saltarse el rango. Abbie se acuerda de un acharia (un maestro de alto nivel) situado cerca del centro del mandala, un hombre blanco y rico cuya esposa era, en palabras de Abbie, «una completa imbécil». Aprovechando la limitada autoridad de la que disponía, la esposa se deleitaba haciendo que abejas trabajadoras como Abbie realizaran tareas serviles, como lavar servilletas a mano o repetir tediosos rituales delante de ella. Sin embargo, cada vez que Abbie intentaba sacar a relucir las acciones de la esposa ante un shastri (un profesor de bajo rango), recibía el mismo cliché que termina con el pensamiento: «¿Por qué no estás de acuerdo con eso?».

Se trata de una adulteración de una enseñanza budista clave que dice que hay que «reunir toda culpabilidad en una». Básicamente significa que, si estás experimentando algo negativo, no puedes cambiar el mundo exterior, así que tienes que mirar hacia adentro para resolver el conflicto. (Muchos gurús dudosos de la

Nueva Era —desde Keith Raniere, de NXIVM, hasta los guías de autoayuda como Teal Swan— tergiversan enseñanzas similares para culpar a los seguidores de su propio maltrato bajo el pretexto del «trabajo interno» y la «superación de los miedos»).

—Cómo desafiar la injusticia social es algo con lo que la gente tiene problemas y una gran cuestión filosófica dentro el budismo —continuó Abbie. ¿Cómo se abordan los problemas externos que claramente no tienen su origen en el propio bagaje sin dejar de seguir los principios del budismo?—. Hay muchas respuestas que son muy interesantes, pero en Shambhala no conseguimos ninguna —dijo. En Vermont, la «solución» que ofrecían era siempre la misma: «¿Por qué no estás de acuerdo con eso?».

El uso que hacía el Shambhala del *cultish* era manipulador de una manera inquietante y pasiva, lo cual no tiene nada que ver con la cienciología, cuyo fundador no era partidario de la sutileza. L. Ron Hubbard no empezó siendo un líder espiritual, sino un aficionado a la ciencia ficción que llevó su afición demasiado lejos. Estaba obsesionado con la fantasía espacial [81] y con George Orwell, y fue autor de cientos de relatos de ciencia ficción que sirvieron de precursores a los textos de la cienciología. Al estilo de los conlangs (lenguas construidas), como las lenguas de la Tierra Media de J. R. R. Tolkien, Hubbard publicó no uno sino dos diccionarios únicos de cienciología: *Dianetics and Scientology Technical Dictionary* y *Modern Management Technology Defined: Hubbard Dictionary of Administration and Management*. Si los unimos, estos volúmenes contienen más de tres mil entradas. Mientras escribo esto, puedes buscar en Internet partes del primer diccionario [82] y quedarte absolutamente ojituerto revisando las entradas de la A a la X. Hubbard llenó estos libros con palabras inglesas existentes (*dynamic, audit, clear*, etcétera) cargadas con nuevos significados específicos de la cienciología, así como con neologismos, entre los que destacan «dianética» y «thetán».

A Hubbard le gustaba el sonido técnico de la jerga perteneciente a campos como la psicología y la ingeniería de *software*, por lo que cooptó y redefinió decenas de términos técnicos para crear la impresión de que el sistema de creencias de la cienciología tenía sus raíces en la ciencia real. La palabra «valencia», por ejemplo, tiene varias definiciones en lingüística, química y matemáticas y, por lo general, se refiere al valor de algo. Sin embargo, en la cienciología, «valencia» hace referencia a cuando te posee un espíritu o personalidad maligna, como se puede ver en la siguiente frase: «Seguro que te burlas de una buena valencia de un SP». Para un neuropsicólogo, un «engrama» es un cambio hipotético que tiene lugar en el cerebro y que está relacionado con el almacenamiento de la memoria, pero, para un cienciólogo, es una imagen mental grabada después de que un PC viviera un episodio doloroso e inconsciente en su pasado. Los engramas se almacenan en la mente reactiva y requieren ser auditados si el PC tiene alguna esperanza de alcanzar el estado de *clear* (y, si puedes entender esa frase, *mazel tov*, estás en camino de hablar cienciología con fluidez).

El mundo lingüístico que creó Hubbard era tan legítimo —sonaba tan inspirador y completo— que dio lugar a una serie de «líderes de culto» que lo imitaban [83]. El fundador de NXIVM, Keith Raniere, adoptó todo tipo de términos directamente de la cienciología, como «supresores», «tecnología» y «cursos», así como acrónimos ilusorios y pseudoacadémicos, como EM («exploración del significado», la versión de NXIVM de la auditoría) y DOS (Dominus Obsequious Sororium, que en latín significa «hermandad dominante y sumisa», un club secreto de mujeres dentro de NXIVM compuesto por supuestos «maestros» y «esclavas» que eran víctimas del tráfico sexual). Al igual que en la cienciología, Raniere sabía que a sus seguidores los motivaba un deseo de sabiduría exclusiva y erudita; que imitara a Hubbard lo ayudó a explotar ese terreno*.

Al estilo de la neolengua, Hubbard adoptó decenas de palabras comunes que ostentan una gama de coloridos significados en inglés, y las redujo a una definición incontestable de la cienciología. *Clear* significa al menos treinta cosas diferentes en el inglés cotidiano (fácil de entender, vacío o sin obstáculos, absuelto de culpa, libre de granos...). En cambio, en la cienciología solo tiene una única definición: «la persona que ha completado el Clearing Course»[84]. Utilizar el término de otra manera sería demostrar falta de comprensión de los textos de Hubbard. Eso se consideraría PTS, una amenaza para la Iglesia, lo cual querrías evitar a toda costa.

La cienciología sabe que no tiene poder sin su *cultish*, pero es consciente de que el lenguaje también es lo que hace que el grupo sea calificado como un culto peligroso. Por ello, para mantenerse lo más clandestina y protegida posible, la Iglesia posee una serie de derechos de autor sobre sus escritos, su terminología, sus nombres e incluso sus símbolos. Litigiosa a un nivel infame, la cienciología a menudo entierra a los forasteros y a los desertores que comentan o satirizan su lenguaje de una forma demasiado pública (ups) bajo demandas infundadas y amenazas metafísicas que

---

* Raniere, sin embargo, carecía de la visión de Hubbard, y fue atrapado y acusado de crimen organizado y tráfico sexual mucho antes de que pudiera construir un imperio al nivel del de la cienciología. En 2018, el abogado y especialista en religión Jeff Trexler comentó en *Vanity Fair*: «No todos [los aspirantes a "líderes de un culto"] tienen el mismo nivel de talento [que] L. Ron Hubbard (...). [Él] era un maestro». No tanto un «movimiento» como un esquema piramidal fallido, NXIVM era como «el Amway del sexo», bromeó Trexler. (Aunque yo diría que el gigante del *marketing* multinivel Amway supone una amenaza mayor para la sociedad que NXIVM. Hablaremos sobre ello en la parte 4).

afirman que exponer los oídos no entrenados a la mera charla de Xenu y otros conceptos de alto nivel de la cienciología traerá un «daño espiritual devastador y cataclísmico».

Hablando por teléfono con Cathy, le dije que no recordaba que el señor Traje Azul hubiera hablado de monarcas galácticos malvados o de «thetanes» durante mi experiencia en el cuartel general de la cienciología aquel verano en Los Ángeles.

—Hombre, claro que no —respondió—. No te inician con esas cosas. Te perderían. Si me hubieran hablado de los extraterrestres cuando llegué allí, me habría ido y me habría ahorrado mucho dinero.

Por esta razón, los cursos introductorios de la cienciología (los que te enseñan a superar los altibajos de la vida, o comunicación) son todos bastante amplios y se imparten en un inglés sencillo. Para facilitar la entrada en la ideología, la lengua vernácula se va introduciendo poco a poco.

—Empiezan acortando muchas palabras —me explicó Cathy.

De hecho, el léxico de la cienciología está repleto de acrónimos y abreviaturas de carácter interno [85]. Si una palabra se puede acortar, lo hacen: *ack* (*acknowledgment*), *cog* (*cognition*), *inval* (*invalidation*), *eval* (*evaluation*), *sup* (*supervisor*), *tech* (*technology*), *sec* (*security*)*, *Factor R* (factor de realidad), E-Metro (electropsicómetro), OSA y RFP (partes de la organización), TR-L y TR-1 (rutinas de entrenamiento), PC, SP, PTS, y así hasta la saciedad.

Pasa diez o veinte años comprometido con la Iglesia, y tu vocabulario se verá reemplazado en masa por el hubbardés. Echa un vistazo a este diálogo, un ejemplo de una conversación totalmente plausible entre cienciólogos [86] que Margery Wakefield compuso

---

* N. de la T.: Por orden, su significado en español sería «reconocimiento», «conocimiento», «invalidación», «evaluación», «supervisor», «tecnología» y «seguridad».

para su libro *Understanding Scientology*, publicado en 1991. Las traducciones (hechas por una servidora) están entre corchetes.

Dos cienciólogos se encuentran en la calle.

—¿Cómo te va? —le pregunta uno al otro.

—Bueno, a decir verdad, he estado un poco out ruds [rudiments; cansado, hambriento o molesto] debido a un PTP [problema de tiempo presente] con mi segunda dinámica [pareja romántica] a causa de alguna carga desviada[87] [vieja energía negativa que ha resurgido] que tiene que ver con mi MEST [Materia, Energía, Espacio y Tiempo, algo en el universo físico] en su apartamento. Cuando me mudé le di un Factor R [factor de realidad, que le lean la cartilla] y pensé que estábamos en ARC [afinidad, realidad y comunicación; un buen estado] al respecto, pero últimamente parece que se ha vuelto un poco PTS, así que le recomendé que viera al MAA [un funcionario de la Organización del Mar] en la AO [Organización Avanzada] para soplar un poco de carga [deshacerse de la energía de los engramas] y aceptar su ética [poner en orden toda tu mierda de la cienciología]. Le dio una opinión [evaluación de la auditoría] para F/N [floating needle, señal de una auditoría completada] y VGI [indicadores muy buenos], pero ella hizo una montaña rusa [un caso que mejora y empeora], así que creo que hay un SP en alguna parte de sus líneas [medidas de auditoría y entrenamiento]. Intenté auditarla yo mismo, pero tenía una dirty needle [una lectura irregular del E-Metro] (...) y estaba actuando muy 1.1 [hostilidad encubierta], por lo que al final la envié a la División de Cualificaciones para que detectara la entheta en sus líneas [algo que ocurre si has consumido black PR hace poco]. Más allá de eso, está todo bien...

Al principio, aprender esta terminología privada hace que los hablantes se sientan, bueno, guais.

—Al comienzo era muy divertido… o «theta», como decíamos —me dijo Cathy, refiriéndose al término de argot de la cienciología para «impresionante». ¿A quién no le gusta un lenguaje secreto?—. Te hacía sentir superior, ya que disponías de estas palabras que otras personas no tenían, y te esforzabas por entenderlas.

No solo los líderes de los cultos religiosos utilizan el lenguaje para impregnar a los seguidores de un falso sentido de elitismo, sino que he observado una retórica similar a la de «nosotros contra ellos» en ámbitos más cultistas de mi propia vida. Durante unos años trabajé como redactora en una revista de moda *online* elitista, y una de las primeras cosas que noté sobre mis nuevos y elegantes compañeros fue que hablaban casi por completo con abreviaturas inescrutables (o *abrevs*). Incluso inventaban abreviaturas que tardaban en pronunciar exactamente lo mismo que las palabras completas (por ejemplo, siempre se referían al sitio web «The Ritual» como «T. Ritual»), solo porque sonaba más exclusivo, más difícil de entender para la «gente que no era guay». Para mí, estaba claro que este lenguaje servía como sistema de detección para identificar a los de dentro y a los de fuera. Y era una forma de ganar control, de persuadir a los subordinados para que aprendieran la jerga, para que se conformaran, lo cual hacían con entusiasmo con la esperanza de que los «eligieran» de cara a oportunidades especiales y ascensos.

En la cienciología era difícil ver cómo unos pocos acrónimos divertidos podían causar mucho daño. Sin embargo, bajo la superficie, estos acortamientos de palabras tenían la función deliberada de oscurecer la comprensión. En cualquier campo profesional, la jerga especializada suele ser necesaria para intercambiar información de forma más sucinta y específica; hace que la comunicación sea más clara. Pero, dentro del ámbito de los cultos, la jerga tiene justo el efecto contrario, ya que hace que los interlocutores se sientan confundidos e intelectualmente deficientes. De esa manera, se conforman.

Esta confusión forma parte del gran truco. Sentirse tan desorientado como para dudar del propio lenguaje que has estado hablando toda tu vida puede hacer que te comprometas aún más con un líder carismático que promete mostrarte el camino. «Queremos darle sentido a la realidad y utilizamos las palabras para darnos una explicación de lo que ocurre», explica Steven Hassan. Es angustiante cuando tu medio de narración se ve amenazado. Por naturaleza, las personas son reacias a niveles tan altos de conflicto interno. En estados de confusión, confiamos en las figuras de autoridad para que nos digan lo que es verdad y lo que tenemos que hacer para sentirnos seguros.

Cuando el lenguaje funciona para hacer que te cuestiones tus propias percepciones, ya sea en el trabajo o en la iglesia, es una forma de *gaslighting*. Conocí este término en el contexto de las parejas románticas abusivas, pero también aparece en las relaciones a mayor escala, como las que se dan entre los jefes y sus empleados, los políticos y sus partidarios, los líderes espirituales y sus devotos. En general, el *gaslighting* es una forma de manipular psicológicamente a alguien (o a muchas personas) para que duden de su propia realidad como un modo de obtener y mantener el control. Los psicólogos coinciden en que, aunque este tipo de manipuladores parezcan seguros de sí mismos, suelen estar motivados por una inseguridad extrema, que es la incapacidad de autorregular sus propios pensamientos y emociones. A veces ni siquiera son ciento por ciento conscientes de que están manipulando. Sin embargo, en el caso de los cultos, suele ser un método deliberado para socavar los fundamentos de la verdad de tal manera que los seguidores lleguen a depender totalmente del líder para saber en qué creer.

El término *gaslight*, o «luz de gas», tiene su origen en una obra de teatro británica de 1938 del mismo nombre en la que un marido abusivo convence a su mujer de que se ha vuelto loca. Lo hace, en parte, atenuando las luces de gas de su casa e insistiendo en que ella está delirando cada vez que señala el cambio. Desde la década de 1960, el término *gaslighting* se utiliza en las conversaciones del día a día para describir a una persona que intenta engañar a otra para que desconfíe de sus experiencias totalmente válidas*. «El *gaslighting* a veces ocurre cuando se usan las palabras de manera que la gente no llegue a entenderlas del todo», explica la socióloga Eileen Barker. «Se confunden, se sienten tontos. A veces las palabras pueden significar justo lo contrario de lo que se cree que significan. Los grupos satánicos hacen esto, pues el mal significa el bien, y el bien, el mal». El lenguaje cargado y los clichés que terminan con el pensamiento (como la frase «¿por qué no estás de acuerdo con eso?» de Shambhala) pueden hacer que los seguidores hagan caso omiso de sus propios instintos. Según Barker, «las palabras pueden hacer que no sepas muy bien dónde estás».

En la cienciología, la forma más exótica de *gaslighting* aparece, con diferencia, en un proceso llamado Word Clearing. No podía creer lo que veían mis ojos la primera vez que leí sobre este confuso ejercicio, a través del cual un seguidor despoja su vocabulario de lo que la Iglesia llama «palabras malentendidas» o MU. «Según la doctrina de la Iglesia, la razón por la que todos los que estáis leyendo este ensayo no estáis sentados en una sala de cursos de la cienciología en este momento es porque tenéis MU», escribió el

---

* Aunque he encontrado que, en las redes sociales en particular, a veces se lanza *gaslighting* de cualquier manera (por ejemplo, para dramatizar simples malentendidos en los que no hubo manipulación), lo cual es una pena, ya que el significado de la palabra es específico y muy útil a la vez.

excienciólogo Mike Rinder para su blog [88]. «La tecnología de LRH es impecable y no debe ser cuestionada; todo lo que escribió es fácil de entender y tiene perfecto sentido. Si algo no se puede entender, es simplemente porque una persona se saltó una MU».

Al leer la bibliografía de la cienciología durante un curso o una sesión de auditoría, un miembro debe demostrar que ha entendido cada palabra del texto al completo según las normas de la Iglesia. Para ello, debe tomar un diccionario aprobado por la cienciología (la cienciología respalda a unas pocas editoriales) y buscar cada MU que vea. Si aparecen nuevas MU en la entrada de la MU original, hay que buscarlas también —un temido proceso llamado «cadena de palabras»— antes de poder seguir leyendo. Desde el término polisilábico más desconocido hasta la preposición más pequeña*, cada MU debe pasar por ese proceso de Word Clearing. Si encuentras una MU y sigues sin poder despojarte de ella, deberás buscar su derivación, usarla en una frase y luego esculpir con plastilina una demostración física de la frase. Estos agotadores pasos son parte de Study Tech, la metodología de enseñanza de Hubbard.

¿Cómo decide un auditor que has entendido mal una palabra? Los signos reveladores pueden ser el desinterés o el cansancio (bostezos, tal vez) y, desde luego, la impugnación de algo que has leído. En una ocasión, Cathy cayó en un horrible proceso del Word Clearing mientras leía el libro *Science of Survival*. En él, había un capítulo que condenaba la homosexualidad.

---

* En realidad, la cienciología ofrece todo un curso de nivel superior con el extravagante título «Key to Life», en el que todos los fundamentos gramaticales, como las conjunciones, los determinantes y las palabras de una sola letra, tienen que pasar por el proceso del Word Clearing. «¿Te imaginas tener que buscar la palabra *de*?», me preguntó Cathy. (Como lingüista, en realidad podría, sí, aunque es verdad que no en los términos de la cienciología). Graduarse en la Key to Life está considerado algo sumamente prestigioso, solo porque has invertido muchas horas de aburrimiento extremo en la Iglesia.

—Yo les dije que no lo entendía, así que me hicieron hacer el proceso con todas las palabras hasta que acabaron enviándome a Ética porque no estaba de acuerdo —recuerda. Todo el proceso fue caro y derrotista—. ¿Te imaginas? —continuó Cathy—. Estás en un curso y tienes que estar allí una o dos tardes a la semana, y te atascas en una palabra que te lleva las tres horas enteras para poder despojarte de ella. Llega un momento en el que no quieres cuestionar las cosas. Te quedas en plan: *Repásalo y ya está. Muéstrate de acuerdo con ello y ya está.*

V

Personalmente, cuando pienso en el lenguaje religioso de los cultos, no pienso ni en acrónimos extravagantes, ni en mantras, ni en el Word Clearing. Pienso en una única cosa: hablar en lenguas desconocidas.

Esta práctica me ha perseguido y he sentido una curiosidad desesperada por entenderla desde que tenía catorce años y vi por primera vez el documental *Jesus Camp, soldados de Dios*. Fue grabado en Dakota del Norte y retrata un campamento de verano pentecostal donde los niños pequeños aprenden a «recuperar Estados Unidos para Cristo». Mis padres alquilaron el DVD a finales de 2006 y lo vi dos veces, una detrás de otra, mirando fijamente como loca solo para asegurarme de que no me había imaginado a esos adultos que predicaban los males de la evolución, de la escuela pública, de Harry Potter, de la homosexualidad y del aborto ante niños que apenas tenían edad para leer. En una escena, un sudoroso predicador de unos cincuenta años repite una cita de la película *Dr. Seuss' Horton Hears a Who*, «una persona es una persona por pequeña que sea», mientras pronuncia un sermón en contra del aborto con tal peso emocional que hace llorar a los jóvenes campistas. El predicador pide a los niños que se unan a él en un rugiente canto: «Jesús, imploro tu sangre sobre mis pecados y los de mi nación. Dios, acaba con el aborto y envía el renacimiento a Estados Unidos». Los anima a exigirle a Dios que alce jueces justos para anular el caso «Roe contra Wade». Los niños se agolpan alrededor del predicador gritando: «¡Jueces justos! ¡Jueces justos!». El predicador les pone en la boca una cinta roja con la palabra «vida», y los pequeños dejan sus palmas suspendidas en el aire, suplicando.

Si bien es cierto que todo esto fue muy interesante para mi yo de catorce años, mi parte favorita de la película fue cuando los niños hablaron en lenguas desconocidas. Los especialistas suelen utilizar el término «glosolalia» para describir esta práctica en la que una persona emite sonidos ininteligibles durante estados de intensidad religiosa, que parecen aproximarse a palabras de algún idioma extranjero. La glosolalia es común en ciertas sectas cristianas como el pentecostalismo, así como en grupos religiosos más fríos y controvertidos como el Camino Internacional.

La glosolalia suele considerarse un don celestial. Los creyentes sostienen que las «palabras» que salen de la boca del orador proceden de un lenguaje angélico o sagrado antiguo que luego «traduce» otra persona, ya que la interpretación es un don aparte.

—Lo interesante es la reacción que tiene la persona que habla glosolalia ante la traducción, porque a veces se nota que no le gusta lo que dice el traductor, pero sigue adelante de todos modos —comenta Paul de Lacy, lingüista de la Universidad de Rutgers y uno de los únicos estudiosos de la glosolalia moderna.

Lo que investigadores como De Lacy han descubierto es que las palabras que produce un hablante de glosolalia no son en realidad tan extrañas. No son palabras que se encuentren en un diccionario, pero suelen seguir las mismas reglas fonéticas y fonológicas que la lengua materna del orador. Así, pues, no es probable que alguien que hable glosolalia y cuya lengua materna sea el inglés comience una palabra con el grupo consonántico /dl/, ya que este sonido no existe en inglés (aunque sí en otras lenguas, como el hebreo). Tampoco se oiría nunca, por ejemplo, a un búlgaro utilizar una /r/ rótica americana mientras habla glosolalia. Y uno de Yorkshire no dejaría caer de repente hasta el último rasgo de su acento inglés del norte al hablar en lenguas desconocidas.

La glosolalia es una práctica basada en la fe, por lo que no se puede decir qué es de verdad desde el punto de vista científico. Pero lo que hace la glosolalia está claro. «La función principal de la glosolalia es la solidaridad grupal», explica De Lacy. «La persona demuestra que forma parte del grupo». Otros datos científicos revelan que hablar en lenguas desconocidas simplemente se siente bien, pues es el equivalente lingüístico de sacudir el cuerpo como una manera de dejarse llevar. Un informe de 2011 del *American Journal of Human Biology* descubrió que la glosolalia estaba asociada a la reducción del cortisol y al aumento de la actividad de la enzima alfa-amilasa, dos signos típicos del descenso del estrés[89]. También se ha encontrado que aminora las inhibiciones y aumenta la confianza en uno mismo, lo cual también es un efecto secundario del canto religioso. (Un pequeño estudio realizado en 2019 en Hong Kong descubrió que, en comparación con los cánticos y los estados de reposo no religiosos, los cánticos budistas generaban una actividad cerebral y cardíaca asociada a la falta de autoconciencia y a una sensación de felicidad trascendente[90]).

De forma aislada, la glosolalia técnicamente no tiene nada de peligroso, pero en la práctica presenta un lado siniestro. A mediados de la década de 1970, John P. Kildahl, psicólogo y autor de *The Psychology of Speaking in Tongues,* observó que la glosolalia parecía provocar una mayor intensidad de la fe[91]. Esto era cierto, sobre todo cuando la primera vez que una persona hablaba en lenguas desconocidas tenía lugar justo después de un periodo de intenso trauma personal (lo que, según Kildahl, era un caso que se daba bastante a menudo). Cuando al primer episodio de glosolalia lo acompañaba un cambio de vida trascendental, con frecuencia se formaba un sentido de dependencia de la experiencia. «Casi como una razón de ser», dijo Kildahl. Es decir, la glosolalia puede provocar un potente evento de conversión.

Por múltiples razones, hablar en lenguas desconocidas puede hacer que una persona sea bastante sugestionable. Christopher Lynn, uno de los autores del estudio del *American Journal of Human Biology*, determinó que la glosolalia es básicamente una forma de disociación[92], un estado psicológico en el que las áreas de la conciencia están separadas. Con la disociación, los comportamientos o las experiencias de una persona parecen suceder por sí solos, no pueden controlarlos, como si estuvieran en trance. Existe un amplio espectro de lo que los especialistas pueden clasificar como disociación, desde los casos graves de trastorno de identidad disociativo hasta los sentimientos comunes de desapego, como buscar el teléfono por todas partes cuando lo tienes en la mano o desconectar mientras miras una hoguera. No obstante, la disociación también puede presentarse como un autoengaño en el que las apariencias de la conciencia parecen reales a pesar de que lo contrario es evidente. Bajo la presión de un líder malintencionado, la glosolalia puede comprometer la capacidad de un hablante para desentrañar la abrumadora experiencia metafísica que parece estar teniendo por la influencia del gurú.

A fin de cuentas, la glosolalia es un poderoso instrumento emocional —la forma definitiva del lenguaje cargado— y algunas altas esferas religiosas, claro está, se aprovechan. El Camino Internacional, un grupo cristiano evangélico violento y controlador, es famoso por enseñar a sus miembros que todo verdadero creyente puede y debe hablar en lenguas desconocidas, ya que es la «única prueba visible y audible de que una persona ha vuelto a nacer». Una exintegrante anónima rememoró para el blog *Yes and Yes* una experiencia traumática relacionada con la glosolalia que tuvo lugar en su niñez. En sus propias palabras: «Cuando tenía doce años se me exigió que hablara en lenguas desconocidas delante de todos, y era tan tímida que no podía hacerlo. El hombre que daba la clase (...) puso su cara muy cerca de la mía y básicamente me intimidó para que hablara en lenguas desconocidas»[93]. Los padres de la niña observaron el desarrollo de la interacción desde el otro lado de la habitación, aturdidos por la disonancia cognitiva. «Estaba llorando», continuó. «Tenía al hombre a centímetros de mi cara (...) usando el lenguaje del amor de la manera más aterradora e intimidante».

Pongámonos en el caso de que eres un niño como lo fue esta superviviente del Camino Internacional o uno de los niños de *Jesus Camp* que creció en un entorno religioso opresivo y solo conocía su idioma. Uno podría pensar que estos jóvenes estaban condenados; si el «lavado de cerebro» fuera real para alguien, tenía que ser para los niños influenciables. Pero la verdad es que todavía es muy posible desarrollar un sentido de la duda, incluso cuando se es muy pequeño y se carece de acceso o permiso para describirlo.

Basta con mirar a Flor Edwards. Ahora escritora de treinta años, Flor se crio en uno de los cultos cristianos del día del juicio final más notorios de la historia moderna, Niños de Dios, lo cual documenta en sus memorias: *Apocalypse Child*. El grupo, que posteriormente pasó a llamarse Familia Internacional (por razones de «marca»), fue fundado en California en 1968. Su líder, David Berg, conocido como Padre David, ordenó más tarde a sus seguidores que se trasladaran a los países en vías de desarrollo con la creencia de que las naciones occidentales serían «las primeras en arder en el fuego del infierno». Junto con sus padres y once hermanos, Flor pasó la mayor parte de su infancia en los años ochenta en Tailandia[94].

La Familia Internacional es quizá más conocida por su inquietante circunvalación del cristianismo, el amor y el sexo. Como parte de su dogma, Berg decretó que un seguidor masculino adulto podía tener relaciones sexuales con cualquiera, incluso con niñas menores de edad, una regla que bautizó con el eufemismo «Ley del Amor». La Familia Internacional también era infame por su característica práctica del *flirty fishing*. Aliterado y de sonido inocente, *flirty fishing* podría ser el nombre de un juego del iPhone. En cambio, era un mandato para que las integrantes femeninas reclutaran a los hombres a la Iglesia seduciéndolos a través del sexo.

—Los medios de comunicación se refieren ahora a ello como «prostitución por Jesús» —me dijo Flor en una entrevista, con una leve irritación en la voz—. Hay un versículo en la Biblia que dice: «Venid en pos de mí, y os haré pescadores de hombres». Es cuando Jesús llama a sus discípulos para que, supongo, dejen las redes y lo sigan. —Sin embargo, Berg, que se consideraba un intérprete profético, decidió que el versículo significaba que las mujeres debían salir y usar sus cuerpos para «pescar hombres». En la Familia Internacional, «Dios es amor, el amor es sexo» era un lema que todo el mundo conocía.

Esta yuxtaposición de salacidad y religión resultaba radical para el rebaño de mentalidad *hippie* de Berg.

—Decía palabrotas. Era muy informal. No era del tipo que decía: «Mis queridos seguidores, me gustaría dedicar un momento a dirigirme a… bla, bla, bla» —describió Flor. La firme postura anticapitalista y antieclesiástica de Berg resonó en muchos aspirantes espirituales de los años setenta, quienes admiraban su filosofía de que el cristianismo necesitaba un cambio de imagen y que la nueva Iglesia debía reemplazar a la antigua—. Al igual que una vieja esposa necesitaba ser reemplazada por una nueva —relató—.

Decía literalmente que éramos la novia nueva, joven y sexy, para Jesús.

Esta era la atmósfera lingüística en la que Flor llegó a la mayoría de edad, y, sin embargo, era capaz de resistirse a ella, al menos en su cabeza.

—Nací en el seno de la Familia Internacional, pero había una parte de mí que siempre sospechaba, aunque no se me permitía expresarlo —dice. ¿De dónde venían sus sospechas?—. De mi instinto —me respondió—. A veces era solo la lógica, en plan, *espera, ¿dices esto, pero luego hacemos lo otro? ¿Por qué tenemos que escondernos todo el tiempo? ¿Por qué tenemos que fingir que estamos en clase?* Pero, en realidad, el instinto más grande era el de proteger a mis hermanos. Cuando veía que los trataban de cierta manera, sabía que no estaba bien. No deberían disciplinarte cuando tienes seis meses. No deberían entrenarte para ser «prostitutas de Dios para Jesús» cuando eres tan joven. Da igual cómo lo llames.

Así, pues, si bien es cierto que no todos los que se unen y permanecen en una religión abusiva son problemáticos o poco inteligentes, no deja de ser verdad que acabar metido hasta las orejas en ese tipo de dilema relacionado con los cultos no le puede pasar a «cualquiera». En la parte 4, aprenderemos más sobre por qué algunas personas tienen instintos como los de Flor y otras no.

VI

He oído la expresión «frikis sexuales» para describir a las personas que tienen algún fetiche, como los pies, los látigos y ese tipo de cosas. Se puede considerar a esta gente como «frikis» porque lo que en realidad hacen es experimentar en los rincones de la cultura sexual que podrían no ser considerados guais o glamurosos desde el punto de vista convencional. De forma análoga, me gusta pensar en ciertos tipos de cultos religiosos como «frikis espirituales». Son las personas que se interesan por teorías teológicas específicas que otros no conocen, que se sumergen en un viaje para encontrar el propósito de su vida y que están dispuestas a buscar más allá de lo convencional para hallarlo.

—Siempre he sentido curiosidad por la periferia de la sociedad —me dijo Abbie Shaw, la exintegrante de Shambhala—. Crecí en una familia privilegiada, en una sinagoga tradicional, en una gran ciudad. Ahora soy budista y trabajo en Skid Row.

No hay nada intrínsecamente malo en el frikismo espiritual. Explorar diferentes sistemas de creencias, no dar por sentado nada de lo que has aprendido en la escuela dominical y tomar tus propias decisiones es lo que muchos jóvenes del siglo XXI ya están haciendo en mayor o menor medida. Como dijo Abbie: «Llevaba mucho tiempo buscando antes de Shambhala. Me presenté y pensé: "Vamos a ver adónde me lleva esto"». Pero Abbie sigue luchando contra la fe incuestionable que tuvo que poner en sus maestros.

A veces se acuerda de un canto que tenía que recitar a diario: «la súplica por el Sakyong»[95]. Este reforzaba la interminable devoción de los miembros hacia su líder, el sucesor de Trungpa, pidiéndole a Buda que prolongara su vida. Abbie siempre tuvo sentimientos encontrados hacia el Sakyong, y se resistió a esta obligación de exaltarlo mediante rituales. Al mismo tiempo, amaba a su comunidad lo suficiente como para asumir lo mejor y seguir adelante. Echando la vista atrás, la perturba lo mucho que se prolongó su confianza.

—Nunca debieron ser dos años de mi vida —confesó.

Siguiendo con la metáfora de los fetiches, solo hay una manera de tener una experiencia constructiva y no traumatizante con los látigos y el *bondage*, y es con un componente clave en la mano: el consentimiento. Tienes que tener una palabra de seguridad para que tu pareja sepa exactamente cuándo quieres parar. Básicamente, los fetiches no funcionan sin esto. Por muy metafórico que parezca, también necesitas una palabra de seguridad en el caso de la religión. Cuando se experimenta con la fe y las creencias, tiene que haber espacio para hacer preguntas, expresar tus inquietudes y buscar información externa, tanto al principio como al final de la afiliación.

—Lo más importante es recordar que, si algo es legítimo, hará frente al escrutinio —me dijo Steven Hassan.

En 2018, Abbie ya había decidido dejar Shambhala cuando surgió un bombazo informativo. Ese verano, *The New York Times* publicó una serie de graves informes que acusaban al Sakyong de agresión sexual[96]. Un grupo de mujeres que habían pertenecido a Shambhala se unió para presentar sus testimonios no solo sobre el Sakyong, sino también sobre algunos profesores de alto rango.

—Fue surrealista ver cómo se desmoronaba toda la comunidad —aseguró Abbie tras soltar una exhalación pensativa.

Poco después de la controversia, Abbie se escabulló con discreción de Vermont. Sin llegar al punto de la cienciología a lo largo del continuo de la influencia, los costes de la salida de Shambhala no amenazaron su seguridad física ni diezmaron su vida; en cierto modo, su salida se sintió anticlimática, como un globo que cae al suelo. Se trasladó a Los Ángeles para cursar un máster en trabajo social, y ahora practica una forma menos jerárquica de budismo. Abbie asiste a diversos grupos de meditación y luego se va a su propio apartamento, el cual comparte con tres compañeras («Así sigo manteniendo el aspecto comunitario», comentó mientras se reía). Tiene un minialtar en su habitación y a veces recurre en privado a las enseñanzas que aprendió en Vermont.

—Intento adoptar lo que me gusta y dejar a un lado el resto —explica—. Todavía estoy tratando de averiguar qué debo pensar con respecto a todo lo que pasó.

Cathy Schenkelberg también se adentra en la espiritualidad alternativa, manteniendo una distancia sana con la cienciología y con sus relaciones de aquella época. Después de dejar la organización, tuvo que reemplazar a todas las personas de su vida —sus amigos, su agente, su representante, su contable, su dentista, su quiropráctico—, porque todos estaban en la Iglesia. Pero, a veces, cuando menos se lo espera, Cathy escucha un término de la cienciología por ahí, y esas punzadas de paranoia que sintió durante tantos años de repente se agitan en su sistema nervioso.

—Tengo una reacción visceral cuando mis compañeros excienciólogos utilizan la terminología. Para mí es un trastorno de estrés postraumático —confesó Cathy—. Digo: «Por respeto, ¿podrías no usar el lenguaje de la cienciología? Me molesta». Aquí, usaré una palabra: me enturbia.

Mi antigua compañera de la cienciología, Mani, y yo no nos hemos visto mucho desde nuestro «secuestro» con el test de personalidad hace casi diez años, pero me puse en contacto con ella en cuanto empecé a escribir este capítulo. Todavía está en Los Ángeles trabajando como actriz. Me di cuenta de que nunca había recibido su opinión sobre los acontecimientos que tuvieron lugar aquel día. Empecé a temer que mi amígdala hubiera caricaturizado el recuerdo y que ella lo hubiera olvidado hace tiempo. Le mandé el siguiente mensaje de texto:

¿Alguna vez piensas en aquella experiencia?

Su respuesta llegó rápido y en mayúsculas.

TODO EL TIEMPO.

Mi recuerdo más cristalino de la prueba fue la inexplicable calma y resistencia de Mani. Se limitó a seguir con el tema, alegre, durante horas, como si se hubiera entregado de lleno a interpretar un papel melodramático, mientras que yo, la aguafiestas, le rogaba que lo dejara. Sin embargo, Mani recuerda que estaba mucho más angustiada. Volvió a mandarme otro mensaje.

Recuerdo cómo nos separaron. Recuerdo que una mujer me dijo (severamente) que sería muy rápido (no lo fue), que no tuviera miedo de ser sincera conmigo misma, ya que era la única manera de que pudieran evaluar adecuadamente lo que yo necesitaría, y que «mi amiga y yo volveríamos a estar juntas antes de que nos diéramos cuenta».

Mani reveló que en la última década ha tenido otros encuentros con la cienciología que han sido más aterradores. Pero nuestro test de personalidad fue «la verdadera introducción».

Supongo que, para los aspirantes a actores de Los Ángeles o los soñadores de cualquier lugar, en realidad son una especie de gajes del oficio. Tanto si se busca la iluminación espiritual, la salvación eterna o un nivel de renombre tan poderoso como el de Tom Cruise para convertirse en un dios en la Tierra, dedicar la vida a algo tan gigantesco que el propio cielo está en juego requiere grandes riesgos, duros compromisos y una intensa suspensión de la realidad para creer que es posible. Así de grande es lo que está en juego. En algunos casos, se sale a las pocas horas un poco conmocionado; en otros, se pierde todo. Pero siempre hay una historia.

En cuanto recuperas tu idioma, puedes contarla.

PARTE 4
¿QUIERES SER UNA
#BOSSBABE?

I

Las rosas son rojas.
El dinero es verde.
El sueño americano
es una estafa piramidal.

¡Hola! Me encantan tus *posts*. ¡¡Tienes una energía TAN divertida!! ¿Has pensado alguna vez en convertir esa energía en un negocio paralelo?[97] Déjame hacerte una pregunta ;) Si hubiera un negocio en el que pudieras trabajar a tiempo parcial desde casa, pero ganarte la vida a tiempo completo, ¿te interesaría? Porque eso es lo que yo he estado haciendo. Algunas personas se muestran súper cerradas ante este tipo de cosas, lo que limita sus oportunidades, pero tú pareces abierta a cosas nuevas, ¡¡que es exactamente lo que se necesita para tener éxito!! ¿Te gustaría saber más? ¿Podría llamarte en algún momento esta semana? Es demasiado como para escribirlo *lol*.

Mi número es xxx-xxx-xxxx, ¿y el tuyo? ¡Estoy deseando que me contestes, *boss babe**! Besos y abrazos.

---

* N. de la T.: Término usado para definir a una mujer independiente y segura de sí misma que está a cargo de su propia vida y que no pide perdón por ser como es. En el uso coloquial, también hace referencia a esa mujer que finge poseer un negocio o ser una vendedora y que no para de subir publicaciones a sus redes sociales en las que habla de productos que te cambiarán la vida relacionados con algún MLM o alguna estafa piramidal.

Estoy metida de lleno en una de esas miserables juergas de Facebook —un agujero de gusano un poco de persona acosadora en el que, de repente, acabo bastante involucrada en lo que alguien que ni siquiera conozco llevó al baile de graduación en 2008— cuando unos cuantos clics rebeldes me llevan a un *post* que nunca pensé que vería: Becca Manners, de la escuela secundaria, está intentando vender una estafa para perder peso a sus 3.416 «amigos».

Conocí a Becca, la adolescente más segura de sí misma de todo el condado de Baltimore, en los ensayos de nuestro musical de séptimo curso. Becca y yo forjamos lazos a raíz de un chiste verde y nos mantuvimos unidas hasta el duodécimo curso. Ignoramos el código de vestimenta de la escuela, cantamos juntas a Alanis Morissette a gritos en el coche, tuvimos un millón de fiestas de pijamas, y ahora aquí estamos, con veintisiete años y cuatro mil trescientos kilómetros de distancia, juzgando la vida de la otra en las redes sociales. Becca y yo llevamos sin hablar casi una década, pero mis periódicas incursiones en Internet me dicen que está casada y sobria, que vive cerca de sus padres y que quiere que todos sus amigos de Facebook, incluida yo —que actualmente estoy en Los Ángeles, tragándome un cóctel excesivamente caro y una ráfaga del humo que emana del tubo de escape de un coche—, le pregunten sobre su nueva oportunidad de negocio de #bienestar.

Estamos a principios de verano cuando empiezan a inundar mi *feed* de Instagram las fotos en las que aparece mi antigua amiga sentada junto a bolsas de azúcar, para representar los kilos que ha perdido con rapidez. Todas las fotos van acompañadas de subtítulos vagos como «¡Me siento increíble y mi viaje acaba de empezar! #resultadosinyecciónazúcar». Nunca dice exactamente cuál es el producto o para quién trabaja, pero solo por cómo va actualizando su estado con frases vagamente inspiradoras, signos de exclamación forzados y *hashtags* nebulosos, puedo decir que no podría ser otra cosa que el alegre dialecto de las ventas directas.

Vaya, otra que muerde el polvo.

Le envío un mensaje de texto a mi mejor amiga actual, Esther, que creció en Florida y puede nombrar a una decena de excompañeros de instituto a los que ha absorbido el mismo «culto» que ha captado a Becca, el culto del *marketing* multinivel.

El marketing multinivel, el *network marketing*, el marketing relacional, la venta directa... Hay al menos media docena de sinónimos para los MLM (siglas de marketing multinivel), el hermano legal de las estafas piramidales. Los MLM, a la vez pilares del capitalismo occidental pero relegados a los márgenes de nuestra población activa, son organizaciones de pago y reclutamiento impulsadas no por empleados asalariados, sino por «afiliados». Se trata de marcas de belleza y «bienestar» fundadas en su mayor parte por mujeres blancas, cuyas reclutas venden productos excesivamente caros (desde cremas faciales hasta aceites esenciales y suplementos dietéticos) a sus amigos y familiares, al tiempo que intentan que esos clientes se conviertan en vendedores. Los discursos de los MLM siempre siguen un guion similar, pues hablan de una «oportunidad única en la vida» para ser la *boss babe* que realmente eres, «empezar tu propio negocio» y «obtener ingresos a tiempo completo trabajando a tiempo parcial desde casa», para conseguir la «independencia económica» que siempre has deseado. Los MLM estadounidenses se cuentan por cientos; Amway, Avon y Mary Kay están entre los más reconocidos, junto a Herbalife, Young Living Essential Oils, LuLaRoe[98], LipSense, dōTERRA, Pampered Chef, Rodan + Fields, Scentsy, Arbonne, Younique y la emblemática Tupperware[99].

Cuando me imagino a la típica recluta de MLM, pienso en mujeres como Becca, es decir, shiksas de clase media de mi escuela secundaria que se quedaron en nuestra ciudad natal (o se mudaron a Florida... Siempre a Florida), se casaron jóvenes, tuvieron bebés poco después y pasaron una impresionante suma de horas en Facebook. Al cabo de uno o varios años de ser madres y amas de casa, se ven arrastradas a vender los sueros viscosos de Rodan + Fields, los *leggings* finos como el papel de LuLaRoe o algo similar (lo que sea, lo he visto en mi inicio de Facebook). La mayoría de los MLM están dirigidos a esposas y madres que no trabajan, y esto es así desde los albores de la industria moderna de la venta directa en la década de 1940. La publicidad de las ventas directas siempre ha recurrido a las palabras de moda del momento, relativas al «empoderamiento femenino». Mientras que el lenguaje de reclutamiento de los MLM de mediados de siglo prometía que Tupperware era «lo mejor que les ha pasado a las mujeres desde que consiguieron el voto», en la era de las redes sociales se juega con la jerga falsamente inspiradora del feminismo mercantilizado de la cuarta ola.

El lenguaje moderno del MLM se define por el tipo de citas concisas y alentadoras que podrías encontrarte impresas en Pinterest en la clásica letra cursiva de las invitaciones de boda: «Tú puedes, *boss babe*»; «Canaliza tu *#girlboss* interior»; «Construye un imperio femenino»; «Sé una mamá emprendedora»; «¡¡Trabaja desde casa para que puedas ganar dinero como la SHE-E-O* que eres, sin tener que dejar a tus hijos!!». En un primer momento, estas frases funcionan para enamorar a las vendedoras potenciales; luego, con el tiempo, acaban llenas del peso del sueño americano, lo cual

---

* N. de la T.: Acrónimo de State Higher Education Executive Officers; hace referencia a una mujer que es directora ejecutiva.

condiciona a las seguidoras a creer que «renunciar» al negocio significaría renunciar al propósito de su vida. Al principio, las vendedoras directas presentaban sus baratijas sobrevaloradas y con olor a productos químicos en persona, mediante demostraciones o «fiestas» que organizaban en casa. Sin embargo, hoy en día muchas mujeres optan por la nueva escuela y exhiben sus productos en las redes sociales, mientras que, por su parte, sus antiguos y mordaces compañeros de clase sienten vergüenza ajena cuando lo ven en las redes sociales. Mi mejor amiga, Esther, es una superviviente de linfoma de Hodgkin de veintiséis años que publica mucho sobre la vida sin cáncer e irradia la clase de positividad consciente en cuanto a la salud que muchos MLM disfrutan explotando. Recibe uno o dos mensajes de texto en Instagram a la semana de diferentes reclutadoras de ventas directas que intentan seducirla para que entre en el rebaño: «¡¡¡Ey, *girlboss*!!! ¡Me encanta tu contenido! Eres una gran experta. ¿¡Has pensado alguna vez en convertir tu viaje a través del cáncer en un negocio!?». Ella les hace capturas de pantalla, me las envía y borra los mensajes*.

---

* Los MLM están dispuestos a convertir cualquier tragedia —desde un diagnóstico de cáncer hasta una pandemia mundial— en una oportunidad para vender y reclutar. No hizo falta que pasara mucho tiempo desde que el COVID-19 asoló Estados Unidos a principios de 2020 para que los reclutadores de MLM empezaran a hacer afirmaciones públicas acerca de que sus productos podían proteger tanto del virus como de la inseguridad financiera. La Comisión Federal de Comercio envió advertencias a más de quince empresas de venta directa [100], entre ellas Arbonne, dōTERRA y Rodan + Fields, después de que sus afiliados hicieran estallar las redes sociales con imágenes de aceites esenciales «potenciadores de la inmunidad», subtituladas con los hashtags «#covid #prevención» y con frases como «¡RODAN and FIELDS siempre está abierto al negocio, incluso durante la cuarentena! Llevo más de tres años trabajando desde casa y sigo ganando dinero cuando otros no lo hacen. ¿No es hora de que sepas qué es lo que hago y cómo funciona realmente esta empresa? (…) #trabajardesdecasa #libertadfinanciera».

En lo que a mí respecta, un MLM es a una estafa piramidal lo que un *vanilla bean crème frappuccino* del Starbucks es a un simple batido; uno es solo una versión glorificada del otro, una afirmación que escandalizaría a cualquier devoto del MLM. «Nunca me involucraría en una estafa piramidal. Las estafas piramidales son ILEGALES», tienden a decir a modo de defensa habitual. Esta frase es un cliché de terminación del pensamiento, y es divertido, porque, si se lleva la lógica incluso un paso más allá, resulta obvio que el simple hecho de decir que algo es ilegal no significa que no sea real o que la persona no esté involucrada. No puedes robar un banco y luego, cuando te acusan, limitarte a decir para demostrar tu inocencia: «Yo no lo hice, robar bancos es ilegal». En la ciudad de Mobile, Alabama, es ilegal lanzar confeti de plástico [101], pero eso no significa que el confeti de plástico no exista o que la gente no lo utilice. A veces los ciudadanos de Mobile tiran confeti de plástico sin saber que es ilegal, y a veces lo saben pero lo usan de todos modos porque no se dan cuenta de que el confeti que están usando es de plástico. En cualquier caso, sigue existiendo y no está bien.

Las estafas piramidales están prohibidas y por una buena razón. Tienen la capacidad de estafar a la gente con un par de cientos de dólares, o de llevarla a la quiebra y a la desesperación. Pueden destrozar comunidades enteras, incluso economías nacionales, como las de Albania y Zimbabue, que han sido diezmadas tanto por estafas piramidales como por el esquema Ponzi [102]. Así, pues, no es de extrañar que las estafas piramidales no sean anunciadas como tales [103]. En su lugar, estas empresas se esconden a la vista tras toda clase de etiquetas eufemísticas, como círculos de regalos (también llamados «telares», «flores de loto» o «mandalas fractales»), clubes de inversiones y, la más habitual, empresas de marketing multinivel, o MLM para abreviar.

Al igual que el reto de distinguir entre una religión y un culto, hay pocas distinciones objetivas entre las estafas piramidales y los MLM «legales». En teoría, la diferencia parece residir en que los miembros de los MLM, como Avon y Amway, obtienen una compensación principalmente por la venta de un bien o un servicio concreto, mientras que las estafas piramidales compensan, sobre todo, a los miembros por reclutar nuevos vendedores lo antes posible. No obstante, en la práctica, una estafa piramidal no es más que un MLM mal gestionado y al que han descubierto (hablaremos de ello en breve).

Ambas organizaciones están configuradas de la siguiente manera: el carismático fundador de una empresa empieza lanzando un bombardeo de amor a un pequeño grupo de personas para que acepten la invitación de crear su propia empresa. A diferencia del típico espíritu empresarial, no es necesario tener educación o experiencia laboral para participar, sino que la oferta está abierta a cualquiera que realmente quiera «cambiar su vida».

No hay un salario base, lo que convertiría esto en un trabajo y a ti en un empleado. El MLM se asegura de cargar estas palabras para que desencadenen imágenes de servidumbre burocrática y miseria. En cambio, ganas una pequeña comisión por cualquier producto del que logres deshacerte personalmente. Eso lo convierte en una «oportunidad de negocio», y a ti, en un «empresario». Mucho mejor.

Solo hay que seguir dos pasos para empezar a recorrer este sencillo camino hacia la libertad financiera. En primer lugar, comprar un kit de inicio que contiene muestras y materiales de *marketing* y que puede costarte entre cincuenta y diez mil dólares, o más. En cualquier caso, se trata de unos cuantos centavos para el coste inicial de puesta en marcha de un nuevo empresario. Abrir una tienda o lanzar una marca de comercio electrónico es muy caro, pero ¿entrar en este movimiento? Es prácticamente gratis, si lo piensas.

Siguiente paso: cada mes, recluta a diez nuevos miembros (a veces son menos, pero lo común es que no lo sean) para que se unan a tu equipo, al cual querrás dar un apodo alegre como «Escuadrón Diamante» o «Tribu de la Buena Vibra», o quizá algo descarado como «Una Victoria, un Trago». Esto ayudará a que todos se sientan unidos. A continuación, anima a cada uno de esos miembros a reclutar mensualmente a diez vendedores por su cuenta. Te llevarás una pequeña parte de todas las ganancias que obtengas por debajo de ti (de los kits de inicio y del inventario que compren tus reclutas, y también de los productos que vendan). La generación de vendedores por debajo de ti es tu «línea descendente», mientras que la persona que te reclutó es tu «línea ascendente». Mientras tanto, el fundador del MLM, sentado en la cima de este tetraedro, se lleva una parte de todo.

Para mover el producto y hacer que la línea descendente crezca, tendrás que correr la voz sobre tu increíble y nuevo negocio a todos tus conocidos. Para ello, se te animará a que organices muchas fiestas, tanto en la vida real como en Internet. Querrás comprar aperitivos y vino, o pasarte horas preparando actividades virtuales y adorables para incentivar la asistencia. Pedirás a los invitados que les echen un vistazo a los folletos y a las lociones, o a lo que sea, con la esperanza de que compren algo o —mejor aún— de que quieran inscribirse para vender el material ellos mismos. No importa si los productos de la empresa son buenos o cubren una demanda del mercado, ni tampoco el hecho de que no se requiera experiencia en ventas para subir a bordo. Las típicas reglas de la economía no se aplican aquí. Se promete que el sistema funcionará pase lo que pasare. Mientras pagues la cuota de entrada, sigas el camino de la empresa con precisión y no hagas demasiadas preguntas, el sueño americano será tuyo.

Este patrón de pago y reclutamiento continúa en cada nuevo grupo de reclutas, afiliados, consultores, distribuidores, guías, embajadores, presentadores, entrenadores o cualquier título que suene a empresa y que la compañía elija para sus inscritos, a los cuales se los hace sentir especiales y elegidos, aunque literalmente cualquiera que se apunte puede unirse. El dinero de los recién incorporados es desviado a su línea ascendente, lo que ayuda a los de arriba a cumplir sus cuotas de ventas mensuales o trimestrales, las cuales se esconden con etiquetas que suenan más agradables, como «objetivos» y «metas». ¿Que no alcanzas estos mínimos periódicos? Prepárate para ser degradado o expulsado de la empresa. Eso no puede ocurrir. Defraudarías a todo el mundo, sobre todo a ti mismo. Así, pues, puede que acabes comprándote todo el inventario y tragándote el coste con la mirada puesta en el premio, es decir, en ascender en la estructura de la empresa, una forma geométrica a la que nunca se la describiría como una pirámide con niveles, sino más bien como una «escalera» con «peldaños». Lo más seguro es que el mes que viene encuentres montones de reclutas, alcances tus objetivos y, por fin, recibas un título más elegante, como consultor principal, entrenador jefe o director de ventas.

—Hay mucha discusión en torno a lo que yo describiría como la compra de la esperanza —analiza Stacie Bosley, profesora de Economía en la Universidad Hamline, situada en Minnesota. Bosley es una de las pocas investigadoras financieras del mundo que estudia los MLM de manera oficial. Evidentemente, el campo de la economía, el cual está dominado por los hombres, no parece pensar en que una industria dominada por #girlbosses suponga un foco de intriga académica. (Qué equivocados están)—. A veces, el sector de los MLM incluso reconoce que, en realidad, lo que la gente compra es una forma de esperanza —dice Bosley. Es parte de la razón por la que la mayoría del lenguaje de reclutamiento de MLM es tan grandioso e indirecto, pues evitan términos técnicos como «inversión» y «empleo», favoreciendo frases ambiciosas como «oportunidad increíble» y «actividad empoderadora».

No obstante, estas edulcoradas palabras de acceso esconden algunas cifras muy superficiales. A medida que estas generaciones de líneas descendentes van creciendo, el mercado no tarda en saturarse de todo el mundo, mientras que sus madres (literalmente) explotan las mismas comunidades saturadas, intentan reclutar novatos que estén por debajo de ellas y fracasan. El número de aspirantes se expande de manera exponencial, pasando de unos pocos rentables en la cúspide a una masa desgraciada en la base. Si el modelo del MLM, según el cual tu línea ascendente y tu fundador se respaldan una y otra vez en todas sus presentaciones de oportunidades de negocio y talleres para millonarios, se ajusta perfectamente al plan, entonces, sí, te harás rico en un año; pero, según las matemáticas básicas, adivina cuántas personas habrá en su línea descendente al final de esos doce meses. Más de un billón. Eso es ciento cuarenta y dos veces la población mundial y un montón de píldoras para adelgazar.

Un estudio tras otro muestra que el 99 % de los reclutas de los MLM [104] nunca ganan un centavo, y solo el afortunado 1 % que está en la cima se beneficia a expensas de todos los demás. Los cálculos hablan por sí mismos, pero incluso si estás en números rojísimos, con una cuenta bancaria vacía y un almacén lleno de crema para los ojos que nadie quiere, al menos puedes seguir formando parte de tu equipo, tu «familia», a cuyas compañeras de reclutamiento podrías llamar «hermanas» y a cuyos líderes podrías incluso referirte como «mamá» y «papá». A estas alturas, has desarrollado un vínculo profundamente emocional y codependiente con estas personas. Os pasáis el día mandándoos mensajes. Estáis juntos en grupos secretos de Facebook. Tenéis reuniones semanales por videollamada en las que todos bebéis vino rosado («¡porque os lo habéis ganado!») y os desahogáis. Ahorráis todo el año para asistir a las costosas conferencias de la empresa y así poder ver en persona a vuestras compañeras *boss babes*.

Así, pues, es probable que decidas ignorar los daños, olvidarte de los cálculos y aguantar, sobre todo porque pusieron énfasis al prometerte un gran sueldo cuando todo esto acabara. Además, todos los que están por encima y por debajo de ti cuentan contigo para ganar dinero. Si te rindes ahora, decepcionarás a tu Escuadrón Diamante. Decepcionarás a tu familia y a tu «familia». Decepcionarás a Dios. Ya no serás una *#girlboss*. No serás nada. Bajo ese tipo de presión, las cosas pueden adquirir tintes que, sin lugar a duda, recuerden a un culto.

Los MLM son estafas, pero no son solo estafas comunes. Son organizaciones complejas que consumen vidas y que tienen un lenguaje y una cultura propios. Los MLM tienen ideologías fuertes y dominantes de carácter misionero, y sus miembros veneran a sus líderes fundadores, quienes comparten el deseo no solo de dirigir una empresa de éxito, sino de gobernar el mundo libre al nivel del culto religioso. El famoso sociólogo de la Universidad de Chicago Edward Shils definió el *cult charisma** como «siempre que se entiende que un individuo está relacionado con cuestiones cruciales de la existencia humana». Hasta este punto, los líderes del MLM son tan influyentes como Yogi Bhajan de 3HO y Chögyam Trungpa de Shambhala. Te convierten mediante cumplidos, signos de exclamación y falsa inspiración. Te condicionan y coaccionan con palabras de moda cargadas (a menudo invocando a Dios) y utilizan clichés de terminación del pensamiento para silenciar la disidencia. Te entrenan para emplear estas mismas técnicas con todas las personas que conoces en todo momento.

---

* N. de la T.: Literalmente, «carisma de los cultos».

Los MLM utilizan la verborrea «nosotros contra ellos» para vincular estrechamente a sus seguidores y hacerlos sentir que son mejores que los estadounidenses que tienen un trabajo tradicional. En Amway, el mayor MLM del mundo, se dice con desdén que cualquiera que trabaje para un «empleador», en lugar de para un mentor que esté en la línea ascendente, tiene un J. O. B., un *jackass of a boss**. «Cuando trabajas para otra persona, nunca te pagarán lo que vales», es lo que se les enseña a decir a los reclutas de Amway. Para los MLM, la palabra «empresario» representa no solo una carrera, sino una «forma moralmente superior de estar en la economía» [105], según comenta Nicole Woolsey Biggart, socióloga de la Universidad de California en Davis y autora de *Charismatic Capitalism: Direct Selling Organizations in America*.

Los MLM te hacen *gaslight* para que creas que, si sigues su sistema impecable y no tienes éxito, es porque algo va mal contigo. «Toda persona que esté dispuesta y que sea trabajadora puede tener éxito en este negocio... *¡Un buen sistema siempre funciona!*», es un cliché que termina con el pensamiento sacado directamente del manual de Amway. Conocido por su extrema yuxtaposición de palabras motivacionales de moda que esconden oscuras amenazas de fracaso, el lenguaje del MLM te condiciona a pensar que, si no estás nadando en dinero, no es culpa de la compañía, sino tuya. No tuviste suficiente fe o perseverancia como para liberar tu potencial y ganar lo que debería haber sido una garantía. Hay innumerables tableros con imágenes de MLM en toda la web, con tópicos emocionalmente manipuladores como «La gente suele fracasar en los MLM antes de empezar porque el enfoque es desde la cabeza, no desde el corazón» y «De verdad, odio cuando la gente sin dinero que no trabaja se queja

---

* N. de la T.: Un idiota por jefe.

de no tener dinero. #mentalidaddemulmillonario». En un artículo titulado «Top 50 citas de MLM de todos los tiempos» [106], la página web OnlineMLMCommunity.com muestra una letanía de citas inspiradoras mal atribuidas, incluyendo «Un pesimista ve la dificultad en cada oportunidad. Un optimista ve una oportunidad en cada dificultad», axioma erróneamente asociado con Winston Churchill, como si los éxitos del estadista británico tuvieran algo que ver con la venta directa, aunque la cita sí fuera suya.

«Fue como una guerra mental» [107], reflexiona Hannah, antigua «presentadora» de la empresa de maquillaje cristiana Younique, sobre su experiencia cuando la compañía empleó el *gaslighting* contra ella. Cuando era estudiante universitaria, Hannah gastó quinientos dólares en inventario antes de que la empresa la expulsara por no cumplir su cuota de ventas. En sus propias palabras: «Si hubiera estado en una situación en la que no hubiera tenido [mi] universidad, una pareja y otros grupos comunitarios... me habría sentido muy mal conmigo misma. (...) Que te digan que no eres suficientemente buena varias veces al día puede arruinar a algunas personas».

A fin de cuentas, los MLM no tienen la labor de venderles empresas de nueva creación a los empresarios. Al igual que la mayoría de los «cultos» destructivos, su finalidad es vender la promesa trascendente de algo que en realidad no existe. Y su mercancía no es un producto, sino una retórica. Para muchos reclutas que nunca venden un solo producto, toda la experiencia del MLM consiste en comprometerse con una comunidad, llamarse con orgullo «asesor», participar en llamadas que animan al equipo y asistir a convenciones caras. Los números no tienen sentido, pero las palabras te mantienen allí de todos modos.

Varios meses después de que las publicaciones sobre la pérdida de peso de Becca Manners desaparecieran de mi Facebook de repente, decidí enviarle un mensaje que redacté con cautela. Sabía que tenía que ir con pies de plomo. ¿Becca lo había perdido todo y estaba demasiado avergonzada como para admitir públicamente que la habían engañado? ¿La MLM la había obligado a guardar silencio con amenazas veladas o explícitas? ¿Habría obtenido muchos beneficios en secreto y no quería revelar que era una estafadora? Le escribí el siguiente mensaje:

> Siento mucho si esto parece un poco aleatorio, pero ¿no me equivoco al recordar que estuviste involucrada con empresas de venta directa en el pasado? Estoy escribiendo sobre el lenguaje del marketing multinivel y me encantaría conocer tu experiencia.

En todas las fotos del «después» de Becca, esta rezumaba salud y felicidad, pero, si combinamos las reglas de la afiliación al MLM con el deseo universal de lucir impecable en las redes sociales, podría haber sido fácilmente una mentira. Para mi deleite, respondió en menos de una hora:

> Dios mío, ¡por supuesto que hablaré de ello! El año pasado hice un programa para adelgazar llamado Optavia. Y esa mierda era un culto que lo flipas.

Respondí:

> Uhh, qué bien.

II

¡Holaaaaaa, *boss babe*! ¡¡Muchas gracias por responder!! ¡De verdad creo que encajarías a la perfección! No cuento con mucha información para enviar por MD, la única página web que tengo es para mis clientes actuales, pero disponemos de varios planes diferentes, dependiendo de lo que quieras conseguir. Tratamos a nuestros clientes como si fueran de la familia, así que es muy importante que me brindes la información correcta antes de seguir adelante, y no sabré lo que es mejor hasta que hablemos. La llamada solo durará unos veinte minutos :) ¡¡Estoy muy emocionada por contarte más!! Besos y abrazos.

Para mí, el estilo de discurso lleno de chorradas de los MLM —los excesivos signos de exclamación y el «tan solo cree en ti mismo y podrás hacerte rico»— parece una positividad tóxica… o como si estuvieran forzando un rayo de esperanza en torno a una experiencia que en realidad es bastante compleja y molesta y que merece una atención más cuidadosa.

En los mensajes de todos los MLM que investigué, desde Amway hasta Optavia, existía este sorprendente híbrido de palabras de amor que giraban en torno al poder que tiene una mentalidad positiva e incluían advertencias ominosas sobre el peligro que acarrea una mentalidad negativa. A primera vista, promover una actitud positiva entre tus socios comerciales puede sonar bien, pero los MLM condicionan a sus reclutas a temer la «negatividad» de forma tan visceral que evitan pronunciar críticas sobre la empresa o sobre cualquiera de sus miembros. «No se cotillea. No se dicen cosas malas de los demás. Si te oyen hacerlo o se enteran de que lo haces, tendrás noticias de tu director», fue lo que advirtió un exdistribuidor de Amway. Esta empresa califica cualquier actitud o expresión que no les guste como «pensamiento podrido». Mediante el uso de este eslogan engañoso, son capaces de aislar a los seguidores de cualquier pensador podrido del exterior, el cual supondrá una amenaza para su éxito. Si un amigo o familiar expresa dudas en la empresa, se te instruye para que «lo saques de tu vida».

Los seguidores se condicionan a hablar en el registro antinatural propio del MLM, que desprende una alegría dondequiera que vayan, con amigos, familiares, extraños y, sobre todo, en las redes sociales. En Instagram y en Facebook pueden fichar a una *boss babe* al instante, tanto si mencionan un producto de manera explícita como si no. Todo lo que se necesita para delatarlas es esa sintaxis alegre de robot. Es como si alguien estuviera detrás de ellos con un látigo simbólico mientras escriben, para asegurarse de que siempre estén vendiendo y reclutando, incluso si solo están subiendo algo sobre su perro. Al igual que los seguidores de una religión opresiva, los reclutas del MLM acaban atrapados en un momento ritual.

Cada vez que oigo esta retórica que es demasiado buena como para ser cierta, mi instinto me dice que corra como si me fuera la vida en ello. Y, sin embargo, por muy bien que me parezca tachar a cualquiera que se trague las grandilocuentes patrañas de la venta directa como si fuera un zopenco sin remedio, la verdad es que esta retórica que desprende una positividad tóxica está básicamente incorporada a la sociedad estadounidense. El culto al marketing multinivel es un producto directo del «culto» que es el propio capitalismo occidental.

En Estados Unidos, el *marketing* en redes tal y como lo conocemos comenzó en la década de 1930 tras la Gran Depresión, como reacción a las regulaciones laborales introducidas por el New Deal. Aunque no fue hasta unos años más tarde, después de la Segunda Guerra Mundial, cuando la industria de la venta directa explotó de verdad. Fue entonces cuando se convirtió en un juego de mujeres.

Durante la Segunda Guerra Mundial, las mujeres se incorporaron al mercado laboral en un número sin precedentes mientras que los hombres luchaban en el extranjero. Sin embargo, una vez terminada la contienda, las mujeres fueron enviadas de regreso al hogar para cuidar de sus hijos y de sus maridos veteranos. En la década de 1950, veinte millones de estadounidenses emigraron a los suburbios, donde había pocas oportunidades de trabajo para las mujeres, muchas de las cuales echaban de menos la emoción, la independencia, la satisfacción y el dinero en efectivo que les aportaba la vida profesional.

Fue en esta época cuando el empresario Earl Tupper inventó un tipo de recipiente de polietileno resistente para almacenar alimentos. Lo llamó «Tupperware». El producto no había volado precisamente de las estanterías hasta que Brownie Wise (nombre real), una madre soltera de Detroit con un don para la venta directa, adquirió los artículos de Tupper y decidió que no solo las madres de los suburbios serían las consumidoras perfectas de este producto, sino que también podrían ser una fuerza de ventas poderosa. Wise y Tupper unieron sus fuerzas y nació la «Tupperware party»* en casa.

---

* N. de la T.: Reuniones en las que una anfitriona invitaba a más mujeres a su casa, para mostrarles la línea de productos Tupperware con el fin de venderlos.

Mucho antes de que se inventara el *hashtag*, Wise utilizó una verborrea de pseudoempoderamiento femenino para reclutar mujeres en su red de comerciantes, gerentas y distribuidoras. Esto sentó las bases para que las tonterías de MLM cargadas de un feminismo falso tuvieran un largo futuro. «¡La vida profesional de Tupperware es tan gratificante!», reza un anuncio antiguo en letra cursiva de color rojo cereza. El cartel ilustrado muestra a una mujer de la alta sociedad con el pelo del color del maíz, unos pendientes de perlas y un jersey de cachemira. Con un libro en la mano (que no está leyendo), sonríe con delirio mientras mira a un punto fuera del plano, lo que solo puedo suponer que son sus sueños. «¡Cuando te conviertes en distribuidora de Tupperware, las ganancias comienzan al momento!», dice otro boceto de los años cuarenta en el que aparece otra señora blanca y alegre. «Puedes ganar todo lo que quieras. Ganas mientras aprendes. Eres dueña de un negocio independiente. Tu propia jefa. (…) No hay nada como la oportunidad que tienes de obtener ganancias como distribuidora de Tupperware… ¡ahora!».

En las décadas posteriores, los capos de la venta directa siguieron los pasos de Wise y dirigieron sus productos y su lenguaje hacia las madres blancas que se quedaban en casa. Les llenaron los oídos con promesas que les aseguraban esa clase de independencia financiera que no amenazaría su imagen tradicional femenina y de esposa. Hoy en día, las mujeres desempleadas, sobre todo las que viven en ciudades obreras, siguen conformando la mayoría de los reclutas de MLM.

La industria de la venta directa no tardó en descubrir cómo dirigirse a otras comunidades excluidas del mercado laboral digno. Los inmigrantes de habla hispana, los estudiantes universitarios sin experiencia y los negros marginados a nivel económico se convirtieron en objetivos adicionales. La industria se aprovecha de la confianza que ya existe en grupos muy unidos, como iglesias, bases militares y campus universitarios. Su recluta ideal es alguien que se esfuerza por conseguir una estabilidad económica y que tiene una serie de antecedentes probados en cuanto a fe y optimismo, ya sea la esperanza de un nuevo comienzo en un nuevo país, el entusiasmo juvenil por el futuro o la creencia en un poder superior. El típico miembro de un MLM no es un imbécil codicioso que busca hacerse rico rápidamente, sino una persona normal y corriente que procura pagar sus facturas básicas. Una mezcla de lucha monetaria, comunidad cercana e idealismo es el premio gordo para cualquier línea ascendente.

Las comunidades cristianas acaban siendo un caldo de cultivo para los MLM, muchos de los cuales se identifican de manera activa como «basados en la fe». Mary & Martha, Christian Bling, Younique, Thirty-One Gifts y Mary Kay son solo algunos de los muchos MLM que tienen un credo religioso explícito. En decenas de barrios de Estados Unidos podemos encontrar a personas que son más buenas que el pan, que llevan la Biblia en una mano y muestras de lociones caras en la otra. Por eso el estado de Utah es el que alberga más sedes de MLM del mundo, y es que los mormones, como lo han descubierto los líderes de la venta directa, son una fuerza de ventas ideal [108].

—Los santos modernos han nacido y se han criado para ser misioneros… por lo que predicar el evangelio a los amigos a menudo fluye de manera natural con venderles productos MLM —dijo una fuente al pódcast de investigación *The Dream*—. Cuando tu tío se te acerca y te dice: «Mira esta gran oportunidad que te cambiará la vida», a veces suena muy parecido a un mensaje que escucharías en la iglesia.

La religión ha estado entrelazada con los MLM —y con la cultura laboral estadounidense en general— desde antes de que existiera Estados Unidos. El matrimonio entre las bendiciones divinas y las «bendiciones» monetarias se remonta medio milenio atrás, a la Reforma protestante. Los sociólogos atribuyen los albores del capitalismo moderno a este movimiento del siglo XVI, el cual dio origen a muchos de los valores laborales contemporáneos que tenemos en Estados Unidos, como la idea básica de «una buena jornada de trabajo», «*keeping your nose to the grindstone*[109]»* y «*the good paymaster is lord of another man's purse*»**. Los reformistas protestantes, sobre todo el teólogo francés John Calvin, concibieron la idea de que Dios interviene no solo en los éxitos y en los fracasos espirituales de los seres humanos, sino también en los financieros. Esta idea ayudó a crear la «ética protestante», la cual está marcada por el trabajo diligente, el esfuerzo individual y la acumulación de riqueza, lo que se alineaba a la perfección con la economía capitalista europea emergente.

Pronto, todo el mundo empezó a aspirar al nuevo ideal de empresario piadoso y autosuficiente. A medida que el trabajo profesional se convertía en un elemento central de la vida cristiana, la capacidad de considerarse a uno mismo un cabeza de familia hábil y trabajador indicaba que se era miembro de los elegidos de Dios. Así, pues, el «espíritu del capitalismo», con todos sus altibajos, se

---

* La cita completa de la que supuestamente deriva esta expresión dice: «*This Text holdeth their noses so hard to the grindstone, that it clean disfigureth their faces*», una referencia al trabajo duro para evitar el castigo. Fue escrito en 1532 por John Frith, un sacerdote protestante que fue quemado en la hoguera unos meses después por haber cuestionado a la Iglesia católica inglesa de manera pública. ¿No es divertido mezclar Iglesia y Estado?

** N. de la T.: Por un lado, «*keeping your nose to the grindstone*» es una expresión inglesa que, en español, podría significar algo parecido a «partirse el lomo», es decir, trabajar muy duro. Por otro lado, «*the good paymaster is lord of another man's purse*» se interpreta como que siempre hay que pagar y cobrar las deudas a tiempo para poder obtener beneficios económicos directos.

incrustó en el sistema de valores de la mayoría de los occidentales. Gran parte de la jerga capitalista —desde el toque de campana «sagrado» de la bolsa hasta el «todopoderoso dólar»— sigue teniendo connotaciones religiosas; un fantasma de la Reforma protestante.

Para cuando llegó el siglo XIX, la ética protestante se había extendido a América, pero había evolucionado muy poco. Ahora la riqueza no era percibida tanto como un regalo de Dios, sino como una recompensa por los logros independientes y un signo de buen carácter. Esta ética protestante nueva hacía hincapié en la ambición, la tenacidad y la competencia, lo que encajaba con el auge del capitalismo industrial (definido por la fabricación en masa y una división del trabajo más clara). El siglo XIX también fue testigo del surgimiento de un movimiento filosófico llamado Nuevo Pensamiento, el cual nos proporcionó ideas populares de superación personal como la ley de la atracción. Durante esta época, las historias de personas que pasaban de ser pobres a ricas, como *El príncipe y el mendigo,* de Mark Twain, y *Grandes esperanzas,* de Charles Dickens, se convirtieron en *bestsellers*. El primer libro de «autoayuda» —bajo el oportuno título *Self-Help*— fue publicado en 1859 y tuvo un éxito rotundo. Comenzaba con la frase «El cielo ayuda a los que se ayudan a sí mismos» y afirmaba que la pobreza era el resultado de la irresponsabilidad personal. Esta nueva actitud de que uno puede controlar su propio destino, que puede gobernarlo todo, desde su carrera hasta su salud física, simplemente creyendo en sí mismo, contribuyó a lo que ahora consideramos el sueño americano.

En el transcurso del siglo siguiente, el ideal protestante volvió a cambiar con el auge de las grandes empresas estadounidenses [110], como Carnegie Steel, la Standard Oil de los Rockefeller y el distrito cárnico Union Stock Yards de Chicago. En el siglo XX, el éxito independiente y la competitividad quedaron relegados a un segundo plano, ya que se volvió admirable el llevarse bien con los compañeros de trabajo, codearse con ellos y ascender en la escala empresarial.

En esta etapa, uno podía toparse con el Nuevo Pensamiento en libros y cursos sobre cómo convertirse en un gran hombre de empresa; por ejemplo, *How to Win Friend and Influence, Think and Grow Rich* y *The Power of Positive Thinking* llegaron al mercado entre 1935 y 1955.

A mediados del siglo XX, el mensaje de que los pensamientos felices y un ego sano podían hacerte rico arrasó en las iglesias de Estados Unidos. El poder del pensamiento positivo fue escrito por el famoso ministro Norman Vincent Peale, quien dirigía Marble Collegiate, una iglesia protestante conservadora en la ciudad de Nueva York. Allí, Peale predicaba el «evangelio de la prosperidad» a una congregación formada en su mayoría por personas ricas e influyentes de Manhattan, entre las que se encontraba un joven Donald Trump. (No por casualidad Trump creció y se convirtió en un entusiasta del MLM). Conocido por su inspiradora oratoria de autoayuda, Peale evangelizó opiniones como estas: «Los bolsillos vacíos nunca han frenado a nadie. Solo las cabezas y los corazones vacíos pueden hacerlo» y «¡Cree en ti mismo! ¡Ten fe en tus capacidades! Sin una humilde pero razonable confianza en tus propios poderes no puedes tener éxito ni ser feliz».

Medio siglo después, la influencia de Peale se puede percibir en los discursos de Donald Trump y en sus publicaciones en las redes sociales. «Consejo para el éxito: visualízate como victorioso. Eso hará que te centres en la dirección correcta. Aplica tus habilidades y tu talento y sé tenaz», tuiteó Trump en 2013. Al lanzar su campaña presidencial en 2016, los desplantes de Trump sobre la autosuficiencia tomaron un giro más paranoico. A principios de ese año, cuando le preguntaron a quién consultaba sobre política exterior, respondió: «Hablo conmigo mismo, número uno, porque tengo un cerebro muy bueno y he dicho muchas cosas. Sé lo que hago. (…) Mi principal consultor soy yo mismo».

A partir de esta compleja historia se concibió el MLM, el extraño hijo predilecto del protestantismo, el capitalismo y la mercantilización. La ética protestante sigue formando parte de la cultura laboral en Estados Unidos, y todos crecemos interiorizando su retórica, como «trabaja duro, diviértete mucho» y «un día más, un dólar más». Mi pareja y yo tenemos una extensa colección de tazas de café adornadas con pequeños refranes, y el otro día miré y me di cuenta por primera vez de que todas ellas evangelizan de forma descarada el dogma tóxico de la productividad. Una taza dice: DORMIR ES PARA LOS DÉBILES, y en otra se lee: UN BOSTEZO NO ES MÁS QUE UN GRITO SILENCIOSO PARA EL CAFÉ. ¿Un grito silencioso? ¿Estamos todos tan condicionados a creer que es romántico estar sobrecargados de trabajo y agotados, tan aterrorizados por el ocio y la «pereza» que imprimimos chistes bonitos sobre ello en las tazas? En los Estados Unidos del siglo XXI, parece que sí.

El lenguaje del capitalismo protestante está en todas partes —hasta en nuestras tazas de café—, pero desempeña un papel estelar en la industria del MLM que satisface al mismo tiempo las aspiraciones más quijotescas de los estadounidenses y sus temores más graves. Podemos apreciarlo, sobre todo, en la forma en la que los MLM hacen hincapié en la meritocracia, la idea de que el dinero y el estatus se ganan de manera individual. La meritocracia se basa en el principio de que las personas pueden controlar su vida en gran medida y en que, siempre que lo intenten de verdad, pueden salir adelante por sí mismas. A los estadounidenses les encanta el mito de que las personas con éxito se merecen su éxito, mientras que las personas con dificultades son, sencillamente, menos dignas. Los reclutas del MLM, cuyo «éxito» se basa solo en la comisión por vender y reclutar, disfrutan aún más de esta noción. Según la ideología del MLM, ninguna victoria es inmerecida, da igual qué o quién se sacrifique para conseguirla. Y ningún fracaso es inmerecido tampoco.

La mayor parte de la propaganda de venta directa que he leído hace hincapié en la cantidad de «sangre, sudor, lágrimas, corazón y alma» que se necesita para construir un equipo de ventas, lo que insta a los vendedores a considerar sus esfuerzos como una insignia de honor patriótico y a encararlos con una sonrisa. Hay incontables MLM que invocan eslóganes nacionalistas para reforzar la idea de que alistarse para ser una #bossbabe significa inscribirse para servir a tu país. Un MLM de suplementos dietéticos se llama literalmente American Dream Nutrition; otro se llama United Sciences of America, Inc. Amway, que vende artículos para el hogar y productos de higiene personal como jabón y pasta de dientes, es una combinación de las palabras «American Way».

Muchas empresas modernas intentan vender productos asociándolos a beneficios más amplios que afectan la identidad, como que, si compras este brillo de labios de moda o esa toalla de playa hecha de plástico reciclado, te proclamarás como una persona que está a la última, es sana, sexy y respetuosa con el medio ambiente en general. Los sociólogos llaman a esto «ideologías organizacionales», y no tienen por qué ser malas. La mayoría de los fundadores de marcas de éxito están de acuerdo en que tener una «cultura de empresa que se parezca a la de un culto», con valores y rituales intensos[111], es necesario para asegurar que los clientes repitan y que los empleados se mantengan fieles en el dudoso y transitorio mercado actual en el que nos encontramos. Claro está, estas ideologías organizacionales deben ser tomadas con pinzas, ya que es un negocio arriesgado basar la política, las decisiones sanitarias y la propia identidad en lo que dicen las marcas con ánimo de lucro, incluso (y sobre todo) las que se autoidentifican como «éticas», «sostenibles», etcétera. El «*capitalismo woke*» no equivale a la justicia social, del mismo modo que vender píldoras para adelgazar a tus amigos de Facebook no te convierte en alguien que ha sido bendecido por el cielo.

Por naturaleza, los MLM llevan sus ideologías organizacionales mucho más lejos que la mayoría de las demás empresas, pues se vinculan no solo con los beneficios terrenales cotidianos, sino con el propio sentido de la vida[112]. Los eslóganes de las ventas directas se jactan de promesas cargadas de espiritualidad[113], como «Ser Younique es mejor que ser perfecto» y «Existir y vivir no es lo mismo. Elige una». Un gráfico de Pinterest creado por la MLM de aceites esenciales dōTERRA enumera la receta de una mezcla de «compasión» que permitirá a los consumidores «volverse empáticos, indulgentes, liberadores, ligeros, cariñosos, tolerantes, comprensivos». Antes de su muerte, uno de los multimillonarios cofundadores de Amway, Jay van Andel, aseguraba que participar en su empresa «hace que la gente entre en una nueva vida llena de emoción, promesas, beneficios y esperanza».

Es probable que pienses que una industria tan poco moderna y retrógrada como la venta directa podría haber pasado ya de moda. Es difícil creer que haya sobrevivido a Internet, donde tantos antiguos MLM ponen a estas empresas en evidencia, al contar sus historias de abuso psicológico y pérdida de dinero. Busca «estafa MLM» en YouTube y aparecerán páginas interminables de vídeos que acumulan millones de visitas, como «La narrativa MLM del "Girl Boss" es una mentira», «Me declaré en bancarrota después de LuLaRoe y ahora tengo dos trabajos» y «AMWAY: El colmo (¡con PRUEBAS grabadas!). Cómo dejé mi culto MLM». Los anti-MLM ocupan rincones apasionados de Instagram y TikTok.

En 2020, TikTok prohibió por completo a los reclutadores de MLM en la plataforma. No faltan pruebas incriminatorias contra el complejo industrial *#bossbabe*.

Y, sin embargo, la retórica del MLM es siempre un ataque al espíritu humano tan exitoso, tan convincente y adaptable, que estas empresas no hacen más que seguir prosperando. En la década de 2010, cuando los *millennials* se hicieron conscientes de los ingredientes y empezaron a superar al mercado de consumo, y en consecuencia aumentó la demanda de productos de cuidado personal «totalmente naturales» y «no tóxicos», los fundadores de MLM más astutos se adaptaron. Las ventas directas ya no eran solo para las amas de casa de la vieja escuela, sino para los jóvenes más inteligentes. Los MLM de *clean beauty* que usaban envases más elegantes y actualizados pasaron a poblar sus bases de vendedores con *microinfluencers*, mujeres con pequeños blogs y unos cuantos miles de seguidores en las redes sociales a las que se podía tentar con un MD untuoso en el que afirman que su *feed* es *increííible* y se les pregunta si les gustaría añadir una segunda fuente de ingresos al tiempo que se convierten en parte del «movimiento» de la *clean beauty*. Al emparejarlo con la imagen glamurosa de una *influencer* que trabaja por cuenta propia, esta generación más moderna de MLM se presentó como el trabajo secundario perfecto. La ágil industria de la venta directa siempre encuentra una forma de reinventarse a sí misma: es como la cucaracha capitalista que no para de reencarnarse.

III

¡Hola! ¡¡Solo quería recordarte que aquí nos dedicamos a cambiar vidas!! Sí, ganamos dinero, pero es mucho más grande que eso... es un MOVIMIENTO. La gente merece formar parte de él, solo que aún no lo saben, ¡así que depende de ti abrirles los ojos! Tienes que llegar a TODOS... familia, amigos, seguidores de Insta, la persona que tienes detrás en la cola del Starbucks. Inicia una conversación y queda con ellos donde estén. Nuestros productos básicamente se venden solos, así que, si no estás cumpliendo tus objetivos, tienes que trabajar MÁS DURO y de forma MÁS INTELIGENTE como la *boss babe* que eres. Tienes un gran potencial. No me defraudes, y lo más importante: ¡no te defraudes a ti misma! Besos y abrazos.

Cuando mi amiga de la escuela secundaria Becca y yo logramos llamarnos para hablar de su experiencia en el MLM, había pasado una década desde la última vez que escuché su voz. Becca, que ahora tiene veintiocho años, vive en una pequeña casa de campo blanca en Maryland con su marido, dos perros y cuatro gatos. Trabaja de nueve a cinco y sigue cantando en el mismo lugar que lo hacía en el instituto, los viernes por la noche en el Backstage BBQ Cafe. Va a Alcohólicos Anónimos varias veces a la semana y pasa la mayoría de las tardes jugando con su sobrina pequeña.

—Lo sé, mira en lo que me he convertido —bromeó, luciendo ese viejo sarcasmo propio de Becca y las acogedoras vocales adelantadas que caracterizan el acento de nuestra ciudad natal, el cual ya no llego a escuchar nunca.

Becca supo desde el principio que Optavia (antes llamada Medifast) era una empresa sospechosa. Ella podía oírlo.

—¿Toda esa palabrería de *marketing*? Daba escalofríos —afirmó.

Supongo que podría haber predicho que Becca no sería una de esas personas con esperanza e inocentes que acaban en el fondo de una estafa piramidal por accidente. Becca era muy consciente de la complicada estructura de Optavia, pero también estaba segura de que iba a poder aprovecharse de su enorme red de amigos de Facebook.

—Sabía al ciento por ciento que se trataba de un culto —aseguró—. Pero me dije: *Da igual, me subiré al carro*. En plan, vamos a estafar, ¿sabes?

—Claro, claro. —Tragué saliva.

Optavia es un programa de pérdida de peso que entrega comidas preparadas a domicilio, como Nutrisystem o BistroMD.

—Sin duda, intentan atraerte diciendo todo eso de «Sé tu propia jefa. Trabaja desde casa». —Becca puso los ojos en blanco a través del teléfono.

Varios de los amigos de Becca estaban involucrados con el controvertido MLM LuLaRoe, una compañía de *leggings* de mil millones de dólares a la que el fiscal general del estado de Washington demandó en 2019 por realizar actividades propias de una estafa piramidal. (Mientras escribo esto, el caso está pendiente de juicio). Becca vio cómo consumía sus vidas con ferocidad, cuánto dinero estaban perdiendo. Sin embargo, cuando su suegra le pidió que se dedicara a Optavia, cuyas cuotas y honorarios de entrada eran relativamente bajos, le pareció el MLM adecuado en el momento adecuado.

Más o menos un año antes, al prometido de Becca le habían diagnosticado un raro cáncer de sangre antes de cumplir los treinta años. Cuando por fin terminó la quimioterapia y entró en remisión, ella estaba agotada.

—Había engordado una barbaridad porque estaba cuidando de él. Estaba deprimida, llevaba poco sobria. Y acababa de dejar de fumar tabaco, lo que te hace engordar de por sí.

La madre de su marido era vendedora de Optavia y había perdido mucho peso siguiendo el programa, pero, como era tan caro, unos cuatrocientos dólares al mes, Becca nunca se planteó hacerlo. Entonces su suegra le propuso una idea: si se inscribía como «entrenadora», publicaba sobre su recorrido a lo largo de su pérdida de peso en Facebook un par de veces a la semana y conseguía que otras personas se inscribieran, eso costearía su comida.

—No intentó usar nada de esa mierda de *boss babe* conmigo, solo me dijo lo que había —dijo Becca—. Y fue en plan: «Genial, sí, puedo conseguir que otras personas se apunten, soltarles la charla».

Becca se inscribió como entrenadora, pagó la cuota inicial de cien dólares y comenzó la dieta.

—Su funcionamiento se basa en que pierdes peso rápido. Perdí veintidós kilos y medio en cuatro meses —confesó—. En cuanto dejé de consumir su comida, miraba una pizza y ganaba dos kilos. No es realista seguir ese ritmo. Pero consigues esas fotos de «antes y después», las publicas con todo ese «bla, bla, bla» y los *hashtags*, y la gente quiere saber qué estás haciendo.

La estrategia de afiliación de los MLM exige que se mantenga el secreto desde el principio, por lo que aplican normas estrictas sobre lo que sus «entrenadores» (reclutas) pueden revelar a personas ajenas. Becca nunca publicó el nombre de Optavia en Facebook, porque la empresa lo prohíbe de manera explícita. En su lugar, le proporcionaron guiones para que los publicara, los cuales hacían que el programa pareciera un misterio; todo para evitar que la gente lo buscase y encontrase lo que un cienciólogo llamaría «black PR».

En los años setenta, los Moonies se referían a sus astutas tácticas de reclutamiento y recaudación de fondos con la expresión «engaño celestial»[114]. Del mismo modo, los MLM engatusan a sus amigos y familiares para que estafen a otros junto con ellos. En Mary Kay existe una política denominada con el eufemismo «Husband Unawareness Plan», que anima a que las esposas se involucren sin el «permiso» de sus maridos y luego les enseña a mantener sus gastos en secreto[115]. Una directora ejecutiva de ventas de Cadillacs de Mary Kay expuso su versión del Husband Unawareness Plan en un manual de instrucciones para sus consultoras. En sus propias palabras: «Si de verdad quieres comprar algo hoy, quiero que sepas que acepto efectivo, cheques, Visa, Mastercard, Discover y American Express. También hago planes de pago sin intereses y el Husband Unawareness Plan, también conocido como "financiación muy creativa"; un poco de efectivo, un poco de cheque y un poco de tarjeta. Nadie sabrá el total».

A Becca le dijeron que no diera detalles hasta que tuviera una línea descendente potencial al teléfono. Era entonces cuando realizaba su *health intake,* una encuesta de veinte puntos con preguntas íntimas: «Si no pudieras fracasar, ¿cuánto peso te gustaría perder? ¿Cuándo fue la última vez que tuviste ese peso? ¿Qué ha cambiado entre ahora y entonces? ¿Recuerdas cómo te sentiste? ¿Cómo sería si volvieras a ese peso? ¿Hay algún familiar al que también quisieras ayudar? Muchas gracias por contármelo… Creo que tengo algo que puede ayudarte a alcanzar tus objetivos de salud, de verdad; estoy muy emocionada de poder compartirlo contigo».

Estas encuestas no eran exámenes médicos realizados por dietistas certificados. Eran tácticas que establecían lazos con el trauma y que eran llevadas a cabo por personas normales, como Becca y su suegra. La empresa sabe lo que hace al otorgar a los reclutas títulos como «entrenador», «entrenador superior», «director presidencial» y «embajador de salud mundial», ya que eso los llena de una sensación de autoridad.

—Creo que muchas de estas mujeres se convencen a sí mismas de que de verdad son entrenadoras de la salud —afirma Becca—. Dicen que le están dando a la gente un regalo de vida increíble. Si tu entrenadora habla bien de ti en nuestro grupo secreto de Facebook, la gente dice: «¡Increíble trabajo! ¡Salvando vidas!».

En el fondo, todo el mundo sabe que la diferencia entre un entrenador y un entrenador sénior no tiene nada que ver con la experiencia en nutrición, sino que depende del número de personas que fueron capaces de añadir ese mes a su línea descendente. Sin embargo, cuando la empresa te bombardea de amor con un título sofisticado y te adula como un salvavidas, te condiciona a interpretarlo de esa manera, si quieres.

Nada entusiasma más a los entrenadores de Optavia que sus retiros y convenciones anuales de liderazgo. Los reclutas ahorran todo el año para asistir a estos eventos, saltándose las bodas de sus mejores amigos y los nacimientos de sus nietos si es necesario, para poder tener la oportunidad de conocer al carismático líder y cofundador de Optavia, el Dr. Wayne Andersen.

—Lo llamaban Dr. A, y es como su gobernante —dijo Becca con una mueca de dolor, refiriéndose al anestesista que se autodenominó «líder del movimiento para mejorar la salud»—. El Dr. A sale y suelta un mensaje inspirado en un culto sobre cómo estamos salvando la vida de la gente una por una y cómo estamos haciendo que Estados Unidos sea saludable. Por supuesto, cobran una fortuna por las entradas para verlo.

Todos los MLM organizan fiestas de autoayuda similares a las de Tony Robbins que cuestan miles de dólares. Tupperware celebra su aniversario cada año. Las conferencias sobre carreras profesionales de Mary Kay son conocidas por sus ceremonias de reconocimiento orquestadas de forma magistral. Los reclutas no van solo por diversión, sino que estas convenciones se anuncian como obligatorias si un recluta quiere «tener éxito» de verdad, aunque tengan la seguridad de que el objetivo no es proporcionar un consejo de venta útil. Se trata de pintar el retrato más halagador y extravagante posible de la empresa con el fin de atraer a los reclutas ya comprometidos. El evento que suele llevar a cabo Amway parece un cruce entre una carpa cristiana, un mitin político, un partido de fútbol y una reunión familiar a gran escala. Algunas conferencias de Amway se llaman literalmente «reuniones familiares».

Más que cualquier otra familia de MLM, Amway ejerce un poder increíble no solo sobre las personas directamente implicadas en la empresa, sino sobre todo el sistema político estadounidense. Fundada en 1959, Amway opera en un centenar de países y factura nueve mil millones de dólares al año gracias a su red de cuatro millones de distribuidores conocidos como International Business Owners (IBO). Asimismo, es una empresa cristiana cuyo mensaje fundamental es que los estadounidenses hemos perdido el contacto con las cualidades que una vez nos hicieron grandes, es decir, la libertad individual para tener éxito, los tradicionales «valores familiares estadounidenses» y la devoción inquebrantable a los Estados Unidos bendecidos por Dios*.

«Voy a decirles lo que está mal en este país», bramó Dave Severn, uno de los pocos ejecutivos diamante de la empresa, en un mitin de 1991. (Los principales títulos de Amway llevan nombres de gemas preciosas y otros tesoros, como rubí, perla, esmeralda, diamante, doble diamante, triple diamante, corona, embajador de la

---

* Los «valores familiares estadounidenses» son una pieza clásica de lenguaje cargado que la política de derechas utiliza como arma para condenar el aborto, el matrimonio homosexual y el feminismo, al considerarlos, por definición, antiestadounidenses.

corona). «Han permitido que todo lo que representamos simplemente se fuera al garete al contratar a PERSONAS NO CRISTIANAS para que dirigieran una sociedad basada en el cristianismo. El negocio Amway está construido sobre las leyes de Dios» [116].

Los dos fundadores profundamente conservadores de Amway fueron Jay van Andel y Rich DeVos, quienes murieron en 2004 y 2018 respectivamente. El segundo nombre debe resultarte familiar, pues los DeVos son una familia de multimillonarios con influencia en la política y con sede en Michigan, y Rich era el suegro de Betsy, la secretaria de Educación de Donald Trump. Con un patrimonio personal de más de cinco mil millones de dólares, Rich DeVos fue presidente de finanzas del Comité Nacional Republicano y amigo de Gerald Ford, obtuvo exenciones fiscales especiales de Amway por cientos de millones de dólares y canalizó sumas ingentes a los fondos de los candidatos presidenciales republicanos. Además, Amway financió las campañas de Ronald Reagan, las de los dos George Bush y, como es natural, las del presidente que mejor se ha llevado con la venta directa en el transcurso de la historia, Donald Trump. A lo largo de la década de 2010, Trump se forró gracias a su apoyo a varios MLM [117], incluyendo una empresa de vitaminas y otra de seminarios que le pagaron siete cifras, a cambio de que les dieran permiso para utilizar su imagen como mascota y para renombrarlas como Red Trump e Instituto Trump. (En 2019, un juez federal dictaminó que Trump y sus tres hijos podían ser demandados por fraude en relación con estas organizaciones) [118]. Para devolver los favores de DeVos, todos estos presidentes elogiaron de manera pública a Amway, y a la Direct Selling Association en general, como una empresa encomiable y profundamente patriótica*.

---

* Incluso los demócratas han aceptado el dinero de DeVos a cambio de alabanzas públicas. Bill Clinton, por ejemplo, se llevó setecientos mil dólares en 2013 tras haber intervenido en una conferencia de Amway en Osaka (Japón).

La interpretación del siglo XVII de la teología de la prosperidad que hace Rich DeVos sugiere que, si no eres rico, entonces Dios no te ama: «El sistema de libre empresa (...) es un regalo de Dios para nosotros, y deberíamos entenderlo, abrazarlo y creer en él». Según DeVos, si uno llevara toda la vida sintiéndose excluido del sistema, sería un imbécil si no renunciara a la burocracia y se pasara a un MLM.

Esta es la retórica que impregna los legendarios mítines de Amway, en los cuales el desarrollo del espectáculo podría ser algo así: con la cadencia de un predicador pentecostal, un presentador comienza con una anécdota sobre uno o dos de los IBO más exitosos de Amway. Luego presenta al orador principal. Con la banda sonora de la canción principal de *Rocky*, el orador emerge mientras los asistentes enloquecen. El orador —por lo general un IBO blanco, varón y con un nivel de gema que se mete en el bolsillo decenas de miles de dólares solo por aparecer— narra su emotiva historia de éxito mientras va haciendo clic en un PowerPoint en el que aparecen las casas, los yates, los coches y las vacaciones que ha adquirido gracias a Amway. Gritos de «¿A que es genial?» y «¡Yo creo!» resuenan por todo el recinto. Diamantes y perlas gritan «¡Qué dulce es!». A continuación, se hace una entrega de premios y, para terminar, el público se une a una llorosa interpretación de *God Bless America*. Al final, las líneas ascendentes miran a sus líneas descendentes a los ojos y les dicen: «Te quiero».

No hace falta ser sociólogo para darse cuenta de lo engañoso que es soltarles la bomba de «amor» a los subordinados del negocio, sobre todo sabiendo que nunca ganarán un céntimo a raíz de ese vínculo y que mucho menos se comprarán un yate. La mayoría de los reclutas ni siquiera quieren un yate. No sabrían qué uso darle. Una vez más, la razón por la que en un principio se unieron a la empresa y por la que después asistieron a esta pomposa conferencia fue porque son una ama de casa o un inmigrante que intenta construir una vida decente.

Pongámonos en el caso de que eres un empleado de MLM que lleva un tiempo en el negocio, que incluso ha asistido a una o dos conferencias y que, al final, ha comenzado a tener la sensación de que quiere salir. Si mencionas estos sentimientos a alguien de dentro, puedes dar por seguro que tu línea ascendente te enviará mensajes en los que te culpará y te hará *gaslighting* para que te quedes. Becca tuvo la suerte de que su suegra era una línea ascendente bastante relajada, así que cuando un año después de haber empezado con Optavia decidió abandonar mientras le iba bien, solo tuvo que ignorar un puñado de llamadas. Sin embargo, para otros miembros del MLM el coste al salir es enorme. Si bien es cierto que lo más probable es que no haya amenazas de robo de cuerpos por parte de extraterrestres al estilo de la cienciología, es muy posible que experimentes una culpa y una ansiedad agonizantes por haber renunciado a tus sueños y por haber perdido una familia de acogida. Una antigua IBO de Amway se lamentaba de lo terriblemente mal que se sentía cuando la gente que una vez le había dicho que la quería de repente la abandonaba sin ningún remordimiento. En sus propias palabras: «Justo al principio te enfrentas al amor (...) [y] a la atención por parte de los Amwayianos. Tienes la impresión de que la gente de verdad está interesada en ti como persona. Pero no es verdad. Es solo un medio para vincularte al grupo».

IV

Hola, cielo, he visto tu mensaje en el chat del grupo de Facebook. Sé que estás pensando en irte. Te sientes frustrada y sin inspiración. Lo entiendo. CRÉEME. Pero las personas que tienen más éxito en este negocio son las que siguen adelante. Piensa en esto como una prueba. ¿Demostrarás que eres una *boss babe* total y le darás la vuelta a las cosas, o te rendirás? Piensa en el tiempo y el trabajo que has invertido. ¿De verdad quieres tirarlo todo por la borda? Piensa en todo el dinero que ganarás si sigues un par de meses más. Piensa en esas facturas médicas, piensa en tus hijos. No seas EGOÍSTA. ¡¡Sé FUERTE!! Sabes que aquí todos somos familia, así que, por favor, ayúdame a que TE AYUDE. Hablemos por teléfono para discutirlo antes de que hagas algo de lo que te puedas arrepentir, ¿vale? Besos y abrazos.

Hay otra parte de la respuesta a lo que hace que para algunas personas el lenguaje del MLM suene a estafa y les dé escalofríos, pero que resulte atractivo y creíble para otras. Que asociemos declaraciones como «¿Quieres nadar en efectivo?» y «¡Podrías ser millonario en un año!» con el fraude no tiene que ver con las palabras en sí mismas (que, por sí solas y sin ningún contexto, suenan tentadoras). En cambio, tiene que ver con las diferentes formas en las que los humanos han evolucionado para procesar la información. Tiene que ver con la ciencia social de la credulidad [119].

Según el psicólogo Daniel Kahneman, ganador del premio Nobel, la credulidad existe debido a dos sistemas opuestos de procesamiento de datos que se han desarrollado en el cerebro de los seres humanos: el Sistema 1 y el Sistema 2 del pensamiento. El Sistema 1 es rápido, intuitivo y automático. Cuando alguien nos cuenta algo, este sistema se basa en la experiencia personal y en el conocimiento anecdótico para emitir un juicio rápido. Entre los humanos prehistóricos que vivían en pequeños grupos en los que la confianza se basaba en las relaciones cara a cara de toda la vida, este método era prácticamente lo único que se necesitaba. En aquella época, no había que ser demasiado escéptico cuando alguien te contaba algo, porque lo más probable era que ese alguien fuera tu madre o tu primo u otra persona que conocías desde siempre. Hoy en día, cada vez que tenemos una respuesta heurística a alguna noticia que nos hace tomar una decisión instantánea al respecto, está actuando el Sistema 1 de pensamiento.

Luego tenemos el Sistema 2, que implica un juicio más lento, deliberativo y racional. Se trata de un desarrollo mucho más reciente. En la «era de la información», en la cual miles de millones de personas interactúan de forma anónima en Internet, difundiendo afirmaciones cuestionables y teorías conspirativas perjudiciales, el Sistema 2 resulta útil, puesto que, cuando algo suena sospechoso, no tenemos que basarnos en el instinto para tomar decisiones al respecto. Podemos tomarnos nuestro tiempo, hacer preguntas, investigar a fondo y luego decidir cómo queremos reaccionar. Por desgracia, como este proceso es mucho más nuevo que el Sistema 1, no siempre funciona. En parte, debemos darles las gracias a esos defectos del razonamiento humano profundamente arraigados [120], como el sesgo de confirmación y las nebulosas divisiones cognitivas del trabajo, por nuestra disfunción del Sistema 2. En resumen, los seres humanos están evolucionando para ser capaces de manejar mucha información sobre muchas cosas diferentes, pero no somos unos robots con inteligencia artificial ni lo hacemos a la perfección.

En la vida contemporánea, cuando se lanza un MLM con todos esos acuerdos grandilocuentes, muchas personas tienen una reacción visceral. No necesitan escribir una lista de pros y contras o pensar en ello de forma crítica (después de todo, lo más probable es que el discurso viniera de alguien que conocen y al que pueden juzgar con facilidad). Son capaces de decir de inmediato que, o bien A) parece una gran oportunidad, o bien B) es una basura y no es para ellas. Ese es el Sistema 1 en funcionamiento. Sin embargo, otras personas necesitan más tiempo y reflexión. Por suerte, tenemos el Sistema 2.

La economista Stacie Bosley hizo un experimento para demostrar cómo funcionan los Sistemas 1 y 2 en el reclutamiento de estafas piramidales. Montó un negocio en una feria estatal y les entregó cinco dólares en efectivo a los transeúntes, diciéndoles que podían quedarse con el dinero o probar su «juego del avión» (que es como una versión condensada de una estafa piramidal). Algunas personas echaron un vistazo a la oferta y dijeron: «De ninguna manera, señora. Me quedo con mis cinco dólares. Eso es una estafa». Otras se tomaron su tiempo para procesarlo, miraron todas las reglas, evaluaron la situación y, al final, le dijeron: «No, esto no es un buen negocio». Llegaron a la misma conclusión, pero a través del Sistema 2 en lugar de con el Sistema 1. Luego hubo personas que deliberaron con cuidado, pero carecían de las herramientas para hacerlo bien —la cognición, la alfabetización—, por lo que, al final, decidieron probar el juego del avión. Y luego hubo quienes jugaron de manera impulsiva y acabaron fastidiados. Según

Bosley, la impulsividad es un indicador de diagnóstico común de cómo las personas son vulnerables al fraude.

No está del todo claro por qué el Sistema 1 de algunas personas tiene un sentido arácnido para las estafas piramidales, las curas para la salud de charlatanes y otros mensajes demasiado buenos como para ser verdad, mientras que el de otras no. Algunos investigadores afirman que podría estar relacionado con las diferencias en cuanto a la confianza [121] que surge en la primera infancia. Según la teoría, cuando se desarrolla la confianza de pequeño, se crea una expectativa de por vida acerca de que el mundo será honesto y amable con uno. Todo tipo de exposiciones que tienen lugar en la infancia pueden hacer que una persona sea más o menos confiada. Algunas personas, como mi padre, pueden haber visto dañada su confianza por la ausencia de sus padres o por otro tipo de traumas. Sin duda, cuando se añaden factores como el estrés y las dificultades económicas, algunas personas optan por ignorar sus instintos escépticos y acaban de todos modos metidas hasta el cuello en alguna estafa. Aunque me gustaría atribuirme el mérito intelectual de mi exquisito y sensible olfato para los fraudes, sé que mi desprecio por las estafas piramidales se debe probablemente al hecho de que soy suficientemente privilegiada como para no necesitar sus promesas con urgencia.

Los sociólogos también dicen que la educación superior y la formación en el método científico por lo general hacen que la gente sea menos crédula. Y, para bien o para mal, también lo hace estar de mal humor. En varios experimentos, los investigadores descubrieron que, cuando alguien está de buen humor, se vuelve más inocente y desprevenido, mientras que estar malhumorado hace que uno perciba mejor el engaño [122]. Este debe ser el mayor superpoder de viejo cascarrabias del que he oído hablar jamás.

V

Mi frase favorita, que les he oído decir a los seguidores de los MLM para defender su negocio, es: «Esto no es una estafa piramidal. Los trabajos corporativos son la auténtica estafa piramidal». Es a la vez un cliché de terminación del pensamiento sin sentido y una señal de neón intermitente que indica un condicionamiento «nosotros contra ellos». Sin embargo, aunque los MLM hablan mucho de la América corporativa, y la América corporativa piensa que los MLM son una broma y una estafa, al final ambos derivan de la misma historia capitalista protestante. Además, el cuento que desprende una positividad tóxica y que afirma que nuestra sociedad es una meritocracia real —que se puede ascender desde lo más bajo hasta lo más alto si se trabaja duro y se tiene fe— también impregna la retórica de nuestra población activa «normal».

Muchas empresas modernas intentan de manera resuelta conseguir seguidores propios de un culto a imagen y semejanza de empresas como Trader Joe's, Starbucks e Ikea, las cuales han logrado cultivar una solidaridad y una lealtad extremas entre empleados y clientes. Para saber más sobre el lenguaje de las empresas que se parecen a un culto, me puse en contacto con Manfred F. R. Kets de Vries, experto en negocios y consultor de gestión neerlandés. Tras haber estudiado los estilos de liderazgo en el lugar de trabajo desde la década de 1970, Kets de Vries confirmó que el lenguaje es una pista fundamental a la hora de determinar si una empresa se parece demasiado a un culto para su comodidad. Según él, las alertas rojas deberían surgir cuando hay demasiados discursos motivacionales, eslóganes, cantos, palabras en clave y una excesiva jerga corporativa sin sentido.

La mayoría de nosotros se ha encontrado con algún dialecto de la jerga vacía propia del lugar de trabajo. Los *Corporate BS generators** son fáciles de encontrar en la web (y es divertido jugar con ellos), y producen frases como «orquestar con rapidez los resultados orientados al mercado» y «nublar de manera progresiva el capital humano de primera categoría». En mi antiguo trabajo en una revista de moda, los empleados siempre estaban lanzando metáforas sin ningún tipo de base científica, como «sinergia» (el estado en el que te encuentras en la misma página), «mover la aguja» (hacer un progreso notable) y *mindshare* (¿algo que tiene que ver con la popularidad de una marca? Todavía no estoy segura). A mi antiguo jefe le encantaba que todo el mundo transformara sustantivos en verbos transitivos, y viceversa, sin necesidad alguna; por ejemplo, *whiteboard* en *whiteboarding*, *sunset* en *sunsetting* y el verbo *ask* en el sustantivo *ask*. La gente lo hacía incluso cuando era obvio que no sabían muy bien lo que estaban diciendo o por qué. Como es natural, este conformismo siempre me ha asustado y he disfrutado parodiándolo en mi tiempo libre.

En sus memorias tituladas *Uncanny Valley*, la reportera especializada en tecnología Anna Wiener bautizó todas las formas de lenguaje corporativo como «lenguaje basura». El lenguaje basura existe desde mucho antes de Silicon Valley, aunque sus temas han cambiado con los tiempos. En los años ochenta, apestaba a bolsa de

---

* N. de la T.: Páginas o aplicaciones que generan frases carentes de significado a partir de una elección aleatoria de palabras.

valores [123]; por ejemplo, *buy-in*, «apalancamiento» y «volatilidad». Los años noventa trajeron la imaginería informática, como es el caso de «ancho de banda», «dar un toque», «vamos a desconectar».

En el siglo XXI, con la cultura de las nuevas empresas y la disolución de la separación entre trabajo y vida privada (las piscinas de bolas de Google y los masajistas en la oficina), en combinación con los movimientos que van encaminados hacia la «transparencia» y la «inclusión», tenemos un lenguaje místico, políticamente correcto y de autoempoderamiento; por ejemplo, «holístico», «actualizar» y «alineación».

Esta jerga no es perjudicial por sí sola. Como siempre, las palabras necesitan un contexto. Y cuando se las emplea en entornos competitivos relacionados con las nuevas empresas, los que están en el poder pueden aprovecharse fácilmente del afán de logro de los empleados (y de la necesidad básica de empleo). El exceso de «lenguaje basura» puede indicar que los altos cargos están suprimiendo la individualidad, ya que ponen a los empleados en un espacio mental en el que toda su realidad se rige por las normas de la empresa, las cuales lo más probable es que no hayan sido creadas con mucha compasión o justicia en mente. (Las investigaciones muestran de manera sistemática que algo así como uno de cada cinco directores generales tiene tendencias psicopáticas [124]). «Todas las empresas usan términos especiales, que a veces tienen sentido, pero a veces son absurdos», dijo Kets de Vries. «Como consultor, a veces entro en una organización en la que la gente utiliza nombres en clave y acrónimos, pero en realidad no saben de qué están hablando. Solo imitan lo que dicen los altos cargos».

En Amazon, por ejemplo, los ideales de Jeff Bezos son sorprendentemente similares a los de los líderes de los MLM, es decir, desprecio por la burocracia, fijación por las jerarquías, incentivos para llegar a la cima sin importar a quién se traicione, y una yuxtaposición de discursos motivacionales y grandilocuentes cargados de metáforas de derrota. Bezos creó su propia versión de los diez mandamientos: los «principios del liderazgo»[125]. Es un código sobre cómo deben pensar, comportarse y hablar los Amazonians. Hay catorce de estos principios, todos ellos tópicos vagos, como «pensar en grande», «profundizar», «tener iniciativa» y «obtener resultados». Los empleados los recitan como mantras. Según un explosivo reportaje sobre Amazon publicado en *The New York Times* en 2015, estas reglas forman parte del «lenguaje diario de la empresa (...), que se utiliza a la hora de contratar, se menciona en reuniones y se cita en las colas de los *foodtrucks* a la hora de comer. Algunos Amazonians dicen que se las enseñan a sus hijos».

Tras la contratación de un empleado de Amazon, se le asigna la tarea de memorizar las quinientas once palabras de los principios del liderazgo. Unos días más tarde, se lo somete a una prueba, y si es capaz de recitar los principios a la perfección recibe un premio simbólico: el permiso para proclamar «Soy peculiar», el eslogan de Amazon para quienes superan de manera admirable los límites del lugar de trabajo. A partir de ese momento, cabe esperar que los empleados destrocen las ideas de los demás en las reuniones (de forma similar a los enfrentamientos viciosos del juego Synanon), «incluso cuando hacerlo resulte incómodo o agotador» (es lo que dice el principio del liderazgo número 13). Si un subordinado da una opinión o responde a una pregunta de una forma que no le gusta a su jefe, lo más seguro es que lo llamen «estúpido», o que lo interrumpan a mitad de la frase y le digan que deje de hablar. Según los antiguos Amazonians, las máximas que se repiten a menudo en la oficina son: «Cuando te topes con el muro, súbete al muro» y «El trabajo es lo primero, la vida es lo segundo y tratar de encontrar el equilibrio es lo último». El propio Bezos les escribió a los accionistas en una carta en 1999: «No dejo de recordarles a nuestros empleados que tengan miedo, que se levanten cada mañana aterrados».

Si bien es cierto que aterrorizar a su personal para que obedezca puede ayudar a que una empresa cumpla sus objetivos con más rapidez a corto plazo, Kets de Vries dice que la rigidez ahoga la innovación, lo que a largo plazo es malo tanto para la empresa como para los empleados. (Y eso sin hablar de la ética o de la empatía). Durante sus consultas de gestión, Kets de Vries aconseja a los altos ejecutivos que se pregunten lo siguiente: ¿fomenta la empresa la individualidad y el inconformismo para impulsar los avances? ¿Anima a los empleados a tener una vida y un lenguaje propios? ¿O todo el mundo habla exactamente en el mismo tono y con la misma verborrea que suena sospechosamente como la del responsable? «Estando en el puesto de un alto cargo, si no tienes cuidado, entras en una caja de resonancia», explica Kets de Vries. «La gente te va a decir lo que quieres oír, así que empiezas a salirte con la tuya. Y esa locura se institucionaliza muy rápido».

Entrevisté a una antigua empleada de una empresa de «moda sostenible», en un principio sobre su participación en The Class, de Taryn Toomey (un estudio de *cult fitness* del que hablaremos un poco en la parte 5), y me dijo que la única razón por la que se involucró en el «culto» del entrenamiento fue en respuesta a que por fin había dejado su infernal trabajo. Durante los tres años que trabajó en la empresa de moda, su líder, impresionante desde el punto de vista físico y sádico desde el punto de vista psicológico, le impidió dormir, ganar un salario digno o mantener relaciones externas. Al final, el trabajo le provocó una crisis nerviosa y se largó en busca de la introspección, y fue entonces cuando encontró The Class, que acabó siendo una experiencia totalmente positiva para ella.

—El grupo de entrenamiento no se parece en nada a mi antiguo trabajo, que se apoderó de toda mi existencia —me dijo—. Mi jefe esperaba que tratáramos su empresa como si fuera nuestra religión. La verdad es que me arruinó la vida un poco durante un tiempo.

Millones de estadounidenses han trabajado para una empresa de culto en algún momento, y algunos de nosotros incluso hemos sufrido una atmósfera tan tiránica como la de Amazon. En la ilusoria escalera del capitalismo estadounidense, solo hay que subir unos cuantos peldaños en una corporación que no te paga con dinero, sino con mentiras... el MLM estrellado.

VI

He dicho antes que un MLM no es más que una estafa piramidal a la que no han logrado atrapar. Así, pues, ¿cómo se hace para desenmascarar estos engaños?

Para encontrar la respuesta, recordemos la historia de cómo la Comisión Federal de Comercio (FTC) cerró su primer MLM. A principios de la década de 1970, Holiday Magic, una empresa de cosméticos de mala calidad (que no tenía nada que ver con las festividades anuales), empezó a recibir una avalancha de demandas. El negocio había sido fundado una década atrás por William Penn Patrick, el mayor charlatán de todos los vendedores directos que he conocido. Con sede en el norte de California, era un aspirante a senador republicano de treinta años al que *Los Angeles Times* llamó una vez el «político más extraño» del estado [126].

Al igual que la mayoría de los fundadores de MLM, Patrick era muy aficionado a la teología de la prosperidad y al Nuevo Pensamiento, y era famoso por convertir los lemas inspiradores en amenazas. «Decidles [a los reclutas] que van a ser más felices, más sanos, más ricos y que van a recibir lo que quieren de la vida con el programa Holiday Magic» [127], escribió, tras lo que añadió con el mismo trazo: «Cualquier persona que fracase en el programa Holiday Magic debe caer en una de las siguientes categorías: perezoso, estúpido, codicioso o muerto». Patrick también era conocido por organizar la conferencia de MLM más extraña de la historia. Se llamaba Leadership Dynamics, tenía lugar en un motel de mala muerte del Área de la Bahía de San Francisco y costaba mil dólares asistir. Durante dos días seguidos, Patrick hacía que los reclutas participaran en una serie de extraños juegos de poder; por ejemplo, hacía que se metieran en ataúdes y los colgaba en gigantescas cruces de madera, donde se quedaban toda la tarde. Al igual que Jim Jones, Chuck Dietrich y (en menor medida) Jeff Bezos, también los obligaba a realizar sesiones de «terapia de grupo» en las que se atormentaban verbalmente durante horas.

Patrick se comportaba de manera trastornada desde todos los ángulos, pero, cuando la FTC lo llevó a los tribunales, su argumento más convincente contra él y lo que finalmente les permitió cerrar Holiday Magic, fueron las observaciones sobre su discurso. Al final, el tribunal dictaminó que la hipérbole engañosa de Patrick, las palabras de moda cargadas y el *gaslighting* disfrazado de inspiración eran lo que lo definía como un estafador piramidal. Esto tiene sentido, porque en todos los ámbitos de la vida, tanto en los negocios como en los demás aspectos, cuando se sabe que algo es éticamente incorrecto pero se tiene dificultad para determinar por qué, el lenguaje es un buen lugar en el que buscar pruebas. A esto fue a lo que recurrió la FTC para aplastar a Holiday Magic, y, durante los siguientes años, sus abogados citaron el mismo tipo de mensajes extravagantes y fraudulentos cuando procesaron una letanía de MLM, incluyendo el más grande al que jamás hayan perseguido: Amway.

En 1979, la FTC finalmente acusó a Jay van Andel y a Rich DeVos de implementar actividades propias de una estafa piramidal, lo que dio lugar a un caso muy largo. No obstante, como sabemos, Amway nunca cerró el negocio. (Una vez más, se trataba de una empresa cuyos fundadores jugaban al golf con los jefes de Estado, por lo que no había ninguna posibilidad de que el gobierno los derribara). El juez impuso una multa de cien mil dólares a la compañía (una cantidad insignificante para los pesos pesados de las empresas) y dejó que siguiera su camino.

Por último, el hecho de que la FTC perdiera su caso contra Amway ofreció a toda la industria de la venta directa una medida de protección que podía usar de ahí en adelante. Desde 1979, la FTC solo ha prohibido un puñado de MLM, y nunca ninguno de los gigantes. Ahora, cada vez que un MLM está en el punto de mira, puede decir: «No, no, no, se equivocan. No somos una estafa piramidal. No somos un culto. Somos como Amway. Somos una meritocracia. Somos la oportunidad de ser un empresario, un dueño de negocio, una *#bossbabe*. No somos una estafa, somos el sueño americano».

Y en lo que respecta a los tribunales, estos sentimientos son suficientemente ciertos como para creer que no hay nada de culto en ellos.

Hola. Odio tener que hacer esto. Pero me acaban de avisar desde arriba, y, por desgracia, vamos a tener que dejarte ir. Cuando te uniste por primera vez a mi equipo, estaba muy entusiasmada con tu potencial. Pero, a pesar de todo el tiempo y el esfuerzo que invertimos en tu crecimiento, parece que no lo querías de verdad. Algunas personas no son las adecuadas para esta oportunidad, y créeme, como tu línea ascendente, esto es más difícil para mí que para ti. Voy a tener que eliminarte del grupo de Facebook y desactivar tu cuenta. Supongo que no eras una *boss babe* después de todo. Un beso.

PARTE 5
ESTA HORA VA A CAMBIARTE LA VIDA... Y HARÁ QUE ESTÉS IMPRESIONANTE

I

Al igual que un soldado de juguete, me hallo marchando vigorosamente en el lugar. Me parece una tontería, y quiero dejarlo a medias, pero me he dicho que lo hago con todo lo que tengo o no lo hago. Mientras muevo los antebrazos y los puños frente a mí con todo el afán que me permiten mis músculos, aprieto los ojos mientras repito la frase: «Tengo una fuerza incalculable».

Mis padres se han ubicado a ambos lados, ligeramente escalonados para que haya espacio suficiente, y están realizando el mismo movimiento y uniéndose a mí en la afirmación: «Tengo una fuerza incalculable».

—¡Encárnalo, despiértalo! —grita nuestra resplandeciente líder, Patricia Moreno, proyectando ternura y ferocidad a partes iguales. Ella llama a este movimiento FUERZA DE VOLUNTAD.

Tras contar hasta ocho unas pocas veces más, estamos golpeando el aire frente a nosotros, retorciendo nuestros torsos con cada gancho. Este movimiento se denomina FUERZA.

—Es el recordatorio de dejar de hablar de lo que no podéis hacer y convocar a vuestra fuerza —narra Moreno—. VOSOTROS sois los que decidís que HOY sois suficientemente fuertes como para hacer cualquier cambio que queráis. Decid: «Soy más fuerte de lo que parezco».

—Soy más fuerte de lo que parezco —repetimos sin dejar de golpear y retorcernos.

—¡Precioso! ¡Sentíos como guerreros! —canturrea Moreno.

Dos movimientos más completan nuestra rutina de cuatro pasos. El siguiente se llama VALENTÍA. Saltando sobre un pie y con la pierna opuesta echada hacia atrás, cerramos las manos en esferas y las lanzamos al cielo, una por una.

—Siempre que estéis estresados, haced ese movimiento y os ayudará a interrumpir las preocupaciones, las dudas y los miedos —nos insta Moreno—. Y, entonces, cambiáis vuestro lenguaje y decís: «¡Soy más valiente de lo que pienso!».

Mis padres y yo repetimos la frase, haciendo estallar nuestros cuerpos en el aire.

—¡Soy más valiente de lo que pienso!

Último movimiento: ABUNDANCIA. Apoyamos las palmas de las manos sobre el corazón, las abrimos con entusiasmo en una amplia «V» por encima de nuestras cabezas, nos tocamos de nuevo el corazón y luego extendemos los brazos hacia abajo junto a las caderas, para reflejar la postura anterior. Mientras tanto, repetimos: «He sido bendecido con todo lo que necesito».

—¡La gratitud es la actitud que CAMBIARÁ VUESTRA VIDA! —ruge Moreno—. Tenéis que pensar, hablar y centraros en las bendiciones que ya tenéis.

Ahora irrumpimos en un *jumping jack*, con los brazos abiertos hacia arriba y los dedos de los pies golpeando el suelo, mientras gritamos: «¡He sido bendecido con todo lo que necesito!».

—¡Hagámoslo todos! —anima Moreno, y repetimos los cuatro movimientos seguidos: FUERZA DE VOLUNTAD, FUERZA, VALENTÍA, ABUNDANCIA.

Y luego, de la nada, brotan las lágrimas. No llevo ni cinco minutos con las afirmaciones y los movimientos de Moreno cuando mi voz se quiebra en un gorjeo. Mi madre se da la vuelta y sonríe con desgana.

—Amanda, ¿estás… llorando? —Escucho cómo trata de no sonar crítica. Mis padres llevan dos años sin verme llorar.

—¡Todos dijeron que iba a pasar! —grito en defensa propia mientras me río y lloro a la vez, traicionada por este reflejo líquido. Con eso, el hechizo se rompe.

—Muy bien, ya es suficiente —protesta mi padre, y se sacude la rutina como un disfraz que acaba de notar que es ridículo—. Me voy al garaje para subirme a la bicicleta estática. Yo hago ejercicio SOLO.

—Lo sabemos, Craig. Llévate la basura para reciclar —replica mi madre, que sigue marchando en su sitio y moviendo las manos.

Aquí en la casa de los Montell todo es un jolgorio. Mis padres, profesores de ciencias, y yo, el trío más cínico que jamás haya gritado la frase «he sido bendecido con todo lo que necesito» mientras intenta hacer *jumping jacks*, estamos asistiendo a una clase gratuita *online* de intenSati. Este entrenamiento, proclamado por los medios de comunicación y con seguidores fieles[128], fue creado a principios de la década de 2000 por la antigua campeona de aeróbic y actual instructora virtual Patricia Moreno, de cincuenta y cinco años, cuyas brillante cola de caballo negra y radiante sonrisa están siendo reflejadas desde un iPad en la terraza de mis padres. Bautizada por Cosmopolitan.com como una mezcla entre «una Oprah mexicana súper en forma» y una «versión deportista de JLo», Moreno hace que el atletismo y la iluminación parezcan una combinación sencilla. Su técnica de alta potencia combina elementos de la danza, del *kick-boxing* y del yoga con afirmaciones, de modo que cada movimiento tiene un mantra que lo acompaña. En la jerga de intenSati, estas combinaciones de movimientos y afirmaciones se denominan «conjuros», un concepto que Moreno aprendió en una conferencia de Tony Robbins a principios del milenio. El nombre «intenSati» (un juego de palabras que se asemeja a *intensity*) es una combinación de *intention* y *sati*, la palabra en lengua pali para «atención plena». Podría ser clasificado definitivamente como «místico».

Mi madre y mi padre, con cincuenta y ocho y sesenta y cuatro años respectivamente, están en una forma física fantástica, mucho mejor que yo, gracias al ciclismo y la natación que hacen en Santa Bárbara, donde se mudaron desde Baltimore hace siete años. Les encanta recordarme que no «les va eso de entrenar en grupo», pero, mientras estaba de visita el fin de semana, los convencí para que probaran una de las clases de *cult fitness* que he estado investigando para este libro.

—Lo sé todo sobre los entrenamientos desde casa. —Mi madre sonríe mientras se recoge el pelo en un moño—. Me apunté a Peloton, ¿sabes?

A intenSati me la recomendó Natalia Petrzela, una estudiante convertida en instructora que empezó a seguir a Moreno (tanto física como ideológicamente) en 2005. Me sentí inclinada a escuchar a Natalia, que parecía más realista que el estereotipo de *cult workout** que acostumbro a ver en Los Ángeles, es decir, la defensora del bienestar suscrita a Equinox que va a SoulCycle tres veces a la semana y a CorePower Yoga los otros cuatro días, vive en *leggings* Lululemon y no ha ingerido un solo carbohidrato desde la temporada doce de *The Bachelor*. Natalia es una historiadora del *fitness* en la New School de Nueva York, tiene un doctorado en Stanford y se identifica como «no atlética» y «alienada por el deporte». Prometió que si yo, una feminista aguafiestas a la que la intimida el ejercicio, me iba a enamorar de algún *cult workout*, estaba bastante segura de que intenSati sería el elegido.

---

* N. de la T.: Término que usa la autora para hacer referencia a los entrenamientos que reúnen las características para que se los considere un culto o una especie de culto.

—Yo era tan escéptica como tú con esto de los *cult workouts* —jura Natalia—. Recuerdo que la primera vez que me describieron intenSati fue como «el uso de voces y visualizaciones para transformar tu cuerpo y tu perspectiva», y yo dije: «Ni de coña, esto es demasiado místico».

—Está bien, está bien —respondo—. Lo probaré.

Puede que en la actualidad no parezca algo destacable el hecho de que los mensajes místicos de autoayuda se unan con una clase de ejercicio intenso, pero cuando Natalia encontró intenSati a mediados de los 2000 los dos conceptos acababan de conocerse. Moreno no lo sabía cuando creó el entrenamiento en 2002, pero su lanzamiento fue perfectamente oportuno, pues, a principios del siglo XXI, las *boutiques fitness* estaban empezando a convertirse en una industria importante. En los años ochenta y noventa, la mayoría de los estadounidenses hacían ejercicio en grandes gimnasios o en centros comunitarios como el YMCA, de manera que las clases de entrenamiento pequeñas y más caras con instructores carismáticos, una marca fuerte y beneficios trascendentes todavía no eran la norma.

En la década de 1950, la comunidad médica ni siquiera recomendaba de manera universal el ejercicio para las mujeres (y mucho menos que hicieran sudar el culo mientras gritaban en público varias veces a la semana cosas que les daban poder). En los años veinte y treinta del pasado siglo, una de las únicas *boutiques fitness* estadounidenses que tuvo éxito fue una cadena llamada Slenderella, cuya filosofía se basaba solo en adelgazar el cuerpo de las mujeres con delicadeza, sin sudor y con fines puramente estéticos. Las clases ofrecían rítmica (estiramientos ligeros y baile), lo que les prometía a las clientas reducir «todos los lugares correctos» sin el «trabajo y sufrimiento» que suponía el esfuerzo real, lo cual se consideraba, de forma despectiva, poco femenino y que conducía a músculos grandes y «varoniles» y a riesgos reproductivos. En su lugar, las mujeres estadounidenses desarrollaron una fijación por la «reducción» (y, desde entonces, la pérdida de peso ha seguido siendo un «culto» funesto por sí solo).

No fue hasta finales de la década de 1960 cuando los estadounidenses se persuadieron de que hacer ejercicio hasta sudar era bueno para todos. En 1968, el libro sobre *fitness* titulado *Aerobics* ayudó a convencer al público de que el ejercicio era beneficioso para hombres y mujeres. Durante las dos décadas siguientes, las mujeres adoptaron el ejercicio con gusto y pronto descubrieron lo que los estudios de antropología cognitiva revelarían más tarde, que era más divertido hacerlo en grupo [129]. (Las endorfinas surgen incluso con más fuerza cuando hacemos ejercicio juntos [130]).

En los años setenta y ochenta, época en la que el movimiento de liberación de la mujer se encontraba en una etapa avanzada, se aprobó el Título IX de las Enmiendas de Educación y se inventó el sujetador deportivo; las mujeres estaban preparadas para reunirse y ponerse en forma. Fue entonces cuando despegó Jazzercise (que en 1984 se convertiría en una de las franquicias de mayor crecimiento del país, superada solo por Domino's Pizza). Inventado por la bailarina profesional Judi Sheppard Missett, Jazzercise hizo que millones de mujeres se interesaran por el *fitness* comunitario. Instructoras famosas como Jane Fonda y Raquel Welch, con sus brillantes y distintivas prendas de licra y su estilo alegre, se convirtieron en algunas de las primeras *influencers fitness*.

Los gimnasios y centros deportivos grandes, como 24 Hour Fitness y Crunch, controlaron el mercado de los entrenamientos durante un tiempo, a finales de los ochenta y los noventa, más o menos al mismo tiempo que el yoga se abría paso entre los estadounidenses de a pie. Por supuesto, el yoga ya existía desde hacía milenios [131]; se pueden encontrar referencias a la práctica en textos indios que se remontan a dos mil quinientos años atrás. Sin embargo, durante gran parte de la historia del yoga, los únicos practicantes eran ascetas religiosos. Para estos yoguis orientales, no había saludos al sol acrobáticos ni termostatos avanzados. El yoga se parecía más a la meditación y se centraba por completo en la quietud. (A día de hoy, algunos monjes de la India siguen realizando hazañas de inmovilidad maratoniana y posan sin moverse lo más mínimo durante días). Casi todas las suposiciones populares de Occidente sobre la teoría del yoga son posteriores al siglo XIX. Fue entonces cuando el desarrollo de la fotografía permitió que las imágenes de las posturas de yoga llegaran al extranjero. Los europeos quedaron fascinados al verlas, y fusionaron las posturas indias con sus nociones de culturismo y gimnasia. Los historiadores del yoga afirman que gran parte de lo que los estadounidenses modernos reconocen como yoga es, en parte, el resultado de esta fusión.

Hacia finales del siglo XX, el yoga plantó la semilla que dio lugar a que se empezara a considerar que los gimnasios podían ser algo más que lugares para cambiar el cuerpo; también podían ser templos íntimos de bienestar emocional, incluso de iluminación espiritual. Sin embargo, los rituales necesarios para crear esa sensación de misticismo —las afirmaciones, los mantras y los cánticos, cuyas raíces están en la religión— aún no se solapaban con el ejercicio intenso. La idea de mezclar lo físico y lo metafísico estaba todavía tan lejos de la mente de la gente como cruzar un dónut con un croissant. Es decir que iba a ser algo grande, pero la receta aún no había sido elaborada.

Pero entonces... llegó el siglo XXI. Al filo de la medianoche del Y2K, todas las piezas de la historia del *fitness* estadounidense parecieron fusionarse y detonar, lo que dio inicio a la industria del *cult fitness* tal como la conocemos. En el año 2000 llegó The Bar Method, el estudio que catalizó la fijación de Estados Unidos por la moda del *fitness* inspirada en el ballet. Ese mismo año apareció CrossFit, que se dirigía a un grupo demográfico muy diferente al del anterior, pero cuyos *boxes* tenían un toque antigimnasio y eran parecidos a una *boutique*. (En su punto álgido, a principios de 2020, CrossFit contaba con más de diez mil *boxes* y generaba cuatro mil millones de dólares al año. Eso fue antes de que muchos locales se desafiliaran de la marca debido a que Greg Glassman se reveló como un racista desvergonzado [132]. Hablaremos más sobre ello). En 2001 surgió Pure Barre, que se extendió a más de quinientos estudios norteamericanos. Al año siguiente, CorePower Yoga llegó a tener más de doscientos locales. SoulCycle, con su iluminación similar a la de un club nocturno, su música a todo volumen y sus instructores de moda, se instaló en 2006, solo unos meses antes de que la instructora de *fitness* de Los Ángeles Tracy Anderson ayudara a Gwyneth Paltrow a perder el peso que había aumentado durante el embarazo, lo que impulsó que los entrenadores personales de Hollywood pasaran a ocupar el rango de personas famosas.

Durante los siguientes quince años, las *boutiques fitness* se multiplicaron y se multiplicaron, convirtiéndose en un elemento fijo de la sociedad estadounidense. Según la International Health, Racquet & Sportsclub Association, la industria de la salud y el *fitness* de Estados Unidos superó los treinta y dos mil millones de dólares en 2018 [133]. No tardó en haber una clase de entrenamiento para cualquier interés. Tanto si te gustaba el ciclismo, el entrenamiento mediante circuitos, correr, el yoga, el *pole dance*, el boxeo, el jiu jitsu, el pilates sobre una tabla de surf mecánica unida al suelo* o literalmente cualquier otra cosa, podías encontrar una comunidad dedicada al *fitness*. Además de SoulCycle, CrossFit e innumerables locales de barre, pilates y yoga, tenemos Barry's Bootcamp (entrenamiento por intervalos de alta intensidad, o HIIT, con un toque atrevido), Orangetheory (como Barry's, pero más competitivo), November Project (campamentos de entrenamiento gratuitos al aire libre que se celebran a las seis de la mañana), The Class por Taryn Toomey (como si un campamento de entrenamiento se combinara con el yoga... y con gritos), modelFIT (lo que hacen todas las modelos), Platefit (como modelFIT, pero sobre un aparato vibratorio gigante), intenSati (te suena), Rise Nation (el SoulCycle que consiste en subir escaleras), LIT Method (el SoulCycle que consiste en remar), LEKFIT (el SoulCycle que consiste en saltar del trampolín), Peloton (como el SoulCycle vía Zoom), y decenas y decenas más.

A diferencia de los YMCA y de las clases de Jazzercise de antaño, estos estudios íntimos se posicionan como espacios sagrados —como *movimientos*— que ofrecen una experiencia ideológica potente y profundamente personal. En estas salas decoradas con citas inspiradoras, no solo perfeccionarás tus sentadillas y reducirás tu frecuencia cardíaca en reposo, sino que también encontrarás un mentor personal, conocerás a tus mejores amigos, superarás a tu ex, reunirás la confianza necesaria como para pedir un aumento de sueldo, manifestarás a tu alma gemela, dejarás el alcohol, superarás

---

* Este es un entrenamiento real que existe en Los Ángeles en un estudio llamado Sandbox Fitness. En una sala cubierta de arena, los clientes se montan en tablas de surf fijas y realizan una variedad de ejercicios de fuerza casi imposibles ayudados por bandas de resistencia que cuelgan del techo. Conocí esta inusual tortura gracias a una estrella de cine de acción con aspecto de modelo a la que entrevisté en 2017 para el artículo de una revista. «Te pones súper cachas», me dijo con las pupilas dilatadas. «Lo hago todas las mañanas. *Tienes que probarlo*».

la quimioterapia, y te demostrarás a ti mismo de una vez por todas que tienes una fuerza incalculable y que has sido bendecido con todo lo que necesitas.

Según Casper ter Kuile, investigador de la Escuela de Teología Harvard y autor de *The Power of Ritual*, «SoulCycle habla sobre cómo la gente "viene por el cuerpo, pero se queda por el avance". Es un buen entrenamiento, pero eso es solo el principio». En estas clases, los devotos del *fitness* encuentran una sensación de liberación, una visión de lo que es importante para ellos y un santuario alejado de las presiones de su existencia cotidiana. «Es más seguro y más poderoso que la iglesia», le dijo a la Escuela de Teología Harvard un adepto al SoulCycle que asiste a las clases en El Castro de San Francisco. Según él, en SoulCycle «me siento como en casa».

No es casualidad que la industria de los estudios *fitness* explotara de manera tan repentina y poderosa a principios de la década de 2010, una época en la que la confianza de los adultos tanto en la religión tradicional como en el sistema médico experimentó un fuerte descenso. Una encuesta para nada sorprendente de 2018, efectuada por el Multiple Chronic Conditions Resource Center (MCCR), reveló que el 81 % de los *millennials* estadounidenses no estaban satisfechos con su experiencia en relación con la atención médica [134], debido a todo, desde los altos costos de los seguros hasta los prejuicios institucionales en función de la raza o del género. Por no hablar de la falta de programas públicos de *fitness* en Estados Unidos (como, por ejemplo, las emisiones de «calistenia por radio» [135] de Japón que la gente puede seguir cada mañana desde casa o, juntos, en los parques comunitarios, sin coste alguno). Los jóvenes estadounidenses sienten que no les queda más remedio que tomar su salud en sus propias manos.

Si combinas este alejamiento de la medicina convencional con la desilusión de los jóvenes con la fe tradicional [136], verás que el culto al *fitness* explotó para llenar estos vacíos corporales y espirituales. En un estudio de 2015 titulado *How We Gather*, Ter Kuile exploró las formas en las que los *millennials* encuentran la comunidad y la trascendencia más allá de los grupos religiosos convencionales [137], y descubrió que las clases de entrenamiento en los estudios estaban entre los diez espacios más profundos y formativos. Al menos para un determinado grupo demográfico, ya que, en cuanto la gente empezó a desear la forma física con tanta intensidad, también comenzó a anhelar mayor exclusividad.

En el instituto, pagaba noventa y nueve dólares al año por mi abono a Planet Fitness (que, por supuesto, casi nunca utilizaba), pero, diez años después, hacer ejercicio puede costar hasta la mitad solo por una clase. (Y eso sin contar el uniforme de diseño que se requiere de manera implícita, el Lulus de cien dólares, la botella de agua de cristal con infusión de cuarzo rosa de ochenta dólares, el cual es un producto real que encontré en Net-A-Porter). Una bicicleta estática Peloton para casa cuesta dos mil dólares, y la aplicación, una cuota mensual adicional. Desde luego, en todo Estados Unidos hay movimientos de fitness que son menos abiertamente elitistas, algunos justo en la calle del estereotipo de Malibú obsesionado con Goop. Una etnografía de 2014 titulada *Zumba Ladies* y producida por El Monte [138], ciudad situada en el condado de Los Ángeles, documenta a una comunidad muy unida de mujeres latinas de todas las edades y formas, cuyas clases de gimnasia al estilo *banda**-se-mezcla-con-*Flashdance* cuestan cuatro dólares y se completan con prendas de Spandex cursis y de neón; estos encuentros son nada menos que santuarios divinamente femeninos. Pero esos

---

* N. de la T.: Término inglés que hace referencia a una banda mexicana en las que tradicionalmente destacan los instrumentos de metal, la tambora y, a menudo, los instrumentos de viento de madera y los cantantes.

no son los espacios de entrenamiento de moda que aparecen en los titulares de *Cosmopolitan.*

El público al que se dirige principalmente el *cult fitness* —los *millennials* que viven en la ciudad y que tienen ingresos de sobra— coincide precisamente con el contingente que ha renunciado a la religión tradicional. Para esta población, las empresas de «bienestar» y los *influencers* empezaron a hacer el trabajo de los líderes espirituales y comunitarios. Siempre es arriesgado poner tal confianza en manos de alguien cuyo objetivo es su propia marca, pero para los consumidores que sentían que no tenían otro lugar al que acudir el riesgo parecía merecer la pena.

A partir de la década de 2010, las empresas que en general crecían más rápido en Estados Unidos se convirtieron en las que ofrecían no solo productos y servicios deseables, sino también transformación personal, pertenencia y respuestas a grandes preguntas de la vida: «¿Quién soy en este mundo cada vez más aislado? ¿Cómo puedo conectar con la gente que me rodea? ¿Cómo puedo encontrar mi yo más auténtico y dar los pasos necesarios para convertirme en esa persona?». En muchos sectores de la cultura estadounidense, la gente acude a los gimnasios para encontrar estas respuestas. Según Ter Kuile, «la creación de sentido es una industria en desarrollo». Al igual que la Iglesia, las marcas de *fitness* se han convertido tanto en una identidad social como en un código por el cual llevar tu vida. El «movimiento» del *fitness* [139] engloba costumbres y rituales, expectativas sociales y consecuencias por no asistir. La gente conoce a sus mejores amigos y cónyuges en el gimnasio; los auténticos acérrimos dejan sus trabajos para convertirse en instructores. «No quiero montar en bicicleta. No quiero montar nunca. Un día en el que tengo bien el pelo es una excusa suficientemente buena para no montar. Ahora monto cinco o seis veces a la semana porque hemos creado una comunidad muy solidaria», comenta con efusividad un usuario devoto de Peloton [140] en una entrevista de 2019 publicada en la revista *New York*. «Va mucho más allá de la bicicleta».

Los gimnasios terminaron sintiéndose, hasta cierto punto, sagrados. Después de todo, se convirtieron en algunos de los pocos espacios físicos en los que los jóvenes y los religiosos ambivalentes podían dejar sus dispositivos y encontrar una comunidad y una conexión en carne y hueso. «Vivimos tiempos oscuros» [141], señaló Sam Rypinski, propietario de Everybody, un gimnasio «radicalmente inclusivo» en Los Ángeles. «Estamos muy segregados y separados. (…) Estamos aislados por la tecnología. No conectamos con nuestros cuerpos (…) [o] entre nosotros. Así, pues, si hay un espacio que fomente eso a cualquier nivel, la gente estará encantadísima de estar allí».

Además de las nociones cerebrales de «creación de significado» y soledad existencial, añade el aumento de los *influencers fitness* de las redes sociales (y de los estándares corporales a los que debemos aspirar y que promueven), además de las innovaciones en la tecnología de entrenamiento (ropa deportiva de alto rendimiento, *fitness trackers,* clases en *streaming*), y no es de extrañar que el negocio del ejercicio se haya disparado de una manera divina.

En algún momento, a mediados de la década de 2010, la frase *cult workout* entró en nuestro vocabulario, una etiqueta sucinta para describir el papel social intensificado que ejerce la industria del *fitness*. Los que participaron en el estudio de la Harvard Divinity School de Casper ter Kuile le dijeron con sinceridad cosas como «SoulCycle es como mi culto» [142], y lo afirmaban en el buen sentido. Que las compararan con cultos fue algo que las marcas no supieron manejar al principio. En 2015, entrevisté a la vicepresidenta principal de Estrategia de marca y relaciones públicas de SoulCycle sobre el hecho de que la empresa fuera considerada un culto.

—No usamos esa palabra. Decimos «comunidad» —me respondió con cautela. Estaba muy claro que no quería dejar ningún espacio como para que la gente confundiera a su empresa con la cienciología.

No obstante, a lo largo de los años, los gimnasios se han inclinado por el rol eclesiástico que desempeñan en la vida de sus miembros. La página web de SoulCycle dice explícitamente: «SoulCycle es más que un entrenamiento. Es un santuario». Llorar en público, elogiar a los seres queridos perdidos, confesar las malas acciones y dar testimonio de cómo el grupo cambió nuestra vida son costumbres que se encuentran y se abrazan con regularidad entre las paredes del gimnasio. «Quiero que el próximo aliento sea un exorcismo»[143], es una de las frases sobrenaturales que los instructores de SoulCycle predican en clase.

Hace unos años hablé con Taylor y Justin Norris, los fundadores de LIT Method, una prometedora marca de remo en interior. El alegre dúo de marido y mujer inauguró su gimnasio de West Hollywood en 2014 con el objetivo de replicar el éxito de SoulCycle. (Todavía están trabajando en ello). Cuando les pregunté qué les parecía que asociaran su negocio con la palabra «culto», dijeron al unísono: «Nos encanta».

—Nos llaman «el Culto del Rayo» en Instagram porque nuestro logo es un rayo. —Taylor sonrió, mostrando una sonrisa telegénica—. Sé que hay una connotación negativa en «culto», pero nosotros lo vemos de forma muy positiva.

II

Cuando empecé a investigar los *cult workouts,* fue su lenguaje de adoración agresivo —los cánticos y los gritos, la jerga mística y los monólogos motivacionales— lo que desencadenó mis impulsos del Sistema 1. *Un culto es como el porno, lo reconoces cuando lo oyes.* Las máximas teatrales de SoulCycle («¡Puedes escalar esta montaña! ¡Eres un crac!», «¡Cambia tu cuerpo, cambia tu mente, cambia tu vida!») parecían la palabrería falsa de un fantasma de la autoayuda. Como algo sacado de *Midsommar,* The Class de Taryn Toomey es conocida por animar a los estudiantes a gritar a todo pulmón mientras realizan *burpees* y flexiones en pica y los instructores sueltan exclamaciones estilo Nueva Era, como «Notad cómo os sentís», «Dejad ir lo que está estancado y encended un nuevo fuego». La mezcla que hace intenSati de afirmaciones rimadas con vocabulario de yoga metafísico suena como si los ocultistas estuvieran lanzando hechizos.

Para la gente que fácilmente siente vergüenza ajena y a la que le cuesta suspender su escepticismo (los Montell, por ejemplo), los cánticos y vítores fanáticos desencadenan cuadros de extremismo religioso y concentraciones de estafas piramidales. Para las personas ajenas al grupo, el mero hecho de saber que sus amigos y familiares son capaces de adoptar tales comportamientos puede resultar inquietante.

En todos los casos, el lenguaje de los *cult workouts* tiende a ser ritualista y enrarecido porque es bueno para el negocio. Los mantras y monólogos cargados están diseñados para crear una experiencia tan conmovedora que la gente no pueda resistirse a volver y corra la voz. Claro está, las marcas deportivas siempre han sacado provecho de la presión del grupo para generar clientes que regresen: pesajes grupales, *fitness trackers*. Cuando mis padres se compraron un Apple Watch, vi cómo competían despiadadamente por ver quién daba el mayor número de pasos diarios durante un verano. Sin embargo, la investigación sugiere que la competición por sí sola no es suficiente para mantener el compromiso de la gente. Los deportistas que se guían solo por los números tienden a abandonar en doce meses. Ahí es cuando entran en escena los elementos de autoestima, empoderamiento y pertenencia a algún sitio y, entonces, los miembros se sienten motivados como para renovar sus suscripciones al *fitness* año tras año. El lenguaje es el pegamento que une esa combinación «adictiva» de comunidad y motivación.

Teniendo esto en cuenta, es importante no dramatizar en exceso; en general, los mantras de entrenamiento místicos son muy diferentes del dogma engañoso y distorsionador de líderes como Marshall Applewhite o Rich DeVos. Puedo decir sin temor a equivocarme que la mayor parte de la retórica del *cult fitness* que he encontrado no camuflaba motivos malvados y, lo que es más importante, solía haber límites que la separaban del resto de la vida de los miembros. En general, obedecía a las reglas del momento ritual. Al final de una clase de *cult workout*, se permite fichar y volver a hablar como uno mismo. Y la mayoría de la gente lo hace, porque, cuando los participantes se involucran con el lenguaje del *cult fitness* suelen hacerlo con los ojos abiertos. A diferencia de Amway o Heaven's Gate, la mayoría de los seguidores saben que están participando en una fantasía, que en realidad no son «empresarios» ni «están en el oficio» (no son «campeones» ni «guerreros», por así decirlo). Ya sea que los instructores utilicen el lenguaje de los antiguos monjes, de los oradores motivacionales, de los entrenadores olímpicos, del ejército o de alguna mezcla, todo es un medio para crear una ilusión. Las palabras y la entonación sitúan a los practicantes en un espacio mental trascendente, pero solo durante la clase. Si les parece demasiado, los seguidores son libres de abandonarla en cualquier momento sin tener que pagar por ello. Volviendo a la analogía de los fetiches, los gimnasios cuentan con el consentimiento de sus seguidores. Al menos se supone que lo tienen.

Sin embargo, como hemos aprendido, allí donde hay líderes magnéticos que cobran dinero por el significado, cabe la posibilidad de que las cosas se tuerzan. Hay una razón por la que nos da la impresión de que el lenguaje del *cult fitness* es de otro mundo, y es que está destinado a hacer que los seguidores sientan que estas clases son esenciales no solo para su salud, sino para su vida en general. Además de proporcionar una experiencia estimulante, se trata de vincular a los participantes con el instructor a nivel psicológico, como si esta clase de *fitness*, este gurú, tuviera las respuestas definitivas a su felicidad. Cuando el lenguaje desdibuja las líneas que separan al profesor de *fitness*, la celebridad, el terapeuta, el líder espiritual, el símbolo sexual y el amigo, esto empieza a trastocar el momento ritual. Cuando esto sucede, el poder que ejercen los instructores puede entrar en terreno abusivo. Y, por supuesto, ninguna empresa de *fitness* piensa: *¿Sabes qué? Quizá nuestra marca se esté volviendo demasiado influyente. Tal vez deberíamos relajar los cánticos.* Al fin y al cabo, están intentando ganar seguidores propios de un culto de manera activa. De eso se trata. Las marcas saben que el lenguaje es la clave para lograrlo, y no se contienen.

Al igual que la propia versión de los diez mandamientos del gimnasio, las paredes del estudio de SoulCycle están adornadas con mantras que envuelven a los usuarios en un «nosotros» unificado.

ASPIRAMOS A INSPIRAR, reza el texto de medio metro de altura. «Inhalamos intención y exhalamos expectativa. (…) El ritmo nos empuja más fuerte de lo que jamás creímos posible. Nuestra propia fuerza nos sorprende cada vez más. Adictos, obsesionados, inusualmente unidos a nuestras bicicletas». Lo único que haces de manera objetiva es montar en una bicicleta estática en una sala grande y ruidosa que huele bien, pero cuando la narrativa que te rodea —literalmente escrita en las paredes— es la de aprovechar una fuerza que no sabías que tenías junto a otras personas que son igualmente «adictas» y están igualmente «obsesionadas», sientes que formas parte de algo más. Añade a esa mezcla una ráfaga de endorfinas que potencian el estado de ánimo y acabarás en un estado de euforia insólito que querrás difundir entre tus amigos y compañeros de trabajo como si fueras un misionero.

—Soy una persona educada y escéptica, pero, joder, sienta tan bien soltar todo eso durante cuarenta y cinco minutos en una habitación oscura donde nadie puede verte llorar, porque alguien te dijo que te lo merecías —dijo Chani, una amiga mía de la universidad, en defensa de su obsesión por SoulCycle. Chani no se identifica a sí misma como «religiosa»; de hecho, cuando le pregunté, se burló de la insinuación—. SoulCycle es solo un lugar donde puedes escapar siendo justo lo que tienes que ser como una mujer exigente y dueña de sí misma que intenta tener éxito —matizó—. Puedes entregarte a la señora sacada de un culto que te dice lo que tienes que hacer. Es como si volvieras al vientre materno. Entras pensando: «Soy un bebé pequeño y asustado», y luego sales y sientes: «Sí, he comprado Lululemons de ciento veinte dólares, y que te den».

Para ser justos, al igual que el frikismo sexual, los gruñidos y los cánticos pueden parecer extraños para los que no están acostumbrados, en parte por la misma razón por la que se sienten tan bien para los que sí lo están; es ese aspecto de la rendición, de bajar la guardia como individuo preparado para enredarse en la masa vulnerable, amorfa y agradable de la experiencia. Como es natural, esto le parecerá raro a alguien que solo está echando un vistazo. («Nadie parece guay en SoulCycle», dice Chani mientras se ríe). E, incluso con la posibilidad de salir mal, el lenguaje del *cult fitness* puede ser increíblemente curativo.

La razón por la que Patricia Moreno fundó intenSati fue la de cambiar el lenguaje de la industria del *fitness* y pasar de hablar del odio patriarcal al cuerpo a hablar del poder de las diosas. A finales de los años noventa, la retórica de las clases grupales de *fitness* consistía en gran medida en trabajar los pecados de la comida que habías consumido, en esculpir tu barriga y tus muslos para ajustarte a una visión normativa de un «cuerpo bikini». Tras una lucha personal constante contra los trastornos alimentarios y el abuso de las drogas para adelgazar, Moreno se sintió impulsada a alterar esta narrativa condenatoria. Decidió que iba a tomar su experiencia atlética y combinarla con afirmaciones positivas para que sus estudiantes pudieran llegar a estar «espiritualmente en forma además de físicamente en forma».

Moreno creó un nuevo vocabulario de sesenta nombres metafóricos para los movimientos de entrenamiento, de modo que, en lugar de decir «puñetazo», «sentadilla» o «zancada», los movimientos se llamarían «fuerte», «gratitud» y «compromiso». Cada mes, elegía un tema para sus clases e ideaba conjuros que lo reflejaran. Se inspiraba en la charla del dharma del yoga y empezaba cada clase con una historia sobre una lucha personal de su vida.

—Así, si ese mes hablábamos de la fuerza, contaba una historia sobre un momento en el que tuve que ser fuerte, como, por ejemplo, cuando tuve un aborto natural —me explicó en una entrevista—. Luego los conjuros decían: «Puedo hacer cosas difíciles.

Soy mejor que antes. He nacido para conducir. ¡Me alegro de estar viva!» —espeta una secuencia de mantras rimados como si fuera poesía hablada.

Al principio, los alumnos de Moreno pusieron los ojos en blanco ante la idea de los «conjuros». Los huesos duros de roer de Manhattan no estaban interesados en una sesión de terapia de conversación; querían acabar reventados. ¿Y acaso que les gritaran por sus michelines no era la única manera de conseguirlo? Natalia era una de esas aprendices neoyorquinas cansadas del mundo hasta que, a las pocas semanas, se encontró a sí misma gritando con toda seriedad: «Mi cuerpo es mi templo. Soy la guardiana de mi salud. Soy el amor en acción. Todo está bien», en todas las clases de intenSati a las que podía sacar tiempo para ir. Para entonces, ya era una conversa.

SoulCycle también inventa combinaciones específicas de movimiento y lenguaje para catapultar de manera metafórica a los ciclistas hacia sus sueños. Cada «viaje» de SoulCycle sigue un curso similar, cuyo clímax es una extenuante odisea en las «colinas» narrada mediante un sermón espeluznante. Los ciclistas aumentan la resistencia de sus bicicletas y suben con todas sus fuerzas hasta la simbólica línea de meta mientras su instructor los empapa de inspiración verbal. Los instructores de SoulCycle están entrenados para esperar estos momentos en los que los estudiantes están tan agotados físicamente que serán más receptivos a los núcleos de espiritualidad; es entonces cuando pronuncian sus mejores frases.

Una de las estrellas de SoulCycle, conocida por sus monólogos «sobre las colinas» [144], es Angela Manuel-Davis, de Los Ángeles, la instructora de *spinning* elegida por Beyoncé y Oprah. Manuel-Davis, una orgullosa cristiana evangélica, esgrimía una verborrea explícitamente religiosa sobre la bicicleta al tiempo que hablaba del génesis, de los ángeles y de los milagros.

«"Entusiasmo" viene del griego *enthous*, que significa "en Dios"», predicaba[145], levantando los brazos hacia el cielo. «Inspiración divina. Inspiración divina. Quiero que estéis entusiasmados y emocionados ante esta oportunidad de cerrar la brecha que hay entre el lugar en el que estáis en vuestra vida y el lugar al que fuisteis llamados, en el que os crearon y en el que estáis destinados a estar. Cada uno de vosotros fue creado con un propósito, a propósito, para un propósito». Con una profunda comprensión del poder performativo de la palabra religiosa, Manuel-Davis le dijo al público[146]: «La vida y la muerte están en el poder de la lengua. Tenéis la capacidad de desvelar la grandeza de alguien con vuestras palabras, no solo a las personas de vuestra vida, sino a vosotros mismos. Sois quienes decís ser».

Estas son algunas de las palabras evangélicas de moda más intensas, pero Manuel-Davis atestiguó que no las utilizaba para crear personas de dentro y de fuera ni para hacer que los demás se ajustaran a su ideología.

«Yo les doy el espacio a las personas para que hagan lo que necesiten», dijo a la Escuela de Teología Harvard. «Se trata de la fe y la espiritualidad individuales».

Los que no lo sentían no tenían que llevarse el credo de Manuel-Davis fuera del gimnasio, ni siquiera volver, pero mucha gente lo hacía. Las clases de Manuel-Davis se agotan en cuestión de minutos*.

—No voy para ver a Angela haciendo ejercicio; voy para escuchar un mensaje —afirma uno de los asistentes[148]—. Angela te ve. Te habla al alma.

---

* En 2016, un asistente se lesionó en la clase de Manuel-Davis y presentó una demanda. Para la devastación de sus muchos acólitos, Manuel-Davis renunció a SoulCycle en 2019 para lanzar una *cult boutique fitness* propia llamada AARMY[147], en asociación con Akin Akman, otro exídolo de SoulCycle, cuya leal pandilla de jinetes diabólicos era conocida como «Akin's Army».

Incluso con instructores más agnósticos, los rituales lingüísticos de las clases de las *boutiques fitness* imitan los de las ceremonias religiosas. Ya sea en torno a Dios o a la consecución de tus objetivos, los rituales ayudan a la gente a sentirse parte de algo más grande. Como dice Casper ter Kuile, son una «herramienta de tejido conectivo». Los rituales también sacan a una persona del centro de su propio pequeño universo, de sus ansiedades y de sus prioridades del día a día durante un tiempo. Ayudan a que los seguidores transiten mentalmente de ser seres humanos mundanos y centrados en sí mismos a ser una pieza de un grupo sagrado. Y luego, en teoría, deberían permitirles transitar de vuelta a la vida real.

Al igual que los fieles cristianos rezan juntos cada semana en la iglesia el Padre Nuestro, los instructores de intenSati y los asistentes abren cada clase uniéndose a lo que Moreno llama «Declaración del guerrero». En sus propias palabras: «Cada día, de una manera muy veraz, cocreo mi realidad. Como es arriba, es abajo, esto es lo que sé». Al igual que los pastores invitan a los feligreses a que se mezclen antes de un servicio, los instructores de SoulCycle animan a los alumnos a que se codeen con los ciclistas que tienen al lado.

—Al principio de la clase todo el mundo tiene que girarse y saludar, intercambiar un nombre y charlar —explica Sparkie, un «maestro instructor» de Los Ángeles que lleva en SoulCycle desde 2012—. «Vas a sudar a su lado. Conócelos». Da a la gente la oportunidad de conectar, porque la conexión es la clave.

Los entrenamientos del November Project comienzan de la misma manera, sea en Baltimore, Ámsterdam o Hong Kong. A las seis y media de la mañana, los participantes inician un ritual de reunión llamado *the bounce*. Reunidos en un estrecho círculo, todos se unen siguiendo el mismo guion y sus voces van *in crescendo* como un bramido espartano.

—¡Buenos días!

—¡¡¡Buenos días!!!

—¿Estáis todos bien?

—¡Ya te digo!

—¡¿Estáis todos bien?!

—¡¡¡Ya te digo!!!

Entonces, al final de la sesión todos corean: «¡¡¡¡¡Vamos!!!!!», los participantes siempre se hacen una foto de grupo, se dirigen a alguien que no conocen, se presentan y cierran con la misma frase: «Que tengas un buen día».

Lo ideal sería que mis padres y yo hubiéramos probado intenSati en persona, pero en abril de 2020 eso no era precisamente posible. Dos semanas después del confinamiento en California por el COVID-19, nos vimos obligados a hacer ejercicio en casa. Sin embargo, si mi tesis sobre el lenguaje y el poder es correcta, los conjuros de Patricia deberían obligarme incluso a través de una pantalla. En realidad, no creía que fueran a funcionar, por supuesto. Sobre el papel, el entrenamiento reúne dos cosas que detesto profundamente: el cardio (*puaj*) y las actividades en grupo que requieren que grites cosas en voz alta que te hacen sentir incómodo. En Los Ángeles, donde vivo, cada día aparece una nueva marca de *cult workout,* y he puesto los ojos en blanco ante todas ellas.

Pero ahí estaba yo, haciendo cuatro conjuros en una clase de intenSati, saltando y llorando de risa como los ingenuos a los que siempre he despreciado. Después de nuestro minientrenamiento, mi madre se fue a hacer unos cuantos saludos al sol en solitario, mientras que yo buscaba de inmediato el horario de clases virtuales de Patricia Moreno, y pensaba: *Mierda, ¿así es como se siente la conversión?*

III

El *fitness* puede ser la nueva religión, pero los instructores son el nuevo clero. El imperio del *cult workout* no sería nada sin sus Patricia Moreno y sus Angela Manuel-Davis, que hacen mucho más que guiar las clases. Los instructores aprenden los nombres de sus seguidores, sus cuentas de Instagram y los detalles de su vida personal. Reparten sus números de teléfono móvil y los aconsejan sobre asuntos tan serios como si deben divorciarse de su cónyuge o dejar el trabajo. Comparten historias íntimas y dificultades de sus propias vidas e invitan a los seguidores a que correspondan. Estos crean lealtades muy arraigadas hacia sus profesores favoritos y empiezan a referirse a las clases no por su marca, sino por el nombre del instructor. Ya no es «hoy voy a SoulCycle a las cuatro de la tarde y mañana a las seis», sino «voy a la clase de Angela hoy y a la de Sparkie mañana».

Una marca de entrenamiento «no es tanto un "culto" como un conjunto de "cultos"», según comenta Crystal O'Keefe, gestora de proyectos de día y apóstol de Peloton de noche. Crystal dirige un pódcast y un blog de temática Peloton llamado *The Clip Out* y es conocida por sus pocos miles de seguidores como Clip-Out Crystal. «El 15 de julio de 2016 es el día en que recibí mi Peloton. Lo recuerdo tan bien», me escribió, emotiva, como si fuera el comienzo de sus memorias. «Ahora he completado casi setecientas vueltas».

Lanzada en Kickstarter en 2013, Peloton es una aplicación de *fitness* mediante suscripción que ofrece todo tipo de clases de entrenamiento *online* (denominadas *shows* según la jerga corporativa de Peloton). Hay clases de baile aeróbico, yoga, pilates y, su oferta más popular con diferencia, *spinning*. Miles de participantes se conectan desde sus garajes y sótanos para montar en sus bicicletas estáticas de dos mil dólares de la marca Peloton, las cuales transmiten los *shows* desde unos monitores con pantalla táctil que traen incorporados. Como las clases se imparten en línea en lugar de en el espacio limitado de un estudio, miles de ciclistas pueden asistir a la misma clase a la vez. En 2018, la aplicación transmitió un «Turkey Burn»* de Acción de Gracias al que asistieron diecinueve mil setecientos usuarios al mismo tiempo.

Cinco años después de su campaña inicial de *crowdfunding*, Peloton había recaudado casi mil millones de dólares y fue considerado el primer «unicornio del *fitness*». Un editor de bienestar con el que solía trabajar me aseguró que el modelo virtual de Peloton, el cual es sencillo y no está patentado, es, sin duda, el futuro de las *boutiques fitness* (una predicción que parece aún más probable después del COVID-19, cuando los gimnasios se vieron obligados a digitalizarse de la noche a la mañana para no morir).

En la aplicación Peloton, cada ciclista elige un nombre de usuario (cuanto más descarado, mejor; hay foros de Reddit enteros dedicados a ideas de apodos de Peloton monos, como @ridesforchocolate, @will_spin_for_zin y @clever_username), y la aplicación tiene acceso a las velocidades, niveles de resistencia y clasificaciones de todos. Estas estadísticas aparecen en una tabla

* N. de la T.: Serie de ejercicios destinados a quemar las calorías ingeridas de más durante Acción de Gracias.

de clasificación a un lado de la pantalla, lo que le añade un toque de juego a la experiencia. Después de la clase, los ciclistas intercambian gritos digitales, se hacen *selfies* virtuales con sus queridos instructores y publican sus números en las redes sociales —con *hashtags* como #pelofam, #madrepeloton, #unpeloton, etcétera— para que sus amigos de Internet puedan darles «me gusta», compartirlos y comentarles cosas como «¡¡¡¡¡A tope con esa energía!!!!!» o «¿Cuál es tu instructor favorito?».

Clip-Out Crystal tiene varios favoritos. Rota entre cinco o seis instructores de Peloton y describe a cada uno con adoración y especificidad. Habló de la «valiente y sensata» Robin, que dice cosas como estas: «El ajetreo no es algo que puedas comprar en la tienda de todo a un dólar» y «Solo monto con la realeza, endereza esa corona». Luego están los buenazos que los alientan mediante expresiones desenfadadas: «No es tan grave», «Tan solo haz lo mejor que puedas» y «Si no puedes sonreír, te estás forzando demasiado». También me habló de la instructora considerada la joya de la corona de Peloton, Jenn Sherman, conocida como JSS por sus miles de seguidores incondicionales. JSS es objeto de la sólida página de fans en Facebook «JSS Tribe», la cual está poblada de *groupies* que la seguirían a cualquier parte; un «culto» dentro de un «culto» dentro de un «culto».

Con un carisma propio de una mejor amiga, Sherman canta sobre la bicicleta (siempre con una desafinación entrañable) sus listas de éxitos y maldice durante las subidas difíciles.

—Cada palabrota hace que me esfuerce más —comenta Crystal con entusiasmo, y reconoce que, sin un fuerte estilo oratorio, un instructor de Peloton no podría forjarse unos seguidores como los de un culto. El discurso es lo que construye ese pequeño mundo dentro de la pantalla y hace que cada «relación» entre gurú y seguidor se sienta íntima, como la voz de Joaquin Phoenix y Scarlett Johansson en la película *Her*.

Compañías como Peloton y SoulCycle saben que la mística con rasgos de culto de los fanáticos como JSS lo es todo. Por eso, los altos cargos se esfuerzan por reclutar instructores magnéticos y por formarlos para que desarrollen un ambiente y un vocabulario únicos, un miniculto propio. Como es natural, no cualquier chica de Los Ángeles puede enseñar *spinning*. Se necesita el poder de las estrellas; se necesita duende. Y las marcas han ideado estrategias de reclutamiento formidables para encontrarlos. SoulCycle no busca entrenadores de *fitness*, sino artistas: bailarines, actores, *influencers*. Personas que sepan cautivar al público. Que prosperen en esa dinámica. Los instructores deben cultivar un personaje en las redes sociales con el fin de que «vivan y respiren» la marca incluso fuera del horario de trabajo. Incluso por teléfono, hablando con desconocidos. Cuando la veterana de SoulCycle Sparkie y yo hablamos por teléfono por primera vez, empecé con el habitual «hola, ¿cómo estás?», esperando el típico «bien» o «genial». Tonta de mí. Sparkie, como su nombre indica, nunca desconecta.

—¡Estoy ESTUPENDA, CIELO! —dijo con tanta rapidez y entusiasmo que sentí que me quedaba sin aliento solo con escucharla—. Mejor que nunca, más ocupada que nunca. ¡Estoy tan ocupada que ni siquiera recuerdo de qué va esta entrevista! ¡Encantada de conocerte! ¡¿Me puedes repetir quién eras?!

El equipo de talentos de SoulCycle realiza audiciones intensas [149], similares a las del teatro de Broadway, en las que en la primera ronda los aspirantes a protagonistas disponen de treinta segundos para subirse a una bicicleta, hacer sonar una canción y demostrar que tienen lo que hay que tener. Los finalistas entran en un riguroso programa de formación de instructores que dura diez semanas y en el que aprenden a hablar. Adquieren toda la terminología exclusiva, como *party hills* (ejercicios de calentamiento), *tapbacks* (un movimiento característico que consiste en echar las nalgas hacia atrás), *roosters* (clases a las 5 de la mañana y los ciclistas «tipo A» que asisten a ellas), *noon on Monday* (un eslogan que hace referencia al momento en el que se abren las reservas para las clases cada semana) y cómo hacer que todo suene *Soulful**, con «S» mayúscula.

El exclusivo proceso de reclutamiento de Peloton es aún más intenso, ya que su modelo *online* les permite mantener una apretada lista de unos veinte instructores de alto nivel. Para entrar en la élite de Peloton, los aspirantes deben pasar por horas de entrevistas y convocatorias con todo tipo de personas, desde expertos en *marketing* hasta productores, antes de meses de formación para garantizar que tienen el magnetismo necesario como para atraer a miles de personas a cada programa.

Sparkie, una vegana nacida y criada en Los Ángeles con el pelo lila y mangas de tatuajes de arcoíris, se ganó a sus apasionados seguidores de SoulCycle con un repertorio de lemas cursis de la vieja escuela inspirados por su abuelo («¡Todo lo que vale la pena hacer, vale la pena hacerlo bien!», «¡Lo importante no es el comienzo, sino el puto final!»). Pasó varios años dirigiendo el programa de formación de SoulCycle, ayudando a los novatos a «encontrar su voz» como instructores.

—La clave para crear seguidores es sonar auténtico. Cuando suenas alegre y natural, la gente puede oírlo —me dijo Sparkie. Rememoró a una aprendiz de diecinueve años que estaba preocupada por qué palabras de sabiduría podía ofrecerles a los ciclistas—. Y yo estaba en plan: no vas a ponerte delante de una mujer que ha sobrevivido a un cáncer o de un padre que mantiene a toda una familia y proporcionarles sabiduría sobre la vida. Si dices: «¡Sé que son tiempos difíciles!», te mirarán y dirán: «¿Qué sabrás tú,

---

* N. de la T.: Literalmente, «lleno de alma».

cría?». En lugar de eso, sé el ser humano alegre, joven y divertido que eres. Si les dices: «¿Queréis ir de fiesta y pasarlo bien?», van a decir: «¡Sí! Mi vida es una mierda ahora mismo, y lo único que quiero es una puta fiesta».

Esta combinación de puntos de vista —desde las camisetas con mensajes melodramáticos de los seguidores («El levantamiento de pesas es mi religión», «Todo lo que me importa es mi Peloton y unas dos personas») hasta los rituales litúrgicos y las relaciones súper íntimas entre instructor y alumno— parece exagerada. La mayoría de los aficionados al *fitness* con los que hablé lo admitieron. Pero también afirmaron que los beneficios superan con creces los aspectos negativos. Una vez que te enganchas a una comunidad de entrenamiento, no solo vas a continuar, sino que también vas a evangelizar a todos tus amigos para demostrarles que es increíble y que *de verdad* no estás en un «culto». O, al menos, no en un culto peor que la cultura que te creó...

IV

En Estados Unidos se nos enseña a fetichizar la superación personal. El *fitness* es una forma especialmente atractiva de superación personal, puesto que demuestra valores estadounidenses clásicos como la productividad, el individualismo y el compromiso de cumplir los estándares de belleza normativos. El lenguaje del *cult fitness* («Sé tu mejor yo», «Cambia tu cuerpo, cambia tu mente, cambia tu vida») ayuda a conectar aspectos de la religión —como la devoción, la sumisión y la transformación— con ideales laicos como la perseverancia y el atractivo físico. Buscar una comunidad religiosa marginal con empeño sería visto como una exageración por muchos ciudadanos modernos, pero tomarse un trago de misticismo seguido de uno de ambición capitalista lo hace más llevadero. Mediante grupos que van desde intenSati hasta CrossFit, hemos creado los «cultos» ajenos a la religión que nos merecemos.

Hubo un periodo de la historia en el que el ejercicio y el protestantismo estadounidense se solaparon de forma más explícita[150]. En el siglo XIX, mucho antes de que fuera habitual que la gente de a pie hiciera ejercicio, algunos de los únicos grupos que lo hacían con devoción eran los cristianos pentecostales, quienes promovían el *fitness* como un proceso de purificación abiertamente religioso. Para ellos, la ociosidad y la glotonería eran ofensas castigadas por Dios, mientras que disciplinar la carne mediante un agotador entrenamiento de fuerza y el ayuno era un signo de virtud. Para ellos, holgazanear en casa mientras se ingiere comida basura no era un pecado metafórico, sino literal. Por el contrario, hoy en día algunas iglesias condenan de manera activa la cultura moderna de los gimnasios como una sobrecelebración del yo en contraposición a Dios. «CrossFit no es como la Iglesia; es más como el hospital, o incluso como la morgue», criticó en 2018 un sacerdote episcopal con sede en Virginia en una entrada de blog[151]. «No es un lugar donde la gente mala va para volverse buena, sino un lugar donde la gente mala es amada en su maldad. La gracia de Dios es el único plan de salvación que no conduce al agotamiento».

Es difícil mantener una conversación productiva con alguien que defiende que su forma de entender la espiritualidad es «la única» válida. También es innegable que la cultura estadounidense del entrenamiento lleva una fuerte carga protestante por sí sola.

No hay más que ver el vocabulario que utilizamos para hablar de *fitness*: «limpiar, desintoxicar, purificar, obediencia, disciplina, perfección». Estos términos tienen un indudable trasfondo bíblico y, cuando se los repite día tras día, el lenguaje de la limpieza y la purificación puede condicionar a los oyentes a creer que es posible conseguir una «aptitud física perfecta» si te esfuerzas lo suficiente, lo que, a su vez, «perfeccionará» toda su vida. Esta mentalidad puede dar la sensación de que te estás dando un baño de sales de Epsom en una sociedad en la que tantos ciudadanos se sienten como si los hubieran dejado a la deriva a nivel existencial. Al mismo tiempo, puede hacer que los participantes sean más vulnerables a involucrarse (y a permanecer involucrados) con un gurú potencialmente abusivo.

No soy la primera persona en notar que la fusión entre el trabajo que hacemos en nuestros cuerpos y el valor de nuestra humanidad puede sonar extrañamente amwayano[152]. Se puede escuchar en declaraciones como esta: «Puedes conseguir paz interior y abdominales planos en una hora», una promesa que Tess Roering, exdirectora de *marketing* de CorePower Yoga, hizo en cuanto a la marca en 2016[153]. El *ethos* maximalista de la industria del *fitness*, según el cual lanzarse de lleno a un programa —trabajar más duro y más rápido, no abandonar nunca y creer en uno mismo con intensidad— te dará abdominales planos y paz interior, recuerda de forma extraña al evangelio de la prosperidad. En algunos gimnasios este ambiente tipo Amway es más sutil que en otros, pero en todas las plataformas resuena una única promesa, y es que tu porcentaje de grasa corporal bajará y tus glúteos se elevarán, así como el valor de tu vida, pero solo a través de un sudoroso y costoso trabajo.

Se pueden escuchar oleadas de Nuevo Pensamiento en la inquebrantable retórica «más es más» del *crossfit*. Aprovechando la jerga atlética y la entrega bélica de un sargento instructor, los entrenadores de *crossfit* (o *coaches*, como los llaman los de dentro) gritan eslóganes como: «Modo bestia», «Sin agallas no hay gloria», «¿Sudar o llorar?», «La carga del fracaso es mucho más pesada que esa barra» y «Vomitar es aceptable. (…) La sangre es aceptable. Abandonar no lo es». Invocando rituales como los Hero WoDs o héroes de *crossfit* («entrenamientos de héroes del día», secuencias de movimientos que llevan el nombre de miembros caídos del ejército y de las fuerzas del orden[154]), fabrican la atmósfera de los soldados en entrenamiento.

CrossFit se jacta de tener un ambiente marcadamente libertario derivado de la política personal de su fundador, Greg Glassman, que ha pronunciado frases famosas como «La rutina es el enemigo» y «No me importa que me digan lo que tengo que hacer. Simplemente no lo haré»[155]. No es casualidad, pues, que el clima del *crossfit* denote rebeldía y que, dentro del universo anárquico del *box*, los seguidores no solo están autorizados, sino que se los anima a entrenar tan duro que vomitan, orinan o acaban en el hospital.

Jason, un superviviente de cáncer y antiguo *crossfitter* que se unió a su *box* local en una búsqueda de autoempoderamiento después de haber terminado la quimioterapia, se vio obligado a abandonar tras acabar con un dolor crónico en el hombro y una lesión en la rodilla tan grave que tuvieron que operarlo. En un *post* de 2013 en Medium[156], escribió sobre su experiencia: «El primer año fue emocionante. (…) Empecé a presumir sobre las cifras que era capaz de levantar y no tardé en aumentar la frecuencia de mis visitas de tres a cuatro y luego a cinco días por semana. Sin darme cuenta, me convertí en ese imbécil evangelizador». Sin embargo, con el tiempo, la ingobernable retórica de CrossFit, que condiciona a los miembros a creer que forzar sus cuerpos hasta lesionarlos es inevitable e incluso admirable, alcanzó a Jason. «Lo peor es que las lesiones en el *crossfit* se ven como una insignia de honor, son el precio de tener unos buenos músculos, hermano», reveló*. Así que, cuando se quejó a sus entrenadores del dolor de hombros y rodillas que sufría, le hicieron creer que todo era culpa de él. «Se supone que debes esforzarte al máximo, pero cuando llegas al límite y pagas el precio, el idiota que se excedió eres tú», escribió Jason. «Si no

---

* En algunos casos, tener «unos pedazos de músculos» puede costarte los órganos vitales. Los expertos han observado una fuerte asociación entre el CrossFit y la rabdomiólisis[157], una rara condición médica consecuencia de trabajar los músculos con tanta intensidad que se rompen y liberan proteínas tóxicas en el torrente sanguíneo, lo que puede causar daño o insuficiencia renal. Los entrenadores de CrossFit están tan familiarizados con esta enfermedad que le han puesto un apodo: «Tío Rhabdo»[158]. En algunos *boxes*, encontrarás representaciones del Tío Rhabdo como un payaso enfermizo conectado a una máquina de diálisis y con los riñones derramados por el suelo. («Pukie», otro payaso macabro, es una mascota más destacada[159]). En Internet he encontrado un puñado de camisetas a la venta con el lema SIGUE HASTA EL RHABDO.

hay agallas, no hay gloria» puede ser un eslogan, pero también está entre los clichés que terminan con el pensamiento que CrossFit puede utilizar para silenciar tus quejas.

Muchos de los fanáticos del *fitness* con los que hablé argumentaron que su grupo no podía ser un culto de verdad porque «todo el mundo es bienvenido». Y aunque estoy de acuerdo en que no se puede comparar SoulCycle y CrossFit con grupos como Heaven's Gate y la cienciología, la inclusión no es la razón. ¿Por qué habrían dedicado tanta energía a crear todo un lenguaje de códigos exclusivo si lo fuera? No hace falta decir que la mayoría de los estadounidenses no pueden permitirse gastar miles (si no decenas de miles) de dólares al año en hacer deporte. Por no hablar de los millones de personas BIPOC*, con diversidad funcional y/o con una talla superior a la 32, a quienes el mensaje de estos gimnasios suele excluir de forma sutil o abierta. Muchos gimnasios de alto nivel adoptan una versión muy similar al mensaje feminista blanco *#girlboss* que se puede encontrar en los MLM. (Probablemente no debería haberme sorprendido que, unos meses después de nuestra entrevista, Sparkie, la instructora de SoulCycle, se convirtiera en distribuidora de la MLM de cuidado de la piel «no tóxica» Arbonne y que subiera publicaciones en Instagram de *#bossbabe* y todo).

El evangelio de la prosperidad dice que si no logras convertirte en la viva imagen de una forma física impecable —si no obtienes el *six-pack* y la paz interior (como si eres pobre, marginado y no puedes superar los obstáculos estructurales que te impiden alcanzar esas cosas)—, entonces mereces ser infeliz y morir pronto. No

---

* N. de la T.: Acrónimo inglés que significa «black, indigenous, people of color», es decir, «negro, indígena, persona de color», y que se utiliza para referirse a esos grupos que sufren discriminación racial.

has «manifestado». Es el mismo mensaje de Rich DeVos, solo que pronunciado en un dialecto ligeramente diferente.

Puede sonar empalagoso rugir «Tengo una fuerza incalculable» mientras golpeas el aire tan fuerte como puedas, pero no es ni de lejos tan espeluznante como los estudios de yoga llenos de mujeres blancas ricas que llevan el mismo *athleisure* caro, posiblemente adornado con un juego de palabras sánscrito y alterado —«Om es donde está el corazón», «Namaslay», «Mis chakras están megaalineados»—, y que se refieren a sí mismas como «tribu». La mercantilización del lenguaje de las prácticas espirituales orientales e indígenas para un público blanco elitista[160], mientras se borra y se excluye a quienes las originaron, puede no parecer una acción propia de un «culto» sino simplemente algo común, lo cual es justo el problema.

Durante años, la sede central de CrossFit negó cualquier sugerencia de que su cultura fuera poco acogedora para los miembros negros[161]. No obstante, durante las protestas del Black Lives Matter en junio de 2020, Greg Glassman se dedicó a mandar una serie de correos electrónicos y tuits racistas (en uno de ellos respondió «Es FLOYD-19» a un *post* sobre cómo el racismo era una crisis de salud pública), lo que provocó que los *crossfitters* blancos por fin empezaran a entrar en razón con lo que muchos negros llevaban décadas sabiendo, que el lugar no era «para todos» en realidad. Y las alertas rojas lingüísticas siempre habían estado ahí; por ejemplo, al glorificar a la policía mediante los nombres de sus Hero WoDs, CrossFit había estado delatándose a sí mismo todo el tiempo. Cientos de gimnasios se desvincularon de la marca, grandes empresas de ropa deportiva retiraron sus contratos y Glassman renunció a su puesto de director general.

Unos meses después de la caída en desgracia de Glassman, le tocó el turno al escándalo de SoulCycle. A finales de 2020, cuando salieron a la luz varias denuncias condenatorias en Internet, las cosas ya iban mal para la empresa debido a los confinamientos por el COVID-19 que obligaron a cerrar locales a diestra y siniestra. Según un informe de la página web de noticias *Vox*, debajo de toda la palabrería motivacional de Soul, los gimnasios de todo el país albergaban un largo historial de toxicidad[162]. Se formaban cultos a la personalidad en torno a ciertos «maestros» instructores que se aprovechaban creando jerarquías de clientes favoritos y menos favoritos, llevando a seguidores de manera privada «fuera del horario laboral» y supuestamente acostándose con algunos estudiantes[163]. («Tus ciclistas deben querer ser tú o follar contigo», era un mantra que los instructores supuestamente aprendieron e interiorizaron. Un instructor estelar se refería abiertamente a sus ciclistas como «pequeñas zorras»). Algunos de los mejores instructores eran conocidos por acosar verbalmente a los ciclistas y a los empleados «menores», así como por avivar el drama que había en el estudio y que los rodeaba, deleitándose en su endiosamiento como si fueran las abejas reinas del instituto[164].

Supuestamente, la sede de SoulCycle conocía y aprobaba el mal comportamiento, encubriendo las quejas sobre sus instructores más preciados que hacían comentarios intolerantes a los usuarios y al personal[165]. (Digamos que incluían las palabras Aunt Jemima y *twinks*, y que decían que las empleadas con curvas «no iban con su marca»). También se han ignorado supuestamente los informes acerca de acoso sexual. Según un titular que Natalia Petrzela me envió por MD en cuanto se publicó, la empresa «trataba [a los instructores] como si fueran estrellas de Hollywood». Los que se infiltraron en la empresa informaron que los altos cargos tiraron las quejas a la basura al tiempo que financiaban la suscripción a Soho House de un instructor involucrado por dos mil cuatrocientos dólares y el alquiler de un Mercedes-Benz, como si no hubiera pasado nada. Esta noticia no fue exactamente una sorpresa. «Cuando elevas a los instructores como si fueran dioses, los abusos de poder vienen después», tuiteó Natalia. «Tiene sentido que hayamos visto este tipo de ajuste de cuentas en el yoga primero, donde se ha venerado a los líderes durante mucho tiempo como si fueran "gurús"; era solo cuestión de tiempo para los instructores [con] unos seguidores como los de un culto».

Leí un estudio publicado en 2020 en el *European Journal of Social Psychology*, que revelaba que las personas que recibían «formación espiritual» en ciertos oficios sobrenaturales, como la energía curativa y el trabajo de la luz, eran más propensas a las tendencias narcisistas (confianza exagerada en sus habilidades, mayor sed de éxito y aprobación social, denigración de cualquiera que careciera de sus superpoderes autoevaluados, etcétera). Se las comparó con personas que no habían recibido ningún tipo de formación espiritual, así como con estudiantes de disciplinas menos performativas, como la meditación y el *mindfulness*. El estudio demostró que, aunque estos gurús fomentaban la compasión y la autoaceptación en los demás, sus propios egos aumentaban. Los «maestros» instructores de SoulCycle parecen mostrar una respuesta similar, pues si combinamos el orgullo existente en su carisma natural con el entrenamiento extremo de la empresa, obtenemos la receta para un dios más cercano al de un swami de 3HO que al de un mortal ordinario al que han contratado para enseñar a montar en bicicleta estática.

Mientras escribo esto, SoulCycle no ha comentado las acusaciones específicas ni ha despedido a los presuntos abusadores. Asimismo, los fieles a CrossFit se han asegurado de que su amada cultura —los Hero WoDs, el modo bestia y todo lo demás— siga viva, sin importar el nombre de la marca. Algunos dicen que lo que indica que se trata de un «culto exitoso» de verdad es el poder de sobrevivir a la muerte o a la cancelación de su fundador. En ese caso, CrossFit y SoulCycle, junto con la cienciología y Amway, han prevalecido, al menos por ahora.

Es indiscutible que el lenguaje blanqueado del «namaslay», de la «desintoxicación» y del «más duro y más rápido» alimentado por el capitalismo protestante refleja (y perpetúa) normas opresivas que van más allá del *fitness*. Podemos encontrar conversaciones sobre las tribus y el «dar el máximo» en muchas industrias estadounidenses, desde Wall Street hasta Hollywood y Silicon Valley. No cabe duda de que este lenguaje es omnipresente y problemático, pero sus motivos y su impacto son también muy diferentes de los de figuras como Jim Jones, L. Ron Hubbard y Rich DeVos. En el caso de estos líderes, el objetivo no era tanto reforzar las problemáticas estructuras de poder de nuestra sociedad en general, sino más bien explotar a los seguidores de una manera que beneficiara directamente al gurú y solo al gurú. Un tipo de líder utiliza el lenguaje (tal vez incluso sin saberlo) para apoyar las estructuras que ya existen; el otro apela al lenguaje, siempre de manera deliberada, no para mantener el orden actual de las cosas, sino para abalanzarse y crear algo nuevo y tiránico. Al final, algunos líderes problemáticos no son más que seguidores del sistema más amplio. Sin embargo, un líder semejante al de un culto que es destructivo de verdad es aquel que desea derrocar el sistema y sustituirlo por algo que le otorgue el poder definitivo.

V

Si una marca o un líder *fitness* se acerca más al extremo de la cienciología dentro del espectro de los cultos, lo oirás. Sintoniza con el lenguaje cargado, la verborrea del «nosotros contra ellos», los terminadores del pensamiento y el abuso verbal que conforman el lenguaje de la influencia de los cultos, y los motivos de los líderes sonarán alto y claro. Examinemos, por ejemplo, el discurso del mal afamado gurú del *hot* yoga Bikram Choudhury.

Mucho antes de ser demandado por agresión sexual y de huir de Estados Unidos, el fundador del bikram yoga era unególatra y abusador conocido. A principios de la década de 1970, Choudhury se trasladó de Calcuta a Los Ángeles, donde creó un imperio de *hot* yoga que llegó a tener mil seiscientos cincuenta estudios en todo el mundo cuando alcanzó su punto álgido en 2006. Durante sus días de gloria, Choudhury se ganó una letanía de apodos que reflejaban su belicoso culto a la personalidad: el antiyogui, el Walter White del yoga[166], la cabeza coronada del McYoga. Rompió la visión que se tiene del maestro de yoga pacífico y meditativo al gritar, maldecir e insultar en clase. El contenido de su caterva llena de blasfemias no era inspirador al estilo Peloton, sino descaradamente misógino, racista y gordófobo.

«Mete esa puta barriga gorda. No me gusta ver cómo se mueve».

«Zorra negra».

«Gallina de mierda».

Estas son citas directas, que proclamaba a viva voz en público. En sus famosos cursos de formación de profesores, Choudhury predicaba ante las sofocantes salas de más de quinientos aspirantes a instructores de bikram que habían pagado entre diez y quince mil dólares por la oportunidad de seguirlo. Encaramado en un alto trono (siempre equipado con aire acondicionado personal), llamaba y respondía a gritos, sin intentar ocultar su megalomanía.

—Es a mi manera y... —exclamaba Choudhury.

—¡Se acabó! —respondía el grupo al unísono.

—¿La mejor comida es...?

—¡NINGUNA COMIDA!

Por supuesto, nadie se quedaría si lo único que hiciera Choudhury fuera insultar a la gente. Al igual que la mayoría de las figuras tóxicas, los insultos y los gritos se yuxtaponían con el seductor lenguaje del bombardeo de amor. En menos de un minuto, Choudhury podía decretar tu potencial para convertirte en una brillante profesora, o llamarte «zorra» y luego darte una serenata con su voz meliflua de cantante, todo ello mientras contorsionabas tu cuerpo en poses casi imposibles bajo un calor abrasador.

Aun así, los devotos de Choudhury juraban que era como «un niño grande». Según atestiguaban, sus nanas y su malhumor, incluso sus rabietas, le daban un lustre «adorable e inocente». El sesgo de confirmación permitía que los fans interpretaran las mentiras descaradas de Choudhury (alardeaba de haber ganado competiciones de yoga que ni siquiera se celebraban) y las declaraciones de grandeza («No duermo ni treinta horas al mes», «Soy el hombre más inteligente del mundo que hayas conocido jamás», «Soy el único amigo que has tenido en tu vida») como «infantiles» en lugar de propias de un perturbado. La falacia del coste hundido les decía que él se encargaría de sus carreras profesionales si tan solo asistían a un entrenamiento más.

Era bien sabido que durante sus talleres de *hot* yoga los alumnos de Choudhury se desmayaban, sufrían deshidratación y desarrollaban infecciones de las vías respiratorias superiores. Como estaban condicionados a confiar en su amado gurú como un ser omnisciente, aprendieron a ignorar su propio dolor y sus instintos viscerales. Choudhury también fue acusado de haberse vinculado emocionalmente con menores y de haber agredido sexualmente a al menos media docena de alumnas. En 2016, el hombre respondió a las acusaciones de violación con más insultos de «nosotros contra ellos», hipérboles y *gaslighting*[167]. Como una parodia de sí mismo, Choudhury denunció a sus acusadores como «psicópatas» y «basura», y añadió: «¿Por qué tendría que acosar a las mujeres? La gente gasta un millón de dólares por una gota de mi esperma». En 2016, Choudhury huyó de Estados Unidos sin pagar los casi siete millones de dólares que debía a las supervivientes en concepto de daños punitivos y, un año después, un juez de Los Ángeles emitió una orden de arresto contra él. (Mientras escribo esto, no ha comparecido ante la justicia y sigue dirigiendo cursos de formación de profesores fuera de Estados Unidos).

En cuanto el imperio estadounidense de Choudhury se desmoronó, otro controvertido «culto» al yoga ocupó su lugar: CorePower. Tras la caída de Bikram, CorePower Yoga, con sede en Denver, arrasó y no tardó en convertirse en la mayor cadena de yoga de Estados Unidos. Mientras que Bikram se enorgullecía de ser «el McDonald's del yoga», el cofundador de CorePower, el magnate tecnológico Trevor Tice (ya fallecido), se denominaba a sí mismo «el Starbucks del yoga». Durante la década siguiente, CorePower se enfrentó a cinco demandas federales por la explotación financiera de sus instructores y clientes, por lo que tuvo que renunciar a más de tres millones de dólares en acuerdos. Al igual que una estafa piramidal, el estudio paga a los instructores un salario por hora insostenible, y promete aumentos y ascensos solo a quienes reclutan estudiantes para su programa de formación de profesores de mil quinientos dólares. A los instructores de CorePower se les dice que deben dar su discurso de formación de profesores al final de la clase, después de Savasana, la última postura de descanso. Mientras los practicantes están tumbados en un charco impreciso, los profesores ofrecen lo que CorePower llama «intercambio personal» (una revelación íntima sobre sus vidas) y se les dice que lo hagan *soul-rocking**.

El *soul-rocking* es una pieza de referencia del lenguaje cargado de CorePower. De hecho, el rendimiento de los instructores se juzga en función de cuántas «almas» son capaces de «sacudir» (es decir, cuántos estudiantes pueden conseguir que se apunten a la formación de profesores). Después de la acción personal, se insta a los instructores a que se dirijan a cada uno de los alumnos, los bombardeen con cumplidos sobre sus habilidades y su dedicación, y los inviten a un Starbucks para decirles que ellos mismos se convertirán en profesores.

«Fue como si vieran algo especial en mí», le dijo Kalli, una estudiante de CorePower de Minnesota, a *The New York Times* en 2019. Un día, Kalli acababa de terminar la clase y se sentía relajada, cuando su instructora favorita se acercó a ella con una amplia sonrisa y le dijo que creía que reunía las habilidades para hacer su trabajo. No reveló el coste de la formación de los profesores (les dicen a los instructores que mantengan esa parte «abierta»), sino que se limitó a colmar a Kalli de elogios y a supervisarla una y otra vez tanto dentro como fuera del estudio. «Parecía que teníamos una amistad que en realidad no era real», reflexiona Kalli.

---

* N. de la T.: Literalmente, «sacudir el alma».

Cuando Kalli se acabó enterando de que costaba mil quinientos dólares, ya llevaba semanas fantaseando con su soñada futura carrera de yoga. Ahora no podía negarse. Kalli extendió el cheque y siguió el programa de ocho semanas. Solo al final descubrió que en realidad no la calificaba para enseñar. Al igual que los niveles de la cienciología, CorePower esperó hasta saber que no se echaría atrás para mencionar que tenía que completar un curso de «extensión» con un valor de quinientos dólares. Kalli pagó una vez más. No obstante, incluso después de eso, CorePower nunca le ofreció trabajo. Eso se debe a que su programa de formación produce un exceso de profesores certificados que saturan el mercado, al igual que un MLM. Una encuesta de 2016 informó que hay dos aspirantes a algún tipo de formación de profesorado por cada instructor empleado. «Te enseñan a estar tranquilo y a respirar, pero al mismo tiempo se aprovechan de ti», le dijo Kalli a la prensa.

Una de las frases que CorePower utilizó con más éxito fue «devolver el karma», un eufemismo cargado de emoción y un cliché que termina con el pensamiento, todo en uno. En el hinduismo, el karma yoga es uno de los tres caminos hacia la liberación espiritual; es aprender a llevar una vida de servicio, sin esperar nada a cambio. Sin embargo, en CorePower, «devolver el karma» servía para obligar a los profesores a sustituir las clases de los demás y a realizar horas de trabajo obligatorio fuera del estudio —preparación de clases, servicio de atención al cliente por correo electrónico, marketing de la marca—, todo ello sin remuneración. Al invocar una frase espiritual tan profunda y con implicaciones eternas, la empresa podía desencadenar brevemente la culpa y la lealtad de sus empleados. Si alguien quería cuestionar una política injusta, CorePower podía señalar el «karma» para sofocar su reclamación.

Los documentos judiciales revelan que los propios abogados de CorePower desacreditan el karma como un «precepto metafísico»

vacío que se encuentra en la misma categoría de lenguaje sin sentido que el *soul-rocking*. No obstante, para los seguidores estaba suficientemente cargado como para mantener su lealtad incluso cuando
sabían que la empresa estaba jugando con ellos. Kalli dejó sus sueños profesionales en CorePower para convertirse en enfermera titulada, pero sigue asistiendo a clases de yoga en un estudio local de
CorePower. Para poder pagar su cuota mensual de ciento veinte
dólares (no recibe ningún descuento por haber pasado por la formación de profesores), trabaja como limpiadora en otro local de
CorePower una vez a la semana. Además, da clases de «goat yoga»
(ahora hay de todo) en una pequeña granja en los suburbios de
Minneapolis. En su biografía ha puesto con orgullo «instructora
formada en CorePower».

VI

Si te encuentras en una comunidad de *fitness* que parece un culto y que puede o no ser del todo saludable, hay algunas preguntas que vale la pena hacerse; por ejemplo: este grupo, ¿de verdad da la bienvenida a toda clase de personas? ¿O sientes una presión excesiva para vestir y hablar como los demás (incluso fuera de clase)? ¿Se te permite participar de forma casual, aficionarte a esta actividad? ¿O te encuentras depositando todo tu tiempo y tu fe solo en este grupo y basando todas tus decisiones en las de ellos? ¿Confías en que el instructor te dirá que bajes el ritmo, incluso que te tomes unas semanas de descanso o que pruebes un ejercicio totalmente diferente si tu cuerpo lo necesita? ¿O solo te dirá que sigas más fuerte y más rápido? Si faltas a una clase o lo dejas, ¿cuál es el precio por irte? ¿Orgullo? ¿Dinero? ¿Las relaciones? ¿Todo tu mundo? ¿Es un precio que estás dispuesto/a a pagar?

Para mí, se ha vuelto más fácil detectar la diferencia entre un almacén lleno de quinientas aprendices de yoga que gritan que es su líder o la carretera (o un instructor de *spinning* que degrada a sus estudiantes como «pequeñas zorras») y un estudio de dieciséis mujeres vestidas como quieren y libres de cancelar sus membresías sin la amenaza de la vergüenza, o peor, que se unen a un mantra como «soy más fuerte de lo que parezco». Ambos negocios lucran con el lenguaje, pero también están nombrando de manera literal a quién quieren empoderar; en un caso, es al gurú, y, en el otro, a la gente.

—Creo que el auténtico significado de *cult fitness* es que la gente se siente muy conmovida por algo que la ayuda a crecer y a cambiar —concluye Patricia Moreno, de intenSati. Dado que el objetivo de Moreno es, de forma tan transparente, enseñar a sus alumnos a reclamar su propio poder personal, en lugar de afirmar su poder sobre ellos, nunca ha sentido la necesidad de defender que intenSati no es un «culto de verdad». Para mí, esa falta de defensa dice mucho.

En general, a los expertos en nuevas religiones tampoco les preocupa que los inconvenientes del *cult fitness* estén a la altura de los de la cienciología.

—Por supuesto que creo que algunos de estos entrenamientos son un poco «cultos», pero lo pongo entre comillas —comenta Tanya Luhrmann, antropóloga de Stanford.

El principal síntoma de «culto» que Luhrmann encuentra en los aficionados al *fitness* es la creencia en que, si asisten a las clases con regularidad, su vida mejorará de forma espectacular en general. Mientras concurran a clase cinco veces a la semana y digan los mantras, eso cambiará la forma en la que se desarrolla el mundo para ellos. Es esa sensación de idealismo excesivo otra vez, esa convicción de que este grupo, este instructor, estos rituales, tienen el poder de lograr más de lo que con toda probabilidad podrían.

Es más que posible sacar provecho de esa fe. Sin embargo, lo que me impide criticar la industria del *cult fitness* de una forma demasiado radical es que, al final, tú estás a cargo de tu propia experiencia. En la clase de *spinning*, tú controlas la resistencia de tu bicicleta; si quieres ignorar a la «señora sacada de un culto» que está al frente de la sala (o en la pantalla) y reducir la velocidad, puedes hacerlo. Si rezas a un poder superior, puedes hacerlo mientras cantas sobre la inspiración divina. Pero si solo quieres saltar y festejar, también puedes hacerlo. Y después de seis meses, si las cosas empiezan a ser tóxicas o simplemente quieres probar otra cosa, eres libre de hacerlo. Si los lazos que has establecido en el *ranking* de verdad son tan fuertes, estos durarán incluso después de que decidas cambiar y probar a hacer pilates sobre una tabla de surf.

Después de todo, el estudio no es lo que da sentido a tu vida. Es probable que te aporte satisfacción y conexión durante cuarenta y cinco minutos, pero sin él seguirás siendo tú. Ya has sido bendecido/a con todo lo que necesitas.

PARTE 6
ME SIGUES, TE SIGO

I

Es junio de 2020, uno de los meses más polémicos de la historia contemporánea de Estados Unidos, y mi algoritmo de Instagram no se aclara. En medio de las publicaciones sobre la pandemia mundial de COVID-19 y Black Lives Matter, y mientras me mantengo al día con todos los swamis de la Nueva Era, los reclutadores de MLM y los teóricos de la conspiración que he seguido durante el último año, mi página de Explorar parece no poder distinguir si soy una guerrera de la justicia social, una conspiracionista que se cree lo de la *plandemia*, una antivacunas, una bruja, una distribuidora de Amway o simplemente una auténtica obsesa por los aceites esenciales. Me provoca cierta satisfacción permitirme creer brevemente que he confundido al Ojo de Instagram, cuya presencia es tan omnisciente y misteriosa (e indispensable para mí) que a veces me da la sensación de que es el único Dios que he conocido.

En ese momento supongo que tengo lo que me merezco cuando, tras pasarme dos horas seguidas en las redes sociales, me encuentro con el perfil de un gurú espiritual llamado Bentinho Massaro. Con una biografía en Instagram que reza «sintetizador de caminos», «verdadero científico», «filósofo» y «espejo», Massaro es un hombre blanco de treinta y tantos años que afirma que es capaz de vibrar en una frecuencia más alta que otros humanos, más alta incluso que Jesucristo. Con cuarenta mil seguidores en Insta, los ojos azul hielo, un robusto armario lleno de camisetas negras ajustadas y una voz segura envuelta en un indeterminado acento europeo, parece un cruce entre Teal Swan y Tony Robbins. Sin duda, uno de los hermanos Hemsworth lo podría interpretar en la película. Alrededor de una decena de alertas rojas proverbiales se encienden en mi corteza frontal. Hago clic en «seguir».

Una inmersión más profunda pronto revela que Bentinho Massaro nació en Ámsterdam, pero se trasladó a Boulder, Colorado, y más tarde a la meca del ocultismo de Sedona, Arizona, para dirigir retiros espirituales caros. Al mismo tiempo, dedica un esfuerzo espectacular a aumentar su presencia en Internet. Mediante el uso de una estrategia en redes sociales propia de Silicon Valley y un portafolio de páginas web elegantes, su objetivo es venderte... bueno, tu alma.

Por un precio tan bajo como seguirlo en Instagram o tan alto como seiscientos dólares por hora en Skype, puedes tener acceso a las dosis de la ciencia sagrada que ofrece Massaro; las respuestas a todo, desde cómo cultivar relaciones personales profundas hasta cómo convertirse en «un dios humano». En sus vídeos de YouTube, se sienta cerca de la cámara, creando la atmósfera acogedora típica de una reunión en casa o de una conversación cara a cara, mientras expone temas como «El agujero negro interior», «La vibración de la energía de la presencia» y «Atravesar la ilusión de la mente». En su Instagram encontrarás vídeos que duran un minuto en los que Massaro se limita a mirar intensamente al objetivo, sonriendo sin apenas pestañear y murmurando de forma intermitente: «Te quiero». A estas miradas parasociales las llama sus momentos de «unidad, sin separación entre tú y yo». Cientos de seguidores inundan sus comentarios con elogios como «Eres inteligencia infinita, amor/luz», «Gracias, Ben, por esta ola de conciencia», «MAESTRO, profesor... TÚ eres el que tiene una habilidad asombrosa... Por favor, guíanos».

La ideología de Massaro es, digamos, ecléctica. Cree en los antiguos extraterrestres, afirma que puede alterar el tiempo con su mente y ha anunciado que no quiere tener hijos porque ya tiene siete mil millones. A estas alturas ya debería sonar familiar que insista en que él y solo él posee la «visión de Dios» necesaria como para guiar a la humanidad hacia la «verdad absoluta» del cielo. Según él, sus enseñanzas conducirán al «cese del sufrimiento y a la felicidad sin fin». Massaro jura que, en el transcurso de la vida de cualquier terrícola, este no accederá ni siquiera al «diez por ciento de lo que ocurre en [su] conciencia en un solo día». ¿Su visión final? Sacar de la red a su grupo de Internet, comprar un gran terreno en Sedona y construir una nueva ciudad iluminada.

Entre las conferencias sobre los caminos, las vibraciones y la elevación de la frecuencia, parte de la retórica de Massaro da un giro sombrío. Su jerga mística está plagada de clichés que terminan con el pensamiento, los cuales tienen la intención de hacerles *gaslighting* a los seguidores para que desconfíen de la ciencia, así como de sus propios pensamientos y emociones. En una lección, ordena lo siguiente: «Pensar en algo es la forma más segura de perderse la belleza de ese algo real. Ved dónde tenéis esas lealtades a la lógica, a la razón, a la descripción lineal, y simplemente empezad a destruirlas» [168]. En otro vídeo, le grita a una alumna después de que esta hubiera expresado que se había sentido irrespetada por la frase «que te den», y le dice:

«Si miraras más allá de tu puto ombligo en cuanto a lo que se considera respeto y lo que no, verías cuánto amor se esconde detrás de lo que digo».

Massaro siempre encuentra una forma retorcida de justificar su uso de la agresión verbal. Una vez publicó en Facebook lo siguiente: «Ser amigo de un ser despierto es casi imposible porque: A) su prioridad es tu purificación y elevación hacia la verdad; no la amabilidad... y B) no es como una persona normal y corriente y, por lo tanto, no se lo puede comparar correctamente con los estándares normales ni relacionarse con él como si fuera una persona más (lo cual no le gusta a la mente finita)». Según él, que grite y se meta contigo es una manifestación de la bondad divina.

«Puedo gritaros todo lo que quiera», declama, y añade que el abuso verbal es una parte necesaria del camino espiritual y que cuestionarlo lo único que hace es reflejar la «mente limitada y obstinada» del humano inferior.

Al igual que Teal Swan, los vídeos de Massaro también promueven mensajes peligrosos en cuanto al suicidio.

«No temas a la muerte; siéntete emocionado al respecto», dice en un clip. «Anhelar la muerte te hace revivir de verdad... Despertarte con algo importante. De lo contrario, mátate».

Estos sentimientos pasaron inadvertidos en su mayor parte hasta diciembre de 2017, cuando Massaro organizó un retiro espiritual en Sedona que salió terriblemente mal. El campamento de entrenamiento de doce días de la Nueva Era había prometido a cien invitados acceso exclusivo a las enseñanzas más profundas de Massaro. Para entonces, las acusaciones de «líder de un culto» ya habían empezado a correr por Internet. El día antes del retiro, Be Scofield, un reportero de Sedona, publicó una denuncia que lo calificaba como «gurú de la tecnología»[169] que utilizaba el *marketing* de los *growth hackers* para crear un consorcio espiritual de charlatanes[170] en el que ponía en peligro los cuerpos de sus seguidores con consejos de salud ridículos (como vivir a base de zumo de uva durante semanas, a lo que Massaro llamaba «ayuno seco»), los manipulaba para que dejaran de lado a sus amigos y familiares («Que les den a tus relaciones. No significan nada», decía), y hacía que confiaran en él como si fuera una deidad omnisciente.

El sexto día del retiro de Sedona, el asistente Brent Wilkins, que había seguido a Massaro con devoción durante años, se separó del grupo. Se subió a su coche, condujo hasta un puente cercano y saltó, poniendo fin a su vida.

La noticia de la muerte de Wilkins no tardó en circular y, como consecuencia, comenzaron las comparaciones con Jim Jones. Internet bautizó a Massaro como «la mezcla entre imbécil de Instagram y líder de un culto» y «Steve Jobs se junta con Jim Jones». Massaro permaneció en silencio durante meses hasta que, al final, publicó una respuesta en Facebook en la que no abordaba la muerte ni ninguna preocupación específica, sino que contraatacaba a Be Scofield con la etiqueta de «culto». En la última batalla de clichés que terminan con el pensamiento, declaró que Scofield era «parte de uno de los mayores cultos de nuestro planeta hoy en día, el Culto Americano Promedio, el cual está adoctrinado por los medios de comunicación, asustado de casi todo lo ajeno a su propio domicilio familiar y listo para sacar un arma contra cualquier persona a la que no entienda».

Al día siguiente de la muerte de Wilkins, los detectives se presentaron en la residencia de Massaro para confrontarlo sobre su cuestionable mensaje suicida. Sin embargo, al final no formularon cargos contra él. En una cultura en la que las interacciones malignas en las redes sociales contribuyen a la depresión, la ansiedad y el suicidio de formas tan complicadas [171], fue demasiado difícil culpar de forma particular y mediante un proceso penal incluso a una figura tan vergonzosa como Massaro.

Al final, la tragedia de Brent Wilkins no sacudió la fe (ni siquiera llegó a tocarla) de gran parte de los seguidores de Massaro, la mayoría de los cuales nunca se planteó «seguirlo» más allá de Instagram. Sin embargo, en los meses siguientes, pequeñas oleadas de devotos se desconectaron de él, pues dejaron de seguirlo en las redes sociales, eliminaron su jerga de su vocabulario e incluso se unieron a un «grupo para recuperarse de Bentinho Massaro» que había en Facebook. Con dolor, se dieron cuenta de que su gurú no era más que un hombre envenenado por su propia adicción a un culto mucho mayor que el suyo: el culto a la atención de las redes sociales[172]. Si bien es cierto que en su día habían admirado a su «estrella del rock espiritual» por utilizar Instagram y YouTube con el fin de poner la conciencia infinita al alcance de todo el mundo, quedó claro que el movimiento de Massaro solo existía para satisfacer su propio deseo de adoración, el cual era cada día más insondable gracias al universo alternativo que creó para sí mismo en Internet.

«Pero supongo que esto es lo que hace mucha gente en Internet», comentó Lynn Parry, una exleal a Massaro que estuvo cerca de Brent Wilkins antes de su muerte, en una entrevista con *The Guardian*. «Se crean una imagen pública perfecta (…) [y], sin quererlo, hacen sentir a los demás que no son suficientemente buenos (…) y, para gente como Brent, para muchos de nosotros en realidad, eso es demasiado para el espíritu».

II

Retrocedamos dos décadas hasta 1997, el mismo año en el que se inventó la primera red social. En marzo, cuando el suicidio masivo de Heaven's Gate provocó un pánico sísmico en todo el país, los estadounidenses de a pie se preguntaron cómo un hombre claramente trastornado y obsesionado con los ovnis como Marshall Applewhite había podido provocar semejante desastre.

Cuando se sugirió que la página web de Heaven's Gate, una cacofonía de tipografías brillantes y divagaciones extraterrestres, podría haber desempeñado un papel en el reclutamiento y la radicalización de seguidores, los comentaristas se burlaron. Mientras que un periodista de *The New York Times* calificaba a Heaven's Gate como «lección objetiva sobre los males de Internet» [173], un redactor de *Time* rebatía, incrédulo: «¿Depredadores espirituales? Anda ya. (...) ¿Una página web que tiene el poder de absorber a la gente... en un culto suicida? (...) La sola idea sería objeto de risas si no hubieran muerto treinta y nueve personas» [174].

Hasta donde la imaginación media de los años noventa podía llegar, los cultos precisaban un lugar de carne y hueso para poder ejercer una influencia real. Sin una comuna apartada o una mansión aislada, ¿cómo podría alguien separarse de su familia y amigos, mantener suprimida su individualidad y convertirse a nivel ideológico a un dogma destructivo de forma que incitara al daño en el mundo real?

En los años transcurridos desde Heaven's Gate, el mundo virtual y el físico se han fusionado. Para bien y para mal, las redes sociales se han convertido en el medio a través del cual millones de personas forjan afinidad y conexión en una sociedad siempre efímera. A principios de 2020, el periodista Alain Sylvain escribió que las redes sociales y la cultura pop se han convertido en «la hoguera moderna»[175]. Es algo que el redactor de *Time* de los noventa no podría haber predicho; un mundo en el que los aspirantes espirituales satisfacen sus deseos espirituales con una mezcolanza de rituales no religiosos que se practican en su mayor parte en línea. Es un mundo en el que nuestros confidentes más cercanos se encuentran en los foros de fans de Beyoncé y en los grupos privados de Peloton de Facebook, y en el que la ética y la identidad de cada uno se ven envueltas en torno a los *influencers* a los que siguen, en los anuncios personalizados en los que hacen clic y en los memes que reenvían.

Veinte años después de Heaven's Gate, es rara la vez en que la mayoría de los grupos marginales y fervientes se reúnen en la vida real. En su lugar, construyen un sistema *online* de moralidad, cultura y comunidad —y a veces se radicalizan—, sin una comuna remota, sin Iglesia, sin «fiesta», sin gimnasio. Solo con el lenguaje. En vez de un lugar físico en el que encontrarse, la jerga propia de un culto ofrece a los seguidores algo en torno a lo cual reunirse.

Cuando descargué Instagram por primera vez en el verano de 2012, no pude evitar fijarme en lo curioso que resultaba que la aplicación llamara a los dueños de las cuentas «seguidores» en lugar de «amigos» o «contactos».

—Es como una plataforma con los rasgos de un culto. —Recuerdo haberles dicho a mis amigos—. ¿No está animando a que todo el mundo construya su propio culto?

Por aquel entonces ni siquiera conocía la palabra *influencer*[176] (el término no se popularizó hasta 2016, según los datos de búsqueda de Google), así que no podía prever que los «*influencers* espirituales*»* se convertirían pronto en una categoría de nuevos líderes religiosos. Menos de una década después del lanzamiento de Instagram, miles de astrólogos, sabios de la autoayuda y guías de bienestar holístico como Bentinho Massaro y Teal Swan, quienes tal vez nunca hubieran desarrollado un interés por la metafísica antes de Internet (y mucho menos lo hubieran monetizado), utilizan aplicaciones y algoritmos para difundir su evangelio. Mediante imágenes de lecturas del tarot, actualizaciones sobre el cosmos y conversaciones abstractas sobre campos de frecuencia y perspectivas galácticas, estos gurús digitales satisfacen la demanda de ideas renovadas de la Nueva Era por parte de los estadounidenses modernos. Sus *feeds* de alto octanaje proporcionan tanto placer visual como una *influencer* de belleza o de «estilo de vida», pero las promesas son mucho mayores. Los místicos de Instagram no funcionan según un modelo de negocio, sino según una misión espiritual; no solo venden esponjas y productos, sino sabiduría trascendental. Haz doble clic y suscríbete y obtendrás acceso a vibraciones más altas, a dimensiones alternativas, incluso a la vida más allá de la muerte.

«Me he preguntado: si Buda o Jesús vivieran hoy, ¿tendrían una página de Facebook?»[177], planteó Bentinho Massaro en una entrevista de 2019, a lo que añadió que le parece que Instagram se presta especialmente a lo divino. «Las fotos tienen cierta energía», le dijo al reportero con sus brillantes ojos glaciales.

El suicidio de Brent Wilkins fue un ejemplo raro y concretamente trágico del destino que puede correr un aspirante espiritual que se sumerge demasiado en la «realidad» deformada de un gurú *online*. No obstante, para la mayoría de la gente, alguien como Massaro no es más que otra cuenta a la que ignorar. A diferencia de los cultos de los años setenta, ni siquiera tenemos que salir de casa para que una figura carismática se apodere de nosotros. En el caso de los cultos contemporáneos, para entrar basta con pulsar el botón de «seguir».

No todos los *influencers* espirituales son peligrosos; de hecho, muchos proporcionan lo que yo clasificaría como una experiencia en su mayoría positiva, ya que ofrecen inspiración, validación y consuelo, aunque solo sea por un breve momento antes de pasar a la siguiente publicación. En 2018, investigué para Cosmopolitan.com el creciente fenómeno de las «brujas de Instagram», y lo que encontré fue una coalición diversa de mujeres *millennials* y personas no binarias que ganaban seguidores digitales devotos con los que se involucraban con atención en torno a recetas de tinturas hechas a base de plantas e ideas astrológicas. Esta comunidad de brujas *online* parecía un refugio para muchas personas LGTBQ+ y BIPOC que no se sentían acogidas en muchos espacios religiosos de la vieja escuela. De todos modos, practicaban su oficio; Instagram simplemente les daba una plataforma para compartirlo y ganarse la vida con ello. Casi todas las que investigué parecían sinceramente motivadas por ayudar a la gente, y ninguna utilizaba los clichés que terminan con el pensamiento, los eufemismos enrevesados u otras tácticas con intención de engañar, que ahora sabemos que constituyen la peor clase de lenguaje de los cultos.

No obstante, es inevitable que los sedientos de poder siempre encuentren el camino hacia las redes sociales, una máquina que trabaja para alimentar nuestras tendencias más narcisistas y estafadoras. El reportero Oscar Schwartz escribió para *The Guardian* que, en lo que respecta a los algoritmos, «hay poca diferencia entre el gurú genuino y el pernicioso». Los *influencers* espirituales son santificados por las aplicaciones por la misma razón que cualquier otro creador de contenidos, es decir, porque sus publicaciones están de moda y son muy atractivas. Intercambian citas reposteables [178] llenas de jerga sobre el bienestar a cambio de *likes* que les aumenten el ego y dólares de publicidad, beneficiándose así de los aspirantes espirituales con Apple Pay que pretenden aliviar la angustia y el hastío de la existencia contemporánea.

Dado que sus verdaderas creencias pasan a ocupar un segundo plano en relación con el éxito de su marca, estos gurús están dispuestos a manipularlas de acuerdo con lo que el espíritu de la época parece querer. Si los suplementos de CBD están de moda, de repente inundarán sus *feeds* con publicaciones de gente afiliada y actuarán como si el cannabis hubiera formado parte de su ideología todo el tiempo; si el contenido o la teoría conspirativa parece ir bien, se dirigirán en esa dirección, incluso si no terminan de entender la retórica volátil con la que están traficando.

Dedícale unos minutos a hurgar en el distrito de Bentinho Massaro en Instagram y encontrarás decenas y decenas de cuentas similares. En un rincón, verás a oportunistas de la «curación alternativa» que se hacen pasar por benévolos profesionales de la medicina. Como el «Dr.» Joe Dispenza, un hombre blanco de aspecto genérico y de mediana edad, en quien, de alguna manera, más de un millón de seguidores de Instagram confían como si fuera su sabio de la Nueva Era. El ejército de acólitos de Dispenza afirma que los ha ayudado a manifestar todo, desde el trabajo de sus sueños hasta su cónyuge o la remisión del cáncer. Con astucia, Dispenza explota el SEO y otras estrategias de *marketing* digital para ganar millones mediante la venta de un extravagante emporio de talleres y retiros de autoayuda, charlas públicas, consultas corporativas, meditaciones guiadas, CD, regalos y libros como *Becoming Supernatural* y *Evolve Your Brain*. En su biografía de Instagram, la cual dice «investigador de la epigenética, la física cuántica y la neurociencia», Dispenza se presenta como la máxima autoridad espiritual «científica», y se enorgullece de sus estudios en ciencias bioquímicas en la Universidad de Rutgers, así como de su «formación de posgrado y educación continua» —lo que sea que eso signifique— «en neurología, neurociencia, función y química del cerebro, biología celular, formación de la memoria y envejecimiento y longevidad». Siguiendo el ejemplo de L. Ron Hubbard, Dispenza combina el lenguaje académico con lo paranormal. Por ejemplo, según él, el campo cuántico se define como «un campo invisible de energía e información —o, en otras palabras, un campo de inteligencia o conciencia— que existe más allá del espacio y del tiempo. No hay nada físico ni material en él. Está más allá de lo que se puede percibir con los sentidos».

Ni que decir tiene que la mayoría de los seguidores no se han formado en neurociencia o en mecánica cuántica, así que escuchan la jerga esotérica y —utilizando un proceso de pensamiento del Sistema 1— concluyen que Dispenza debe ser legítimo. «Se dirige, sobre todo, a personas que pueden tener poca o ninguna comprensión académica de estos ámbitos de estudio, pero las palabras son una descripción literalmente errónea del campo cuántico», comentó Azadeh Ghafari, psicoterapeuta licenciada y frecuente denunciante de los estafadores digitales del bienestar en su cuenta de Instagram, @the.wellness.therapist. «Decir que "no hay nada físico ni material en él" no solo es rotundamente falso, sino que demuestra que esa persona no posee una comprensión actual de lo que se llama el estado de vacío o el vacío cuántico». Ghafari sugiere esta prueba de fuego: «Cada vez que cualquier gurú de la Nueva Era que gane dinero con las cosas que está vendiendo diga que equis asunto es "cuántico", dale una ecuación de física básica (mándame un MD y te paso algunas). Si no pueden resolverla, sigue adelante». Internet estafa e Internet prueba los hechos.

De hecho, una breve investigación revela que Dispenza nunca se graduó en Rutgers y no tiene ningún doctorado. Sus únicos diplomas incluyen una licenciatura general del Evergreen State College y un título de una escuela de quiropráctica en Georgia, llamada Life University. Sin embargo, las credenciales de Dispenza en Google y su sumamente bien optimizada presencia en la web ofrecerán como primer resultado: «El Dr. Joe Dispenza es un neurocientífico reconocido». Como hombre blanco de unos cincuenta años, justo el tipo de persona que nuestra cultura quiere que parezca y suene como un neurocientífico, se confía en él sin duda alguna*.

En un código postal cercano de la esfera de los gurús se encuentran mujeres veinteañeras que añaden un sabor inconformista a la marca aspiracional Insta-baddie. Heather Hoffman (@activationvibration), rubia y de ojos azules, suele ir vestida con un *bralette* y luce un *piercing* en el tabique junto a unas joyas faciales de apropiación. Sus imágenes ultraelaboradas con capas y capas de filtros presentan destellos de lentes de todos los colores y flores de loto con un tono brillante que acompañan a afirmaciones diarias suficientemente vagas como para sonar profundas (por ejemplo, «Recibe la suculencia de tu propia fuente y tu búsqueda externa cesará»). En sus largos y enrevesados pies de foto emplea un dialecto del lenguaje de la Nueva Era tan críptico que los iniciados quieren darle a «me gusta» y comentar, mientras que los extraños no pueden evitar seguir mirando su perfil para averiguar cuáles son en realidad sus creencias; por ejemplo, «integración de códigos potentes», «transformación cuántica»,

---

* Debido a que la mayoría de los seguidores de Dispenza lo conocen a través de la imagen que ha elaborado con cuidado en Internet, la mayoría nunca se entera de que está relacionado con un controvertido círculo de la Nueva Era llamado Ramtha[179]. El grupo fue fundado a finales de los años ochenta por J. Z. Knight, una autoproclamada maestra de la percepción extrasensorial (y orgullosa partidaria de Trump), la cual ha lanzado todo tipo de retórica similar a la de QAnon y disparates intolerantes en general (como que todos los hombres homosexuales solían ser sacerdotes católicos). No obstante, los devotos de Ramtha —entre los que hay un puñado de famosos— oyen lo que quieren oír e ignoran el resto.

«espacio de tiempo multidimensional», «alineación divina», «actualización de tu ADN» y «matrices energéticas, redes y frecuencias».

En un vídeo, Heather se pone en cuclillas en el suelo con un bikini verde mientras toca unos cuencos tibetanos y ondula el torso. Con una suave voz de soprano, empieza a hablar una forma de glosolalia a la que llama «lenguaje de la luz». La sección de comentarios rebosa de toda clase de «diosa divina», «hipnotizante» y «Heather, ¡eres un código de luz de otro nivel!». En otro clip, se sienta ante un tapiz con un mandala y da una conferencia sobre que la causa del COVID-19 fue la «propaganda del miedo» del gobierno y que protegerse significa «desactivar» tu «red del miedo matriz» para no contaminar el «orden divino». Según ella, se ha reencarnado precisamente para curar a los humanos de problemas como estos a través de su habilidad para acceder a la «Fuente» (Dios) y a otros «reinos» espirituales disponibles solo para ella, ya que todos los demás han sido víctimas de un «programa». Para tener acceso a su sabiduría, basta con inscribirse en uno de sus cursos *online*, como el «Curso de activación celular: Mejora tu ADN» por ciento cuarenta y cuatro dólares con cuarenta y cuatro centavos; o también, para acceder a su sabiduría más exclusiva, es posible pagar cuatro mil cuatrocientos cuarenta y cuatro dólares por ocho sesiones de tutoría individual.

Si avanzamos a lo largo del continuo de influencia hacia la cienciología, estas figuras te engatusarán para que les compres su libro electrónico, luego su lista de reproducción de meditación, luego su curso de hipnosis *online* y, a esas alturas, tu viaje espiritual no tendría valor si no te apuntaras a un taller o a un retiro. Para ti puede parecer la búsqueda de la autorrealización, pero para ellos es una mina de oro rentable y expansible que genera ingresos pasivos.

Ghafari señala que cuando un gurú *online* utiliza demasiado «lenguaje absolutista», esa es la alerta roja número uno de los estafadores de la Nueva Era.

—Cualquiera que hable del concepto de sentir nuestro pasado, nuestro trauma interno, de una manera universal y demasiado simplificada —aclara—. Por ejemplo, afirmaciones como: «Todos nosotros tenemos algún trauma desde que somos niños, por lo que necesitamos x, y, z» o «Todos nosotros somos del cosmos y simplemente estamos flotando en un campo cuántico, bla, bla, bla».

Si los cuantificadores y calificativos simples están ausentes en los mensajes de un gurú, eso es una señal de que lo más probable es que no estén cualificados para hablar como si fueran una autoridad en salud mental y de que están más interesados en convencer al mayor número posible de seguidores para que inviertan en sus dones proféticos que en ayudar de verdad a la gente.

—La psicología holística y el bienestar de la Nueva Era no tienen nada que ver con la atención especializada en traumas. Se trata de impulsar la pseudociencia y el *marketing* —concluye Ghafari. Los gurús del bienestar alternativo, como Bentinho Massaro y Heather Hoffman, se quejan de los males de la Big Pharma hasta la saciedad—. Pero ellos promueven una forma mucho más engañosa de capitalismo —añade. No quieren venderte pastillas. Quieren venderte una clave para la iluminación que, en realidad, no poseen.

Para algunos espectadores, los estafadores místicos de Insta podrían no parecer una gran amenaza; habría que estar muy poco al corriente para tener fe real en esta gente, ¿verdad? Sin embargo, los investigadores han descubierto que las personas que se sienten más atraídas por la retórica de la Nueva Era están más convencidas de lo que uno podría llegar a pensar. Michael Shermer, escritor científico y fundador de la Skeptics Society, ha analizado la correlación entre la inteligencia y la creencia en «ideas raras»[180]. Según Shermer, los estudios demuestran que los sujetos de prueba estadounidenses con los niveles de educación más bajos tienen mayor probabilidad de estar de acuerdo con ciertas creencias paranormales, como las casas encantadas, la posesión satánica y los aterrizajes de ovnis. No obstante, son los sujetos de prueba con mayor educación los más propensos a creer en ideas de la Nueva Era, como el poder de la mente para curar enfermedades. El psicólogo Stuart Vyse ha señalado que el movimiento de la Nueva Era «ha provocado un aumento de la popularidad de las ideas [sobrenaturales] entre los grupos que antes se consideraban inmunes a la superstición, es decir, aquellos con mayor inteligencia, mayor nivel socioeconómico y mayor nivel educativo»[181]. Así, pues, de acuerdo con el psicólogo, la antigua opinión acerca de que las personas que creen en cosas «raras» son menos inteligentes que los no creyentes puede no ser del todo cierta.

Desde un punto de vista objetivo, las interpretaciones metafísicas inventadas de los «campos cuánticos» y la «mejora del ADN» son tan irracionales como los fantasmas y las visitas de extraterrestres; sin embargo, el hecho de que se asocien con un grupo demográfico de jóvenes expertos en redes sociales y con títulos universitarios las hace más aceptables. No es que la gente inteligente no sea capaz de creer en cosas relacionadas con los cultos, sino que, según dice Shermer, a la gente inteligente se le da mejor «defender creencias a las que llegaron por razones no inteligentes». La mayoría de la gente, incluso los escépticos y los científicos, no arriban a la mayor parte de sus creencias por razones relacionadas con la evidencia empírica. Nadie se sienta a leer un montón de estudios científicos y luego sopesa los pros y los contras antes de decidir que, por ejemplo, el dinero equivale a la felicidad, que los gatos son mejores que los perros o que solo hay una forma correcta de limpiar un colador. En palabras de Shermer: «Más bien, tales variables como las predisposiciones genéticas, las predilecciones de los padres, las influencias de los hermanos, las presiones de los compañeros, las experiencias educativas y las impresiones de la vida conforman las preferencias de la personalidad y las inclinaciones emocionales que, junto con las numerosas influencias sociales y culturales, nos llevan a tomar determinadas decisiones a la hora de en qué creer».

Todo esto quiere decir que ser inteligente y estar a la última no es suficiente para proteger a alguien de la influencia de los cultos que alberga Internet. E incluso si personajes turbios de las redes sociales como Joe Dispenza y Bentinho Massaro no parecen un gran problema en el vasto esquema de las cosas, al contribuir a un mundo que valora el «lenguaje de la luz» y la física de ciencia ficción por encima de la ciencia real, como si los hechos fueran solo opiniones, terminan haciéndoles sitio a los grupos cuya peligrosidad es más urgente para que estos se aprovechen.

Este rechazo paranoico de la sanidad y el liderazgo «convencionales» fue justamente lo que dio tanto impulso a QAnon, cuya retórica se solapa de manera considerable con la de la esfera del «bienestar alternativo», pues encontramos expresiones como «gran despertar», «ascensión» y «5G». El diagrama de QAnon y de los partidarios de la Nueva Era parece cada día más circular. Al principio parecía un cruce improbable que juntaba a los conspiracionistas violentos de derechas con los *hippies* aparentemente progresistas. Sin embargo, el malestar cada vez mayor de Estados Unidos ha provocado que un número alarmante de ciudadanos (en su mayoría blancos, excristianos de clase media —similar a la gente que se unió a Heaven's Gate en su día—) acaben en el mismo lugar: en contra del gobierno, de los medios de comunicación y de los médicos.

A principios de la década de 2010, mucho antes de QAnon, se introdujo el término «conspiritualidad» [182] (un compuesto de «conspiración» y «espiritualidad») para describir este movimiento político-espiritual que crece con rapidez y que está definido por dos principios básicos. «El primero, tradicional a la teoría conspirativa; el segundo, basado en la Nueva Era: 1) un grupo secreto controla de forma encubierta, o está intentando controlar, el orden político y social, y 2) la humanidad está experimentando un "cambio de paradigma" en la conciencia» (esta definición proviene de un artículo de 2011 del *Journal of Contemporary Religion*).

Cuando la pandemia de COVID-19 golpeó a los Estados Unidos en 2020, fue como si el propulsor de un cohete alimentara la llama de la conspiritualidad.

Los antivacunas y los conspiracionistas de la plandemia entrarían de lleno en la categoría de la conspiritualidad, pero también lo harían un montón de aficionados al bienestar relacionados con QAnon de forma menos llamativa; por ejemplo, el tipo de personas que podrían apuntarse a un MLM de aceites esenciales, llevar camisetas de «Namaslay» a sus clases de yoga para personas blancas [183] o tener una cuenta de Instagram de «autocuidado holístico». El tipo de personas que tal vez buscaron «remedios naturales para la salud» en YouTube una noche y acabaron en el territorio de la conspiritualidad que afirma que «a todos los médicos les han lavado el cerebro», incapaces de salir de ahí. Por supuesto, no todos los conspiritualistas saben o están dispuestos a admitir que sus creencias tienen algo que ver con QAnon. De hecho, algunos de estos creyentes consideran los términos «QAnon», «conspiracionistas» y «antivacunas» como «calumnias» ofensivas. Y cuanto más invocan estas etiquetas los de fuera, los de dentro se atrincheran con más fuerza. Al fin y al cabo, ambos bandos piensan que al otro le han «lavado el cerebro».

A grandes rasgos, QAnon comenzó en 2017 como una teoría conspirativa marginal *online* que giraba en torno a un supuesto infiltrado del servicio de inteligencia llamado Q. La ideología comenzó más o menos así: Q, una figura sin rostro, juraba tener «pruebas» de que los líderes corruptos de la izquierda —«el estado profundo» o «élite global»— abusaban sexualmente de niños pequeños en todo el mundo. (Según Q, Donald Trump trabajaba sin descanso para frenarlos antes de que lo destronaran «por medios fraudulentos»). La única forma de deshacer esta camarilla malvada compuesta por depredadores liberales con un alto poder era con el apoyo de los leales a Q, conocidos como «patriotas» o «panaderos», los cuales buscaban el significado de las pistas secretas que su líder anónimo iba dejando —«gotas» o «migajas»—, esparcidas por Internet. Confiar en Q significaba rechazar al gobierno convencional, despreciar con vehemencia a la prensa y rebatir a los escépticos en todo momento. Todo ello como parte necesaria del «cambio de paradigma» constante. QAnon desarrolló gritos de guerra que incluían «Ahora tú eres la noticia» y «Disfruta del espectáculo», lo cual hacía referencia al inminente «despertar» o apocalipsis.

En septiembre de 2020, una encuesta implementada por *Daily Kos* y Civiqs informó que más de la mitad de los republicanos encuestados creían parcial o mayoritariamente en las teorías de QAnon; al menos, en las teorías que conocían[184]. Y es que, si desciendes más por la madriguera de QAnon, encontrarás creencias abiertamente fascistas del estilo abuso ritual satánico que ni siquiera todos los suscriptores conocen (en todo caso, no al principio), como, por ejemplo, teorías que afirmaban que Jeffrey Epstein había conspirado con Tom Hanks para abusar de hordas de menores, que Hillary Clinton se bebía la sangre de los niños para prolongar su vida, que la familia Rothschild dirigía una red centenaria de adoradores de Satanás y mucho más.

No obstante, QAnon no tardó en crecer hasta condensar mucho más que los estereotipos de la extrema derecha. Si te vas un poco hacia la izquierda, descubrirás una denominación más aceptable de conspiritualistas cuyas paranoias podrían estar ligeramente menos centradas en que Hillary Clinton adora a Satanás y más en que la Big Pharma les impone la malvada medicina occidental a ellos y a sus hijos. Estos creyentes manejan un glosario de términos cargados un poco diferente, algunos de ellos apropiados de la política feminista, como «penetración forzada» (que confunde la vacunación con la agresión sexual) y «mi cuerpo, mi elección» (un eslogan antivacunas y antimascarillas robado del movimiento proelección). Como los algoritmos de las redes sociales rastrean las palabras clave para darle a la gente solo lo que le interesa, esto permitió que se formara una telaraña de ramificaciones personalizadas de QAnon que crece con rapidez.

De este modo, con el lenguaje como materia y energía, QAnon se convirtió en un agujero negro que absorbió a toda clase de creyentes propios de un culto del siglo XXI que se cruzó con él. Esa es parte de la razón por la que sus palabras de moda centrales —«estado profundo», «medios de comunicación convencionales» y «cambio de paradigma»— son tan idealistas y vagas; funcionan para atraer y vincular a los reclutas sin revelar demasiado. El método no difiere mucho de cómo la cienciología oculta el lenguaje de sus extraños niveles superiores para no perder nuevos seguidores. Al igual que un horóscopo, los mensajes genéricos permiten que los participantes acaben convencidos de que se les está hablando de forma única, como si esta comunidad en particular tuviera las respuestas al sufrimiento del mundo, mientras que camuflan el hecho de que, en realidad, no existe un sistema de creencias unificado.

Al igual que la mayoría de los cultos manipuladores, el magnetismo de QAnon es, en gran medida, la promesa de un conocimiento previo especial que solo está disponible para los miembros de su colectivo clandestino e iluminado. Este encanto se construye con (y esto ya te sonará bastante familiar) un sociolecto exhaustivo de acrónimos y símbolos de teclado con información privilegiada, las etiquetas «nosotros» y «ellos» y un lenguaje cargado. Según el lenguaje de QAnon, CBTS es la sigla inglesa que significa «la calma antes de la tormenta», los «buscadores de la verdad» son seguidores y los ignorantes de fuera son «borregos» o «agentes de la élite». *#Savethechildren* es un dogma de QAnon que suena inocente, aunque fue robado a los verdaderos activistas contra el tráfico infantil y utilizado para esconderse a plena vista y atraer a los recién llegados. La «conciencia 5D» es un nivel de iluminación que se pone a disposición de los iniciados en tiempos turbulentos; la «ascensión» es una palabra de moda cargada que se utiliza para explicar los síntomas de ansiedad o disonancia cognitiva, y «mirar todos los puntos de vista» es uno de los muchos eufemismos que equiparan la evidencia y la fantasía.

El glosario sigue y sigue [185]. Y siempre está cambiando, ramificándose en diferentes «dialectos» del lenguaje de QAnon para alojar nuevas adiciones al sistema de creencias, además de para que los algoritmos de las redes sociales no se den cuenta, marquen el lenguaje y restrinjan o bloqueen las cuentas que lo usan. No paran de introducirse nuevas palabras clave, *hashtags* y reglas para su uso. Los seguidores de QAnon (algunos de los cuales son *influencers* con sus propios acólitos) se mantienen a la espera de las actualizaciones y a menudo optan por publicar solo en sus efímeras historias de Instagram, el equivalente en las redes sociales a «este mensaje se autodestruirá en veinticuatro horas». Esto crea un nivel aún más profundo de exclusividad para quienes los siguen. Hablando en plata, en el caso de QAnon hay cultos dentro de cultos dentro de cultos; es la máxima concepción de «culto», y las redes sociales lo han hecho posible.

Dependiendo de su subsecta de creencias, los participantes de QAnon se sienten libres de definir el amplio discurso del «rebaño» y del «5D» como sea, con tal de que «resuene». Después de todo, para ellos «la verdad es subjetiva». No les importa que algunas interpretaciones de este lenguaje hayan provocado suficiente violencia en el mundo real* como para que QAnon se haya convertido en uno de los grupos terroristas nacionales más amenazante de nuestra época. Tampoco importa que, en el fondo, QAnon no sea más que otro culto apocalíptico y loco que forma parte de una fila que se extiende hasta varios siglos atrás. El elenco actualizado de personajes es nuevo, al igual que el medio de las redes sociales, pero las predicciones catastrofistas sin fundamento y las ideas de fuerzas oscuras que lo controlan todo en secreto están prácticamente trilladas.

Aun así, quienes están envueltos en la «cultura de entendimiento compartido» de QAnon y su conspiritualidad encontrarán una manera de seguirle el rollo sin importar en qué consista. Cualquier pregunta o inconveniente puede ser desechado según convenga a uno de sus clichés que terminan con el pensamiento, como «confía en el plan», «el despertar es más grande que todo esto», «los medios de comunicación son propaganda» e «investiga», que se refiere al proceso de caer en una trampa *online* obsesionada y sesgada por la confirmación, lo cual revela un mundo de fantasía lleno de explicaciones para las cosas que se perciben como inexplicables.

Si todo esto suena como un videojuego distópico [187], es parte de la «diversión». Hay una razón por la que el timbre original de

---

* Desde 2018, los partidarios de QAnon han cometido asesinatos, han fabricado bombas, han destruido iglesias, han hecho descarrilar trenes de carga, se han retransmitido en directo monologando sobre Q mientras participaban en una persecución policial a alta velocidad y han organizado asaltos mortales en favor de Trump (entre otros crímenes horribles [186]).

Q era tan conspirativo que parecía una película hecha para la televisión, como se puede ver en el caso de «sigue el dinero», «he dicho demasiado» y «algunas cosas deben permanecer clasificadas hasta el final». Se ha descrito a QAnon como «un juego de realidad alternativa inusualmente absorbente» en el que los usuarios de Internet desempeñan su papel imaginario de panaderos, el cual consiste en anticipar con ansia el rompecabezas de cada nueva migaja. Según el Dr. Joseph M. Pierre, psiquiatra de la Universidad de California, este tipo de búsqueda del tesoro virtual crea una forma de condicionamiento o «programa de razón variable», en el cual las recompensas se dispensan a intervalos no predecibles. Al igual que los juegos de azar o las apuestas en línea, o incluso la intoxicación errática ante la incertidumbre de no saber cuándo recibirás tu próximo «me gusta» en las redes sociales —esa sensación que hace que no dejes de actualizar tu *feed*—, la experiencia inmersiva de QAnon genera un tipo de comportamiento compulsivo similar a la adicción. En un análisis cognitivo para *Psychology Today*[188], Pierre señaló que, en el caso de QAnon, «la confusión entre la fantasía y la realidad no es tanto un riesgo como una característica incorporada».

Según Pierre, se cree que algunas de las peculiaridades psicológicas que impulsan la creencia en la teoría conspirativa en general incluyen el ansia de singularidad, además de las necesidades de certeza, control y cierre, que parecen ser especialmente urgentes durante los tiempos de crisis. Con todos sus giros argumentales y sus binarismos entre el bien y el mal, las teorías conspirativas captan nuestra atención al tiempo que ofrecen respuestas sencillas a preguntas que están sin resolver. «Las teorías conspirativas proporcionan una especie de garantía de que las cosas suceden por una razón y pueden hacer que los creyentes se sientan especiales por estar al tanto de secretos que el resto de los "borregos" no vemos», explica Pierre.

Después de que plataformas como Twitter e Instagram empezaran a darse cuenta de los peligros de QAnon y a tomar medidas, los seguidores tuvieron que ser más creativos con su lenguaje para poder comunicarse sin ser eliminados. Esta es una de las razones por las que los mensajes de QAnon empezaron a aparecer en forma de citas estéticas, máximas hechas mediante diseño gráfico que se mezclan con los memes de autocuidado del tipo «mantén la calma y manifiéstate» que pueblan con inocencia los *feeds* de Instagram de la mayoría de los usuarios. Esta evolución pronto se conoció como «pastel QAnon». Las citas, con sus tipografías bonitas y su sintaxis genérica, sirven como una forma de lenguaje cargado diseñado para tocar la fibra sensible de los usuarios, con el fin de que les gusten y las compartan sin pensarlo mucho. Esto es lo que permitió que un ingenioso *troll* se saliera con la suya en 2013 al usar Photoshop para colocar citas de Hitler sobre imágenes de Taylor Swift; se valió de las menos conocidas, sacadas de *Mi lucha* («La única medida prevenible que uno puede tomar es vivir irregularmente», «Nunca te compares con los demás porque, si lo haces, te estarás insultando a ti mismo»). El cerebro detrás de los memes subió sus creaciones a Pinterest y vio con suficiencia cómo los fans las compartían por todo Internet. El objetivo era demostrar la extrema devoción de los jóvenes swifties impresionables y su afán por compartir al instante y sin rechistar todas las cosas de Tay.

Existe un poder religioso tras las citas que es muy anterior a las redes sociales. Nuestro amor por un adagio conciso en forma de cuadrado está relacionado con los salmos bordados que se exhibían en los tocadores de las tías devotas. Sin embargo, se remonta incluso a antes de eso, a —¿adivinas la época?— la Reforma protestante, durante la que se produjo un gran cambio en el enfoque de las imágenes religiosas (vidrieras, frescos de la Última Cena) en favor del texto. «La ambigüedad de las imágenes era cada vez más incómoda. Así, pues, una valoración protestante de la Biblia la convirtió en una religión mucho más basada en el texto», comenta la Dra. Marika Rose, investigadora de la Universidad de Durham en el campo de la teología digital, en la revista *Grazia*. Desde entonces, nuestra cultura ha buscado el asesoramiento y el evangelio en los proverbios en miniatura, convencida de que, cuando se trata de citas escritas, lo que se lee es lo que se obtiene. En Internet, sin embargo, un misterioso epigrama sin una fuente clara puede servir como rampa de acceso para conducir a los aspirantes espirituales a algo mucho más siniestro.

Al no tener una estructura organizativa tangible, un líder único, una doctrina cohesionada y costes de salida concretos, QAnon no está exactamente en la misma categoría de culto que, por ejemplo, Heaven's Gate o Jonestown. No obstante, un seguidor de QAnon totalmente inmerso no podría dejarlo de un día para otro y ya está. Para aquellos que están sumergidos del todo en el mundo del «despertar» y la «búsqueda», salir de la madriguera podría significar una profunda pérdida psicológica, una pérdida de «algo en lo que ocupar el tiempo, del sentirse conectado a algo importante, del sentir por fin una sensación de que vales algo y de que tienes cierto control en tiempos inciertos», según aclara Pierre. Aunque los antiguos creyentes salgan a denunciar a QAnon, las consecuencias existenciales son suficientes como para que los seguidores incondicionales auténticos se mantengan sometidos.

No todo el mundo va a parar a un culto de Internet al nivel de QAnon, pero las plataformas desde Facebook hasta Tumblr son las que ayudan a que muchos de nosotros sintamos que la vida tiene importancia y que está conectada. A mi modo de ver, mientras que los famosos y los conspiritualistas crean sus propios cultos online, la pseudoiglesia definitiva a la que pertenecemos miles de millones de personas —incluso (y especialmente) figuras como el Dr. Joe Dispenza y Donald Trump— son las propias redes sociales.

En cierto sentido, ni siquiera podemos afirmar que cada vez seamos «menos religiosos» cuando el trabajo de las redes sociales consiste explícitamente en generar sectas ideológicas y en llenar los *feeds* de la gente con contenidos sugeridos que no hacen más que exagerar lo que ya cree. A medida que cada uno de nosotros publica algo, construyendo así nuestras identidades *online* individuales, las aplicaciones captan a esas personas mediante metadatos y las afianzan a través de anuncios irresistibles y dirigidos y *feeds* personalizados. Ningún «líder de culto» se aprovecha de nuestros impulsos psicológicos tan bien como el «algoritmo», el cual se nutre gracias a que nos envía a la boca del lobo, de manera que nunca nos encontraremos siquiera con una retórica con la que no estemos de acuerdo a menos que la busquemos a conciencia. Nuestra forma de tomar decisiones —desde la ropa hasta nuestras creencias espirituales y políticas— es consecuencia directa de estas extrañas versiones digitales de nosotros mismos. En su libro *Strange Rites*, Tara Isabella Burton escribió: «Estados Unidos no es laico, sino que simplemente está centrado en sí mismo a nivel espiritual». En una sociedad que gira en torno a las redes sociales, todos nos hemos convertido en líderes y en seguidores de un culto alguna vez.

III

Para mí sería muy fácil acusar a todos estos grupos, desde SoulCycle hasta Instagram, de parecerse a un culto y, por tanto, de ser malvados. Pero, al final, no creo que el mundo se beneficie de que todos nos neguemos a creer o a participar en cosas. Demasiada cautela estropea las partes más encantadoras del ser humano. No quiero vivir en un mundo en el que no podamos bajar la guardia durante unos instantes para participar en un canto o en un mantra grupal. Si todo el mundo temiera la alternativa hasta el punto de no dar nunca ni siquiera pequeños saltos de fe en aras de la conexión y el significado, ¿cuán solitario sería?

Los estudios sobre la personalidad de científicos famosos y su receptividad a creencias poco convencionales demuestran que el cinismo excesivo obstaculiza el descubrimiento. El escritor científico Michael Shermer descubrió que cerebros icónicos como el paleontólogo Stephen Jay Gould y el astrónomo Carl Sagan obtuvieron una puntuación fuera de lo normal tanto en ser conscientes de la experiencia como en mostrarse abiertos a ella, lo cual indica un equilibrio ideal entre ser suficientemente flexibles como para aceptar la afirmación ocasional y descabellada que resultó ser correcta, pero no tan crédulos como para caer en cada teoría extravagante con la que tropezaron.

—Sagan, por ejemplo, estaba abierto a la búsqueda de inteligencia extraterrestre, idea que, en su momento, era considerada ligeramente herética —dijo Shermer—. Pero era demasiado concienzudo como para aceptar la afirmación aún más contro-vertida de que los ovnis y los extraterrestres de verdad han ate-rrizado sobre la Tierra.

En resumen, a veces, cuando algo suena demasiado dispara-tado como para ser verdad, en realidad es así de disparatado y encantador.

Algunos dicen que las personas que se unen a los cultos están «perdidas». Pero todos los seres humanos están perdidos en cier-to modo. La vida es desordenada y confusa para todos. Una for-ma más reflexiva de pensar en cómo la gente acaba en escenarios precarios con las características de un culto es que estas personas están buscando a conciencia que las encuentren y —debido a las variaciones en los genes, las experiencias de vida y todos los fac-tores complicados que conforman las personalidades humanas— es-tán más expuestas que la persona promedio a acabar en lugares inusuales. Para mantenerse a salvo se requiere una combinación adecuada de comprobación de los hechos, verificación y acepta-ción de la idea de que la realización espiritual puede provenir de fuentes inesperadas.

Tampoco creo que sea conveniente decidir que hay algo na-tural e irremediablemente malévolo en los «cultos» cotidianos a los que pertenecen la mayoría de los seres humanos. SoulCycle no es la cienciología. Los *influencers* de Instagram no son Jim Jones. Y, como hemos aprendido, invocar comparaciones sensa-cionalistas de «líderes de cultos» para denunciar a cualquier gru-po que nos moleste puede crear confusión en torno a los peligros que se critican. Puede crear un daño activo. Lo sabemos desde el asedio al complejo de los Davidianos de la Rama, cuando el FBI se escandalizó tanto al creer que Waco estaba destinado a conver-tirse en «otro Jonestown» que ellos mismos acabaron provocando una calamidad que podría haberse evitado. Ahora Waco sirve de inspiración perversa para algunos de esos grupos anárquicos de la derecha que hay en Internet, los cuales consideran que morir en un enfrentamiento con el FBI es el martirio definitivo. Sucesos como este sirven para probar que pasar por alto los matices de las comunidades solo perpetúa una cultura de exageración y caos.

El hecho es que la mayoría de los movimientos modernos dejan suficiente espacio para que decidamos en qué creer, con qué comprometernos y qué lenguaje utilizar para expresarnos. Sintonizar con la retórica que utilizan estas comunidades y con cómo su influencia funciona tanto para lo bueno como para lo no tan bueno puede ayudarnos a participar (da igual cómo decidamos hacerlo) con una visión más clara.

Crecer con las historias de Synanon que me contaba mi padre —sus escapadas diarias al instituto prohibido de San Francisco, sus experimentos en el laboratorio de microbiología— me enseñó que, por mucho que el buen humor y el optimismo puedan hacer que una persona sea más susceptible a influencias sospechosas, también pueden sacar a alguien de una situación muy oscura. Con la cantidad adecuada de preguntas razonables y con cuidado de no abandonar nunca tus pensamientos lógicos o tus instintos emocionales (que están ahí por una razón), uno puede lograr permanecer conectado consigo mismo a través de cualquier cosa, desde una comuna aislada hasta un trabajo opresivo en una nueva empresa, o un gurú estafador de Instagram.

Por encima de todo, es importante que los ojos mantengan un brillo vigilante, ese cosquilleo en el cerebro que te dice que hay cierto grado de metáfora y fantasía, y que tu identidad no proviene de un swami o de una ideología única, sino de la vasta amalgama de influencias, experiencias y lenguaje que conforman lo que eres. Mientras te aferres a eso, creo que es posible participar en grupos que parecen cultos sabiendo que, al final del día, cuando vuelvas a casa o cierres la aplicación y te despojes del uniforme lingüístico del grupo, y entonces empieces a hablar como tú mismo de nuevo, no estarás del todo dentro. Cuando comencé a escribir este libro, me preocupaba un poco que, al final, toda esta investigación sobre el culto me convirtiera en una versión antisocial y misántropa de mí misma. Y si bien es cierto que me siento más consciente que nunca de los distintos dialectos del culto que impregnan nuestra vida cotidiana, también he adquirido un mayor sentido de la compasión. Aunque es poco probable que me mude a una cooperativa tipo Shambhala o que deposite mi lealtad en algún conspiritualista de Instagram, he adquirido una nueva capacidad para suspender el juicio severo de aquellos que podrían hacerlo. Esto proviene de saber que las creencias, las experiencias y las lealtades inmediatas son menos una señal de tontería individual y más un reflejo del hecho de que los seres humanos están (para su ventaja y su detrimento) fisiológicamente construidos para ser más místicos y comunales de lo que yo sabía.

Es parte de nuestro ADN querer creer en algo, sentir algo, junto a otras personas que buscan lo mismo. Estoy segura de que hay una forma saludable de hacerlo. Una parte de mí piensa que, en realidad, es involucrándonos en varios «cultos» a la vez, como lo hizo nuestra exsuperviviente de Jonestown, Laura Johnston Kohl, al cambiar su estilo de vida de una sola comunidad por la participación en una mezcla de grupos separados. De esta manera, somos libres de cantar, de hacer *hashtags*, de hablar de manifestaciones y bendiciones, de usar la glosolalia incluso para hablar alguna forma de *cultish*, todo mientras nos mantenemos atados a la realidad.

Así, pues, vamos a intentarlo de nuevo: «Ven. Sígueme. La vida es demasiado peculiar como para ir solo».

Agradecimientos

Se necesitan muchas personas generosas para hacer posible un libro como este. En primer lugar, un agradecimiento gigantesco a mis numerosas fuentes (incluidas aquellas cuyas entrevistas no acabaron en el libro, pero que fueron de gran valor). Aprecio su tiempo, experiencia, reflexión y vulnerabilidad más de lo que soy capaz de decir. Lo que ha hecho que este libro haya sido especialmente bueno ha sido que me ha reconectado con muchos amigos y familiares con los que llevaba años sin hablar. El tema de los cultos, extrañamente universal, nos ha vuelto a unir.

A mis maravillosas editoras Karen Rinaldi y Rebecca Raskin, por su continua confianza e inversión en mí. Y al resto de mi fabuloso y entusiasta equipo de Harper Wave: Yelena Nesbit, Sophia Lauriello y Penny Makras.

A mi agente literaria Rachel Vogel, que en realidad pertenece al siguiente nivel evolutivo superior al ser humano. Me siento muy afortunada de tenerla como representante y amiga. Muchas gracias también a Olivia Blaustein por su constante apoyo. Y al gurú del lanzamiento de mi libro, Dan Blank, por «limitarse a hacer su trabajo».

A mi inspiradora y solidaria familia, a la cual le debo todo: mis padres, Craig y Denise, y mi hermano Brandon. Gracias por transmitirme la curiosidad y el escepticismo. Gracias especialmente a ti, mamá, por haberme ayudado con el título. A ti, Brandon, por leer y criticar. Y a ti, papá, por las numerosas y fascinantes historias sobre cultos. Como siempre, espero con ansias tus memorias.

A mis dulces y alentadores amigos, mentores y colaboradores creativos, especialmente Racheli Alkobey, Isa Medina, Amanda Kohr, Koa Beck, Camille Perri, Keely Weiss, Azadeh Ghafari, Joey Soloway y Rachel Wiegand. Rae Mae, ¿puedes creer que esa espeluznante conversación que tuvimos en el Pioneer Cemetery a principios de 2018 se convirtió en un libro? De locos.

A mi maravillosamente comprometida comunidad de «seguidores» de Instagram. Hacéis que Internet se sienta como un lugar decente en el que estar.

A Katie Neuhof, por la brutal foto de autora, y a Lacausa Clothing y Sargeant PR, por el increíble vestido.

A mi mano derecha, Kaitlyn McLintock; este libro no podría haber salido adelante sin tu dedicación, fiabilidad y temple.

A mis fieles ayudantes caninos y felinos: Fiddle, Claire y, sobre todo, a mi amigo David. No podría haber superado este año sin ti, mi *coccolone*.

Y, por último, a Casey Kolb. Mi alma gemela, mi mejor amigo, mi compañero de dúo, mi brújula, mi compañero de confinamiento y el único integrante de mi club de fans. Si hubiera un culto a CK, me uniría sin dudarlo.

Notas

Parte 1: Repite conmigo...

I

1. Steven Hassan (2011), «The Disturbing Mainstream Connections of Yogi Bhajan», *Huffington Post*, http://huffpost.com/entry/the-disturbing-mainstream_b_667026

2. Chloe Metzger (2017), «People Are Freaking Out Over This Shady Hidden Message on Lululemon Bags», *Marie Claire*, https://www.marieclaire.com/beauty/a28684/lululemon-tote-bag-sunscreen/

II

3. SBG-TV (2019), «Can't Look Away from a Car Crash? Here's Why (and How to Stop)», WTOV9, https://wtov9.com/features/drive-safe/cant-look-away-from-a-car-crash-heres-why-and-how-to-stop

III

4. Alain Sylvain (2020), «Why Buying Into Pop Culture and Joining a Cult Is Basically the Same Thing», Quartz, https://qz.com/1811751/the-psychology-behind-why-were-so-obsessed-with-pop-culture/

5. Neil Howe (2019), «Millennials and the Loneliness Epidemic», *Forbes*, https://www.forbes.com/sites/neilhowe/2019/05/03/millennials-and-the-loneliness-epidemic/?sh=74c901d57676

6. M. Shermer y S. J. Gould (2007), *Why People Believe Weird Things*, A. W. H. Freeman/Owl Book.

7. Jason R. Keeler, Edward A. Roth, Brittany L. Neuser, John M. Spitsbergen, Daniel J. M. Waters y John-Mary Vianney (2015), «The Neurochemistry and Social Flow of Singing: Bonding and Oxytocin», *Frontiers in Human Neuroscience, 9*, 518, https://doi.org/10.3389/fnhum.2015.00518

8. Jacques Launay y Eiluned Pearce (2015), «Choir Singing Improves Health, Happiness — and Is the Perfect Icebreaker», The Conversation, https://theconversation.com/choir-singing-improves-health-happiness-and-is-the-perfect-icebreaker-47619

9. Brandon Ambrosino (2019), «Do Humans Have a "Religion Instinct"?», BBC, https://www.bbc.com/future/article/20190529-do-humans-have-a-religion-instinct

10. Roy F. Baumeister y Mark R. Leary (1995), «The Need to Belong: Desire for Interpersonal Attachments as a Fundamental Human Motivation», *Psychological Bulletin, 117*(3), 497-529, http://persweb.wabash.edu/facstaff/hortonr/articles%20for%20class/baumeister%20and%20leary.pdf

11. Pew Research Center's Religion & Public Life Project (2020), «In U.S., Decline of Christianity Continues at Rapid Pace», https://www.pewforum.org/2019/10/17/in-u-s-decline-of-christianity-continues-at-rapid-pace/

12. Pew Research Center's Religion & Public Life Project (2020), «"Nones" on the Rise», https://www.pewforum.org/2012/10/09/nones-on-the-rise/

13. Angie Thurston y Casper ter Kuile (2015), «How We Gather», Harvard Divinity School, https://caspertk.files.wordpress.com/2015/04/how-we-gather1.pdf

14. Tara Isabella Burton (2020), *Strange Rites: New Religions for a Godless World*, PublicAffairs, Hachette Book Group.

15. Holland Lee Hendrix (1998), «Jews and the Roman Empire», PBS, https://www.pbs.org/wgbh/pages/frontline/shows/religion/portrait/jews.html

16. Jonathan Evans (2020), «U.S. Adults Are More Religious Than Western Europeans», *Fact Tank* (blog), Centro de Investigación Pew, https://www.pewresearch.org/fact-tank/2018/09/05/u-s-adults-are-more-religious-than-western-europeans/

17. David Ludden (2018), «Why Do People Believe in God?», *Psychology Today*, https://www.psychologytoday.com/us/blog/talking-apes/201808/why-do-people-believe-in-god

IV

18. Alain Sylvain (2020), «Why Buying Into Pop Culture and Joining a Cult Is Basically the Same Thing», Quartz, https://qz.com/1811751/the-psychology-behind-why-were-so-obsessed-with-pop-culture/

19. Elizabeth Dunn (2013), «5 19th-Century Utopian Communities in the United States», History.com, https://www.history.com/news/5-19th-century-utopian-communities-in-the-united-states

20. Ernest Mathijs y Jamie Sexton (2011), *Cult Cinema: An Introduction*, Wiley-Blackwell.

21. John Marr (2015), «A Brief History of the Brutal and Bizarre World of Fraternity Hazing», Gizmodo, https://gizmodo.com/a-brief-history-of-the-brutal-and-bizarre-world-of-frat-1733672835

22. Rebecca Moore (2018), «The Brainwashing Myth», The Conversation, https://theconversation.com/the-brainwashing-myth-99272

23. Laura Elizabeth Woollett (2018), «The C-Word: What Are We Saying When We Talk About Cults?», *The Guardian*, https://www.theguardian.com/culture/2018/nov/19/the-c-word-what-are-we-saying-when-we-talk-about-cults

24. Jane Borden (2020), «What Is It About California and Cults?», *Vanity Fair*, https://www.vanityfair.com/hollywood/2020/09/california-cults-nxivm-the-vow

25. Eileen Barker (2009), «One Person's Cult Is Another's True Religion», *The Guardian*, https://www.theguardian.com/commentisfree/belief/2009/may/29/cults-new-religious-movements

26. Joe Posner y Ezra Klein, «Los cultos», *En pocas palabras*, Netflix.

27. Tara Isabella Burton (2018), «The Waco Tragedy, Explained», *Vox*, https://www.vox.com/2018/4/19/17246732/waco-tragedy-explained-david-koresh-mount-carmel-branch-davidian-cult-25-year-anniversary

28. Laura Elizabeth Woollett (2018), «The C-Word: What Are We Saying When We Talk About Cults?», *The Guardian*, https://www.theguardian.com/culture/2018/nov/19/the-c-word-what-are-we-saying-when-we-talkabout-cults

V

29. Tara Isabella Burton (2017), «What Is a Cult?», *Aeon*, https://aeon.co/essays/theres-no-sharp-distinction-between-cult-and-regular-religion

30. Gary Eberle (2007), *Dangerous Words: Talking About God in an Age of Fundamentalism*, Trumpeter.

Parte 2: Enhorabuena, has sido elegido para unirte al próximo nivel evolutivo superior al ser humano

I

31. James D. Richardson (2014), «The Phrase "Drank the Kool-Aid" Is Completely Offensive. We Should Stop Saying It Immediately», *Washington Post*, https://www.washingtonpost.com/posteverything/wp/2014/11/18/the-phrase-drank-the-koolaid-is-completely-offensive-we-should-stop-saying-it-immediately/

32. Lesley Kennedy (2018), «Inside Jonestown: How Jim Jones Trapped Followers and Forced "Suicides"», History.com, A&E Television Networks, https://www.history.com/news/jonestown-jim-jones-mass-murder-suicide

33. Jennie Rothenberg Gritz (2011), «Drinking the Kool-Aid: A Survivor Remembers Jim Jones», *The Atlantic*, https://www.theatlantic.com/national/archive/2011/11/drinking-the-kool-aid-a-survivor-remembers-jim-jones/248723/

34. Federal Bureau of Investigation (2013), «Q042 Transcript», The Jonestown Institute, San Diego State University Department of Religious Studies, https://jonestown.sdsu.edu/?page_id=29081

35. Lauren Effron y Monica Delarosa (2018), «40 Years After Jonestown Massacre, Ex-Members Describe Jim Jones as a "Real Monster"», ABC News, https://abcnews.go.com/US/40-years-jonestown-massacre-members-describe-jim-jones/story?id=57933856

36. Eliza Thompson (2018), «3 Experts Explain Why Some People Are Attracted to Serial Killers», *Cosmopolitan*, https://www.cosmopolitan.com/entertainment/tv/a17804534/sexual-attraction-to-serial-killers/

37. Melissa Dittmann (2003), «Lessons from Jonestown», *Monitor on Psychology*, *34*(10), 36, https://www.apa.org/monitor/nov03/jonestown

38. David M. Matthews (2008), «Jim Jones' Followers Enthralled by His Skills as a Speaker», CNN, http://edition.cnn.com/2008/US/11/13/jonestown.jim.jones/

39. Sikivu Hutchinson (2014), «No More White Saviors: Jonestown and Peoples Temple in the Black Feminist Imagination», The Jonestown Institute, San Diego State University Department of Religious Studies, https://jonestown.sdsu.edu/?page_id=61499

40. Sikivu Hutchinson (2013), «Why Did So Many Black Women Die? Jonestown at 35», Religion Dispatches, https://religiondispatches.org/why-did-so-many-black-women-die-jonestown-at-35/

41. Lauren Effron y Monica Delarosa (2018), «40 Years After Jonestown Massacre, Ex-Members Describe Jim Jones as a "Real Monster"», ABC News, https://abcnews.go.com/US/40-years-jonestownmassacre-members-describe-jim-jones/story?id=57933856

42. Fielding M. McGehee III (2013), «Q932 Summary», The Jonestown Institute, San Diego State University Department of Religious Studies, https://jonestown.sdsu.edu/?page_id=28323

43. Joseph L. Flatley (2017), «Laura Johnston Kohl and the Politics of Peoples Temple», The Jonestown Institute, San Diego State University Department of Religious Studies, https://jonestown.sdsu.edu/?page_id=70639

44. The Jonestown Institute (2013), «What Are White Nights? How Many of Them Were There?», San Diego State University Department of Religious Studies, https://jonestown.sdsu.edu/?page_id=35371

45. Michael Bellefountaine (2013), «Christine Miller: A Voice of Independence», The Jonestown Institute, San Diego State University

Department of Religious Studies, https://jonestown.sdsu.edu/?page_id=32381

46. *Alternative Considerations of Jonestown & Peoples Temple (2013)*, «The Death Tape», The Jonestown Institute, San Diego State University Department of Religious Studies, https://jonestown.sdsu.edu/?page_id=29084

II

47. Lauren Effron y Monica Delarosa (2018), «40 Years After Jonestown Massacre, Ex-Members Describe Jim Jones as a "Real Monster"», ABC News, https://abcnews.go.com/US/40-years-jonestownmassacre-membersdescribe-jim-jones/story?id=57933856

48. Apatamoose (usuario) (2018), «Is there a list anywhere tying the *-ody* names of the Heaven's Gate members with their legal names?», Reddit, https://www.reddit.com/r/Heavensgate/comments/80fmt5/is_there_a_list_anywhere_tying_the_ody_names_of/

49. Frank Lyford, «About My New Book», Facilitating You, http://facilitatingu.com/book/

50. Margeaux Sippell y Tony Maglio (2020), «"Heaven's Gate" Docuseries: Why Does Frank Lyford's Voice Sound Like That?», The Wrap, https://www.thewrap.com/heavens-gate-docuseries-hbo-max-frank-lyford-voice

51. Heavens Gate Remastered (2016), «Heaven's Gate Class Exit Videos», YouTube, https://www.youtube.com/watch?v=U2D4wUF1EKQ

III

52. (2020), «Woman Who Convinced Friend to Commit Suicide Released from Jail», *CBS This Morning*, YouTube, https://www.youtube.com/watch?v=aPX57hWAKo8

53. Rebecca Moore (2018), «The Brainwashing Myth», The Conversation, https://theconversation.com/the-brainwashing-myth-99272

54. Laura Elizabeth Woollett (2019), «What I Learned About the Jonestown Cult by Spending Time with Survivors», Refinery29, https://www.refinery29.com/en-gb/jonestown-massacre-book

55. Cas Mudde (2015), «The Problem with Populism», *The Guardian*, https://www.theguardian.com/commentisfree/2015/feb/17/problem-populism-syriza-podemos-dark-side-europe

56. Steven Hassan (2019), *The Cult of Trump*, Simon & Schuster.

57. Caroline Howe (2019), «Exclusive: Fake Enemies, Loaded Language, Grandiosity, Belittling Critics: Cults Expert Claims Donald Trump's Tactics Are Taken Straight from Playbook of Sun Myung Moon, David Koresh and Jim Jones», *Daily Mail*, https://www.dailymail.co.uk/news/article-7552231/Trumps-tactics-taken-playbook-cult-leaders-like-Jim-Jones-David-Koresh-says-author.html

58. George Packer (2019), «The Left Needs a Language Potent Enough to Counter Trump», *The Atlantic*, https://www.theatlantic.com/ideas/archive/2019/08/language-trump-era/595570/

59. Robert J. Lifton (1961), *Thought Reform and the Psychology of Totalism: A Study of «Brainwashing» in China*, W. W. Norton & Company.

60. Alla V. Tovares (2013), «Reframing the Frame: Peoples Temple and the Power of Words», The Jonestown Institute, San Diego State University Department of Religious Studies, https://jonestown.sdsu.edu/?page_id=31454

61. Lesley Kennedy (2020), «Inside Jonestown: How Jim Jones Trapped Followers and Forced "Suicides"», History.com, https://www.history.com/news/jonestown-jim-jones-mass-murder-suicide

IV

62. Jessica Bennett (2019), «What Do We Hear When Women Speak?», *The New York Times*, https://www.nytimes.com/2019/11/20/us/politics/women-voices-authority.html

63. Rebecca Moore (2018), «Godwin's Law and Jones' Corollary: The Problem of Using Extremes to Make Predictions», *Nova Religio*, *22*(2), 145-154, https://doi.org/10.1525/nr.2018.22.2.145

64. Jennings Brown (2018), «The Gateway», Gizmodo, https://www.stitcher.com/podcast/the-gateway-teal-swan

65. Maureen O'Connor (2018), «I Think About This a Lot: The Beauty Habits of This Possible Cult Leader», The Cut, https://www.thecut.com/2018/08/i-think-about-this-a-lot-teal-swan-beauty-habits.html

V

66. Eileen Barker (1993), «Charismatization: The Social Production of an "Ethos Propitious to the Mobilisation of Sentiments"», en *Secularization, Rationalism, and Sectarianism: Essays in Honour of Bryan R. Wilson* (Eileen Barker, James A. Beckford y Karel Dobbelaere, eds.), Clarendon Press.

67. Steven Hassan (1988), *Combatting Cult Mind Control*, Park Street Press.

68. Sikivu Hutchinson (2014), «No More White Saviors: Jonestown and Peoples Temple in the Black Feminist Imagination», The Jonestown Institute, San Diego State University Department of Religious Studies, https://jonestown.sdsu.edu/?page_id=61499

69. Elizabeth Kolbert (2017), «Why Facts Don't Change Our Minds», *The New Yorker*, https://www.newyorker.com/magazine/2017/02/27/why-facts-dont-change-our-minds

70. M. Shermer y J. S. Gould (2007), *Why People Believe Weird Things*, A. W. H. Freeman/Owl Book.

Parte 3: Incluso TÚ puedes aprender a hablar en lenguas desconocidas

I

71. Molly Horan (2016), «This Actress Auditioned To Be Tom Cruise's Girlfriend — But Never Wanted The Part», Refinery29, https://www.refinery29.com/en-us/2016/08/118620/tom-cruise-girlfriend-audition-cathy-schenkelberg

72. David S. Touretzky, «Inside the Mark Super VII. Secrets of Scientology: The E-Meter», Carnegie Mellon University School of Computer Science, https://www.cs.cmu.edu/~dst/Secrets/E-Meter/Mark-VII/

II

73. Steve Mango (2014), «Inside the Scientology Celebrity Centre: An Ex-Parishioner Reveals All», YouTube, https://www.youtube.com/watch?v=LfKqOUMrCw8&t=

74. Margery Wakefield (2009), «The Sea Org — "For the Next Billion Years..."», en *Understanding Scientology: The Demon Cult*, Lulu.

75. Margery Wakefield (1993), «Declaration of Margery Wakefield», Operation Clambake, https://www.xenu.net/archive/go/legal/wakefiel.htm

76. «The Eight Dynamics», Scientology.org, https://www.scientology.org/what-is-scientology/basic-principles-of-scientology/eight-dynamics.html

III

77. Gary Eberle (2007), *Dangerous Words: Talking About God in an Age of Fundamentalism*, Trumpeter.

78. Nicole Woolsey Biggart (1993), *Charismatic Capitalism: Direct Selling Organizations in America*, University of Chicago Press.

79. (2018), «How a Dream Becomes a Nightmare», *The Dream*, Stitcher, https://www.stitcher.com/podcast/stitcher/the-dream/e/56830345

IV

80. Paul Wagner (2020), «Chögyam Trungpa: Poetry, Crazy Wisdom, and Radical Shambhala», Gaia, https://www.gaia.com/article/chogyam-trungpa-poetry-crazy-wisdom-and-radical-shambhala

81. Wikipedia (2020), «Written Works of L. Ron Hubbard», https://en.wikipedia.org/wiki/Written_works_of_L._Ron_Hubbard

82. Scientology Glossary: UVWXYZ, Scientology Critical Information Directory, http://www.xenu-directory.net/glossary/glossary_uvwxyz.htm

83. Kenzie Bryant (2018), «How NXIVM Used the Strange Power of Patents to Build Its "Sex Cult"», *Vanity Fair*, https://www.vanityfair.com/style/2018/06/keith-raniere-nxivm-patents-luciferian; Gina Tron (2020), «ESP, DOS, Proctors, and More: NXIVM Terminology, Explained»,

Oxygen, https://www.oxygen.com/true-crime-buzz/what-does-nxivm-terminology-like-dos-esp-mean

84. Margery Wakefield (2009), *Understanding Scientology: The Demon Cult*, Lulu.

85. Margery Wakefield (1993), «The Language of Scientology — ARC, SPS, PTPS and BTS», https://www.xenu.net/archive/go/legal/wakefiel.htm

86. Margery Wakefield (2009), *Understanding Scientology: The Demon Cult*, Lulu.

87. Clerk (1975), «Bypassed Charge; Bypassed Charge Assessment», http://www.carolineletkeman.org/c/archives/1439

88. Mike Rinder (2016), «The Horrors of Wordclearing», *Something Can Be Done About It*, https://www.mikerindersblog.org/the-horrors-of-wordclearing/

V

89. Christopher Dana Lynn, Jason Paris, Cheryl Anne Frye y Lawrence M. Schell (2010), «Salivary Alpha-Amylase and Cortisol Among Pentecostals on a Worship and Nonworship Day», *American Journal of Human Biology*, 22(6), 819-822, https://doi.org/10.1002/ajhb.21088

90. Junling Gao, Hang Kin Leung, Bonnie Wai Yan Wu, Stavros Skouras y Hin Hung Sik (2019), «The Neurophysiological Correlates of Religious Chanting», *Scientific Reports*, 9(4262), https://doi.org/10.1038/s41598-019-40200-w

91. Edward B. Fiske (1974), «Speaking in Tongues Is Viewed by Psychologist as "Learned"», *The New York Times*, https://www.nytimes.com/1974/01/21/archives/speaking-in-tongues-is-viewed-by-psychologist-as-learned-some.html

92. Dirk Hanson (2013), «Speaking in Tongues: Glossolalia and Stress Reduction», Dana Foundation, https://www.dana.org/article/speaking-in-tongues-glossolalia-and-stress-reduction/

93. (2010), «True Story: My Family Was in a Cult», *Yes and Yes*, https://www.yesandyes.org/2010/11/true-story-my-family-was-in-cu.html

94. Flor Edwards (2018), «I Grew Up in the Children of God, a Doomsday Cult. Here's How I Finally Got Out», *Huffington Post*, https://www.huffpost.com/entry/children-of-god-cult_n_5bfee4a3e4b0e254c926f325

VI

95. Russell Rodgers (2009), «Longevity Supplication for Sakyong Mipham Rinpoche», *Shambhala Times*, https://shambhalatimes.org/2009/04/03/the-longevity-supplication-for-sakyong-mipham-rinpoche/

96. Andy Newman (2018), «The "King" of Shambhala Buddhism Is Undone by Abuse Report», *The New York Times*, https://www.nytimes.com/2018/07/11/nyregion/shambhala-sexual-misconduct.html

Parte 4: ¿Quieres ser una #bossbabe?

I

97. Eric Worre, «The Hottest Recruiting Scripts in MLM», Network Marketing Pro, https://networkmarketingpro.com/pdf/the_hottest_recruiting_scripts_in_mlm_by_eric_worre_networkmarketingpro.com.pdf

98. Charisse Jones (2019), «LuLaRoe Was Little More Than a Scam, a Washington State Lawsuit Claims», *USA Today*, https://www.usatoday.com/story/money/2019/01/28/lularoe-pyramid-scheme-duped-consumers-washington-suit-says/2700412002/

99. Cristen Conger (2011), «How Tupperware Works», How-StuffWorks, https://people.howstuffworks.com/tupperware2.htm

100. Lisette Voytko (2020), «FTC Warns 16 Multi-Level Marketing Companies About Coronavirus Fraud», *Forbes*, https://www.forbes.com/sites/lisettevoytko/2020/06/09/ftc-warns-16-multi-level-marketing-companies-about-coronavirus-fraud/?sh=12d56c827b9d

101. Lawrence Specker (2018), «It Wasn't Easy, But Mobile Now Has a 21st Century Confetti Policy», *Mobile Real-Time News*, https://www.al.com/news/mobile/2018/08/it_wasnt_easy_but_mobile_now_h.html

102. Christopher Jarvis (2000), «The Rise and Fall of Albania's Pyramid Schemes», *Finance & Development*, *37*(1), https://www.imf.org/external/

pubs/ft/fandd/2000/03/jarvis.htm; Antony Sguazzin (2019), «How a "Giant Ponzi Scheme" Destroyed a Nation's Economy», *Bloomberg*, https://www. bloomberg.com/news/articles/2019-02-28/how-a-giant-ponzi-scheme-destroyed-a-nation-s-economy

103. Bridget Casey (2015), «Your Gifting Circle Is a Pyramid Scheme», Money After Graduation, https://www.moneyaftergraduation.com/gifting-circle-is-a-pyramid-scheme/

104. (2018), «Do You Party?», *The Dream*, https://www.stitcher.com/podcast/stitcher/the-dream/e/56722353

105. Nicole Woolsey Biggart (1993), *Charismatic Capitalism: Direct Selling Organizations in America*, University of Chicago Press.

106. Chuck Holmes (2013), «Top 50 MLM Quotes of All Time», OnlineMLMCommunity.com, https://onlinemlmcommunity.com/my-top-50-favorite-mlm-quotes/

107. Alley Pascoe (2019), «5 Women Reveal the Moment They Realised They Were in a Pyramid Scheme», *Marie Claire*, https://www.marieclaire.com.au/multi-level-marketing-pyramid-schemes-women-survivors

II

108. (2018), «Leave a Message», *The Dream*, https://open.spotify.com/episode/14QU34m1rYlF9xliSWlM5l

109. Amelia Theodorakis (2016), «Keep your 'nose to the grindstone'», Your Life Choices, https://www.yourlifechoices.com.au/fun/entertainment/keep-your-nose-to-the-grindstone

110. «The Rise of Big Business», en *1912: Competing Visions for America*, eHISTORY, Ohio State University, https://ehistory.osu.edu/exhibitions/1912/trusts/RiseBigBusiness

111. Michael G. Pratt (2000), «The Good, the Bad, and the Ambivalent: Managing Identification Among Amway Distributors», *Administrative Science Quarterly*, *45*(3), 456-493, https://doi.org/10.2307/2667106

112. Nathalie Luca (2011), «Multi-Level Marketing: At the Crossroads of Economy and Religion», en *The Economics of Religion: Anthropological Approaches*, vol. 31 (Lionel Obadia y Donald C. Wood, eds.), Emerald Group Publishing Limited.

113. Claudia Groß (2010), «Spiritual Cleansing: A Case Study on How Spirituality Can Be Mis/used by a Company», *Management Revue*, *21*(1), 60-81, https://doi.org/10.5771/0935-9915-2010-1-60

III

114. Steve Keohane (2007), «Sun Myung Moon's Unification Church», *Bible Probe*, http://www.bibleprobe.com/moonies.htm

115. «The Husband Unawareness Plan», F.A.C.E.S. (Families Against Cult-like Exploitation in Sales), https://marykayvictims.com/predatory-tactics/the-husband-unawareness-plan/

116. «Amway Speaks: Memorable Quotes», Cult Education Institute, https://culteducation.com/group/815-amway/1674-amway-speaks-memorable-quotess.html

117. James V. Grimaldi y Mark Maremont (2015), «Donald Trump Made Millions from Multilevel Marketing Firm», *Wall Street Journal*, https://www.wsj.com/articles/trump-made-millions-from-multilevel-marketing-firm-1439481128

118. Lisette Voytko (2019), «Judge Rules Trump Can Be Sued for Marketing Scheme Fraud», *Forbes*, https://www.forbes.com/sites/lisettevoytko/2019/07/25/judge-rules-trump-can-be-sued-for-marketing-scheme-fraud/?sh=7448b2516395

IV

119. Joseph Paul Forgas (2017), «Why Are Some People More Gullible Than Others?», The Conversation, https://theconversation.com/why-are-some-people-more-gullible-than-others-72412; Daniel Kahneman (2002), «The Sveriges Riksbank Prize in Economic Sciences in Memory of Alfred Nobel 2002», NobelPrize.org, https://www.nobelprize.org/prizes/economic-sciences/2002/kahneman/biographical/

120. Elizabeth Kolbert (2017), «Why Facts Don't Change Our Minds», *The New Yorker*, https://www.newyorker.com/magazine/2017/02/27/why-facts-dont-change-our-minds

121. «Trust: The Development of Trust», Marriage and Family Encyclopedia, JRank, https://family.jrank.org/pages/1713/Trust-Development-Trust.html

122. Joseph P. Forgas (2008), «On Being Happy and Gullible: Mood Effects on Skepticism and the Detection of Deception», *Journal of Experimental Social Psychology*, *44*(5), 1362-1367, https://doi.org/10.1016/j.jesp.2008.04.010

V

123. Molly Young (2020), «Garbage Language: Why Do Corporations Speak the Way They Do?», Vulture, https://www.vulture.com/2020/02/spread-of-corporate-speak.html

124. Tomas Chamorro-Premuzic (2019), «1 in 5 Business Leaders May Have Psychopathic Tendencies — Here's Why, According to a Psychology Professor», CNBC, https://www.cnbc.com/2019/04/08/the-science-behind-why-so-many-successful-millionaires-are-psychopaths-and-why-it-doesnt-have-to-be-a-bad-thing.html

125. Jodi Kantor y David Streitfeld (2015), «Inside Amazon: Wrestling Big Ideas in a Bruising Workplace», *The New York Times*, https://www.nytimes.com/2015/08/16/technology/inside-amazon-wrestling-big-ideas-in-a-bruising-workplace.html

VI

126. Grupo de empleados (1967), «The Troubled World of William Penn Patrick», *Los Angeles Times*.

127. 2018), *The Dream*, Stitcher, https://www.stitcher.com/podcast/stitcher/the-dream

Parte 5: Esta hora va a cambiarte la vida... y hará que ESTÉS IMPRESIONANTE

I

128. Rose Surnow (2013), «Love, Sweat and Tears: Intensati Kicks Your Ass and Cleanses Your Soul», *Cosmopolitan*, https://www.cosmopolitan.com/health-fitness/advice/a4579/patricia-moreno-finds-thinner-peace/

129. David Nield (2017), «Working Out in a Group Could Be Better for You Than Exercising Alone», Science Alert, https://www.sciencealert.com/working-out-in-groups-better-than-exercising-alone

130. (2009), «Group Exercise "Boosts Happiness"», BBC News, http://news.bbc.co.uk/2/hi/health/8257716.stm

131. (2017), «Yoga: How Did It Conquer the World and What's Changed?», BBC, https://www.bbc.com/news/world-40354525

132. (2020), «CrossFit: CEO Greg Glassman Steps Down After Racist Tweet», *Diario AS,* https://en.as.com/en/2020/06/10/other_sports/1591791315_063019.html

133. Jenny Weller (2019), «Why the Fitness Industry Is Growing», Glofox, https://www.glofox.com/blog/fitness-industry/

134. Multiple Chronic Conditions Resource Center (2018), «How Millennials are Redefining Healthcare Today: Are You Behind?», https://www.multiplechronicconditions.org/assets/pdf/Aging%20in%20America/How_Millennials_are_Redefining_Healthcare%20(1).pdf

135. (2020), «The Japanese Morning Exercise Routine — Rajio-Taiso — JAPANKURU», *Japankuru Let's Share our Japanese Stories!,* https://www.japankuru.com/en/culture/e2263.html

136. Pew Research Center (2012), «"Nones" on the Rise», https://www.pewforum.org/2012/10/09/nones-on-the-rise/

137. Tom Layman (2015), «CrossFit as Church? Examining How We Gather», Harvard Divinity School, https://hds.harvard.edu/news/2015/11/04/crossfit-church-examining-how-we-gather#

138. Carribean Fragoza (2017), «All the Zumba Ladies: Reclaiming Bodies and Space through Serious Booty-Shaking», KCET, https://www.kcet.org/history-society/all-the-zumba-ladies-reclaiming-bodies-and-space-through-serious-booty-shaking

139. Meaghen Brown (2016), «Fitness Isn't a Lifestyle Anymore. Sometimes It's a Cult», *Wired,* https://www.wired.com/2016/06/fitness-isnt-lifestyle-anymore-sometimes-cult/

140. Amy Larocca (2019), «Riding the Unicorn: Peloton Accidentally Built a Fitness Cult. A Business Is a Little More Complicated», The Cut, https://www.thecut.com/2019/10/peloton-is-spinning-faster-than-ever.html

141. Zan Romanoff (2017), «The Consumerist Church of Fitness Classes», *The Atlantic*, https://www.theatlantic.com/health/archive/2017/12/my-body-is-a-temple/547346/

142. Casper ter Kuile y Angie Thurston (2016), «How We Gather (Part 2): SoulCycle as Soul Sanctuary», *On Being* (blog), https://onbeing.org/blog/how-we-gather-part-2-soulcycle-as-soul-sanctuary/

143. Alex Morris (2013), «The Carefully Cultivated Soul of SoulCycle», The Cut, https://www.thecut.com/2013/01/evolution-of-soulcycle.html

II

144. (2018), «Soul Cycle Instructor and Motivational Coach Angela Davis Reminds You That You Are More Than Enough!», Facebook Watch, SuperSoul, https://www.facebook.com/watch/?v=1612129545501226

145. OWN (2016), «Enthusiasm: With Angela Davis: 21 Days of Motivation & Movement», YouTube, https://www.youtube.com/watch?v=bhVfjuwptJY&ab_channel=OWN

146. OWN (2017), «Angela Davis: Finding Your Purpose: SuperSoul Sessions», YouTube, https://www.youtube.com/watch?v=DnwdpC0Omk4&ab_channel=OWN

147. Chris Gardner (2019), «Celebrity Soul-Cycle Instructor Angela Davis Joins Akin Akman as Co-Founder of AARMY Fitness Studio», *Hollywood Reporter*, https://www.hollywoodreporter.com/rambling-reporter/celebrity-soulcycle-instructor-angela-davis-joins-akin-akman-as-founder-aarmy-fitness-studio-1256636

148. Erin Magner (2016), «How to Create a Powerful, Purposeful Life, According to LA's Most Inspiring Fitness Instructor», Well+Good, https://www.wellandgood.com/how-to-create-a-powerful-purposeful-life-angela-davis-soulcycle/

III

149. Victoria Hoff (2018), «Inside the Ultra-Competitive "Auditions" to Become a Cycling Instructor», The Thirty, https://thethirty.whowhatwear.com/how-to-become-a-spin-instructor/slide2

150. R. Marie Griffith (2004), *Born Again Bodies: Flesh and Spirit in American Christianity*, University of California Press.

151. Connor Gwin (2018), «My Church Is Not CrossFit», Mockingbird, https://mbird.com/2018/09/my-church-is-not-crossfit/

152. Zan Romanoff (2017), «The Consumerist Church of Fitness Classes», *The Atlantic*, https://www.theatlantic.com/health/archive/2017/12/my-body-is-a-temple/547346/

153. Alice Hines (2019), «Inside CorePower Yoga Teacher Training», *The New York Times*, https://www.nytimes.com/2019/04/06/style/corepower-yoga-teacher-training.html

154. Robbie Wild Hudson (2020), «Hero CrossFit Workouts to Honour Fallen American Soldiers», *Boxrox Competitive Fitness Magazine*, https://www.boxrox.com/hero-crossfit-workouts-to-honour-fallen-american-soldiers/

155. Elizabeth Nolan Brown (2017), «CrossFit Founder Greg Glassman: "I Don't Mind Being Told What to Do. I Just Won't Do It"», *Reason*, https://reason.com/2017/08/28/crossfits-conscious-capitalism/

156. Jason Kessler (2013), «Why I Quit CrossFit», Medium, https://medium.com/this-happened-to-me/why-i-quit-crossfit-f4882edd1e21

157. Jena Meyer, Janet Morrison y Julie Zuniga (2017), «The Benefits and Risks of CrossFit: A Systematic Review», *Workplace Health and Safety*, 65(12), 612-618, https://doi.org/10.1177/2165079916685568

158. Eric Robertson (2013), «CrossFit's Dirty Little Secret», Medium, https://medium.com/@ericrobertson/crossfits-dirty-little-secret-97bcce70356d

159. Mark Hay (2018), «Some CrossFit Gyms Feature Pictures of These Puking, Bleeding Clowns», *Vice*, https://www.vice.com/en/article/yweqg7/these-puking-bleeding-clowns-are-a-forgotten-part-of-crossfits-past

160. Rina Deshpande (2017), «Yoga in America Often Exploits My Culture — but You May Not Even Realize It», *SELF*, https://www.self.com/story/yoga-indian-cultural-appropriation

161. Gene Demby (2013), «Who's Really Left Out of the CrossFit Circle», Code Switch, NPR, https://www.npr.org/sections/

codeswitch/2013/09/15/222574436/whos-really-left-out-of-the-crossfit-circle

162. Alex Abad-Santos (2020), «How SoulCycle Lost Its Soul», *Vox*, https://www.vox.com/the-goods/22195549/soulcycle-decline-reopening-bullying-bike-explained

163. Matt Turner (2020), «SoulCycle's Top Instructors Had Sex with Clients, "Fat-Shamed" Coworkers, and Used Homophobic and Racist Language, Insiders Say», *Business Insider*, https://www.businessinsider.com/soulcycle-instructors-mistreated-staff-slept-with-riders-2020-11

164. Bridget Read (2020), «The Cult of SoulCycle Is Even Darker Than You Thought», The Cut, https://www.thecut.com/2020/12/the-cult-of-soulcycle-is-even-darker-than-you-thought.html

165. Katie Warren (2020), «SoulCycle's Top Instructors Had Sex with Clients, "Fat-Shamed" Coworkers, and Used Homophobic and Racist Language, Insiders Say», *Business Insider*, https://www.businessinsider.com/soulcycle-instructors-celebrities-misbehavior-2020-11

V

166. Lisa Swan (2017), «The Untold Truth of Bikram Yoga», The List, https://www.thelist.com/50233/untold-truth-bikram-yoga/

167. Jenavieve Hatch (2016), «Bikram Yoga Creator Loses It When Asked About Sexual Assault Allegations», *Huffington Post*, https://www.huffpost.com/entry/bikram-choudhury-loses-it-when-asked-about-sexual-assault-allegations_n_58139871e4b0390e69d0014a

Parte 6: Me sigues, te sigo

I

168. Be Scofield (2018), «Tech Bro Guru: Inside the Sedona Cult of Bentinho Massaro», *The Guru Magazine*, https://gurumag.com/tech-bro-guru-inside-the-sedona-cult-of-bentinho-massaro/

169. Be Scofield (2018), «Tech Bro Guru: Inside the Sedona Cult of Bentinho Massaro», Integral World, http://www.integralworld.net/scofield8.html

170. Jesse Hyde (2019), «When Spirituality Goes Viral», *Playboy*, https://www.playboy.com/read/spirituality-goes-viral

171. David D. Luxton, Jennifer D. June y Jonathan M. Fairall (2012), «Social Media and Suicide: A Public Health Perspective», *American Journal of Public Health* (mayo), https://www.ncbi.nlm.nih.gov/pmc/articles/PMC3477910/

172. Oscar Schwartz (2020), «My Journey into the Dark, Hypnotic World of a Millennial Guru», *The Guardian*, https://www.theguardian.com/world/2020/jan/09/strange-hypnotic-world-millennial-guru-bentinho-massaro-youtube

II

173. Mark Dery (1997), «Technology Makes Us Escapist; The Cult of the Mind», *The New York Times Magazine*, https://www.nytimes.com/1997/09/28/magazine/technology-makes-us-escapist-the-cult-of-the-mind.html

174. Josh Quittner (1997), «Life and Death on the Web», *Time*, http://content.time.com/time/magazine/article/0,9171,986141,00.html

175. Alain Sylvain (2020), "Why Buying Into Pop Culture and Joining a Cult Is Basically the Same Thing", Quartz, https://qz.com/1811751/the-psychology-behind-why-were-so-obsessed-with-pop-culture/

176. Jane Solomon (2021), «What Is An "Influencer" And How Has This Word Changed?», Dictionary.com, https://www.dictionary.com/e/influencer/#:~:text=The%20word%20influencer%20has%20been,wasn't%20a%20job%20title

177. Jesse Hyde (2019), «When Spirituality Goes Viral», *Playboy*, https://www.playboy.com/read/spirituality-goes-viral

178. Sophie Wilkinson (2015), «Could Inspirational Quotes Be Instagram's Biggest Invisible Cult?», *Grazia*, https://graziadaily.co.uk/life/real-life/inspirational-quotes-instagrams-biggest-invisible-cult/

179. Lisa Pemberton (2013), «Behind the Gates at Ramtha's School», Olympian, https://www.theolympian.com/news/local/article25225543.html

180. M. Shermer y J. S. Gould (2007), *Why People Believe Weird Things*, Nueva York: A. W. H. Freeman/Owl Book.

181. Stuart A. Vyse (1997), *Believing in Magic: the Psychology of Superstition*, Oxford University Press.

182. Charlotte Ward y David Voas (2011), «The Emergence of Conspirituality», Taylor & Francis, *Journal of Contemporary Religion, 26*(1), 103-121, https://doi.org/10.1080/13537903.2011.539846

183. Anusha Wijeyakumar (2020), «We Need to Talk about the Rise of White Supremacy in Yoga», InStyle, https://www.instyle.com/beauty/health-fitness/yoga-racism-white-supremacy

184. Tommy Beer (2020), «Majority of Republicans Believe the QAnon Conspiracy Theory Is Partly or Mostly True, Survey Finds», *Forbes*, https://www.forbes.com/sites/tommybeer/2020/09/02/majority-of-republicans-believe-the-qanon-conspiracy-theory-is-partly-or-mostly-true-survey-finds/?sh=3d8d165b5231

185. «Conspirituality-To-QAnon (CS-to-Q) Keywords and Phrases», Conspirituality.net, https://conspirituality.net/keywords-and-phrases/

186. Lois Beckett (2020), «QAnon: a Timeline of Violence Linked to the Conspiracy Theory», *The Guardian*, https://www.theguardian.com/us-news/2020/oct/15/qanon-violence-crimes-timeline

187. Alyssa Rosenberg (2019), «I Understand the Temptation to Dismiss QAnon. Here's Why We Can't», *Washington Post*, https://www.washingtonpost.com/opinions/2019/08/07/qanon-isnt-just-conspiracy-theory-its-highly-effective-game/

188. Joe Pierre (2020), «The Psychological Needs That QAnon Feeds», *Psychology Today*, https://www.psychologytoday.com/us/blog/psych-unseen/202008/the-psychological-needs-qanon-feeds

Sobre la autora

Amanda Montell es una escritora y filóloga de Baltimore, Maryland. Es la autora de *Wordslut: A Feminist Guide to Taking Back the English Language*, libro aclamado por la crítica del cual se llevará a cabo una adaptación para la televisión de la mano de FX. Sus escritos han aparecido en *Marie Claire, Cosmopolitan, Glamour, The Rumpus, Nylon, Byrdie* y *Who What Wear*, donde ocupó el cargo de editora de artículos y de belleza. Amanda se graduó en Lingüística por la Universidad de Nueva York y vive en el barrio Silver Lake de Los Ángeles con su pareja, sus plantas y sus mascotas.

Ecosistema digital

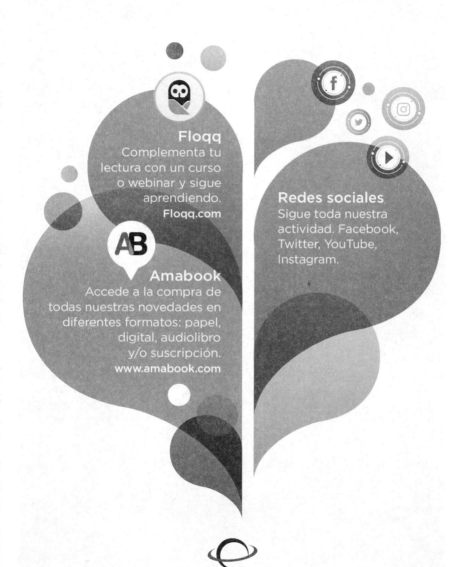

Floqq
Complementa tu lectura con un curso o webinar y sigue aprendiendo.
Floqq.com

Amabook
Accede a la compra de todas nuestras novedades en diferentes formatos: papel, digital, audiolibro y/o suscripción.
www.amabook.com

Redes sociales
Sigue toda nuestra actividad. Facebook, Twitter, YouTube, Instagram.

EDICIONES URANO